JN026228

On Liberty
John Stuart Mill

ミル
『自由論』
原書精読への
序説

薬袋善郎
Minai Yoshiro

研究社

目　次

は じ め に

　本書はジョン・スチュアート・ミル『自由論』（*On Liberty* : John Stuart Mill）の Chapter 1 の前半を逐文解説したものです。『自由論』は 1859 年に発刊されました。日本ではそれからわずか 13 年後の 1872 年（明治 5 年）に *Self Help*（邦題『西国立志編』）の翻訳者として著名な中村正直によって『自由之理』と題されて翻訳・出版されました。それ以後、私が確認しただけでも 12 種の翻訳が出ています。これらは多くがその時代の一流の学者、翻訳家の手によるもので、立派な翻訳です。しかし、私は翻訳だけでは『自由論』を完全に正読することは難しいと思います。これは翻訳が悪いのではなく、翻訳に内在する限界のせいです。その事情を説明しましょう。

意味の取り違え

　2013 年 6 月 17 日の毎日新聞に『誤解を招く携帯メール』と題する 12 歳の女子中学生 U.I. さんの投書が載っていました。全文を紹介します。

　　　最近は、小学生や中学生でも携帯電話を持つ人が増えてきています。それと同時にトラブルも増えています。

　　　私はこの前、携帯電話で友達と遊ぶ約束をしていた時に、友達から、「何で来るの？」というメールが来ました。

　　　この時、私は行ってはいけない人間なんだと思い、ものすごく悲しい気持ちになりました。そして、次の日に、暗い気持ちで学校に行ったら、その友達から「昨日メール返してくれなかったけど、どうしたの？」と聞かれ、びっくりしました。「何で来るの？」というのは、何を使って来るのという意味だったからです。

　　　このように、メールは誤解を招くこともあります。だからこそ、直接、会って会話するということがとても大切です。人と会い友好関係を深めていった方が社会に出たときに大変、役立つと思います。

　彼女は「何で来るの？」という文を見て、直観的に感じとった読み方で意味をとり、悲しい気持ちになりました。このお友達からそのような

3

内容のメールが来るはずはないのに、「何で来るの?」という文に別の意味があるとは思いもしなかったのです。

私もこれに似た勘違いをしたことがあります。火曜日に研究社編集部のSさんにメールを送ったのに、返信が来ないので、どうしたんだろうと思っていたら、金曜日になって「水木と休暇で旅行に行っておりまして、返信が遅れて申し訳ありませんでした」というメールが来ました。これを読んで「ふ～ん、水木さんって聞いたことのない人だな。新しく編集部に来た人かな」と思いこみ、Sさんに会ったとき「水木さんって誰?」なんてアホな質問をして呆れられました。

西岡たかしの名曲『うろこ雲の絵』(1982年)の一番の出だしは次の歌詞です。

> 子供の頃の思い出は
> つまらない事ばかり
> 手をつないで駆けた公園は
> 誰もいない夕暮れ
> それはとても美しい
> 少し悲しいけれど
> だけど思い出すたびに
> ムネがはりさけるみたいで

私は、初めてこの曲を聴いたとき、「つまらない事」を直観的に「面白くない事、退屈な事」と受け取りました。でも二番を聴くと違うことがわかります。これは「ささいな事、取るに足りない事」という意味です。「つまらないうわさ」とか、人に贈り物を差し出すときに言う「つまらないものですが」の「つまらない」と同じです。

翻訳を読んでいるときも意味の取り違えが起こる

翻訳を読んでいるときにも、こういうことが起こるのです。翻訳文から直観的に感じる意味を原文の意味だと思い込む。ところが、その日本文には別の意味があり、それこそが原文の本当の意味である。直観的に感じる意味は実は論理的に成立しない、あるいは文脈に適合しない。そこに気がつけば違う意味を探れるのですが、それには気がつかない。

an intolerable dislike of smoking

　これをある人が「喫煙への耐えられない嫌悪」と訳しました。これは正しい和訳です（「耐えられない、喫煙への嫌悪」の方が若干良いような気がしますが）。これを読んで皆さんはどういう意味だと思いますか？　私が先ほどから「意味」と呼んでいるのは、より正確にいうと「事柄」です。事柄とはその語・句・文・文章が表している具体的な事実関係のことです。たとえば「水木と休暇で旅行に行っておりまして」だったら、「水木さんと一緒に休暇で旅行に行った」も事柄なら、「水曜日と木曜日に休暇で旅行に行った」も事柄です。そして、この場合は前者が誤りで後者が正解です。要するに「これってどういうこと？」と尋ねたり、「これはね、こういうことだよ」と答えたりするときの「どういうこと」「こういうこと」が事柄です。

　「喫煙への耐えられない嫌悪」という日本語を読んで、多くの人が直観的に思い浮かべる事柄は「タバコをひどく嫌っている人がいて、その人はタバコの匂いが耐えられないんだ」です。しかし、an intolerable dislike of smoking が表している事柄はまったく違います。A さんはタバコを嫌っているのですが、その嫌い方がエキセントリックで、喫煙している人を見かけると、それが赤の他人でも難癖をつけてやめさせようとして、トラブルになることがしばしばです。はては、タバコとかシガレットという言葉を聞いただけで怒りだすほどで、奥さんや友人たちもほとほと困りぬいています。A さんの、喫煙への嫌悪感は、回りの人間には耐えられないのです。これが an intolerable dislike of smoking です。「周囲の人に（この嫌悪は）耐えられないと感じさせる、喫煙への嫌悪」です。それに対し、タバコの匂いを耐えられないと感じて喫煙を嫌う気持ちも「喫煙への耐えられない嫌悪」ですが、これは英語では **an intolerant dislike of smoking** といいます。「喫煙は耐えられない」と感じて嫌う気持ちです（本書の 1–06–18 の解説参照）。

『自由論』の翻訳で例をあげましょう

　次の日本文は『自由論』の翻訳の一節です。読んでみてください。

　この監督の機関は、あらゆる地方の公的業務部門の行為や、諸外国

でなされている類似の事がらのすべてや、政治学の一般原理から引き出される多種多様の情報と経験とを、ちょうどレンズの焦点におけるように、中央へと集めることになるであろう。(世界の名著 38『自由論』1967 年)

　これを読んで、「この監督の機関」は「行為」と「事がらのすべて」と「多種多様の情報と経験」の 3 つを集める、というように読む人もいると思います。最近の翻訳を見てみましょう。

中央の監督組織は担当する部門について、各自治体での業務や、外国での類似の業務、政治学の一般原則から得られたさまざまな情報と経験を一元的に集める。(日経 BP クラシックス『自由論』2011 年)

　これも、さっと読むと「自治体での業務」と「外国での業務」と「情報と経験」を「一元的に集める」と読みかねません。原文は次です(下線は私が引きました)。

The organ of this superintendence would concentrate, as in a focus, the variety of information and experience derived <u>from</u> the conduct of that branch of public business in all the localities, <u>from</u> everything analogous which is done in foreign countries, and <u>from</u> the general principles of political science. (5–24–05, 第 5 章第 24 節第 5 文)

　原文では the conduct と everything と the general principles の 3 つにそれぞれ from がついています。これから、集める対象は「情報と経験」で、the conduct と everything はそれを引き出す源泉だということがはっきりわかります。上記の翻訳文を作った人はいずれも当代一流の学者や翻訳家であって、この人たちは、論理的に内容を考えれば「から引き出される」「から得られた」がどこについているか当然わかるはずだと考えているのです。私は翻訳者のこの「当然わかるはずだとする考え方」がよくないとか、まして、この「翻訳」が下手だと言っているのではありません。読者が、翻訳の日本文から直観的に感じる意味を原文の意味だと思い込み、「わからない、難しい」と頭をひねっているケースがあるこ

とを指摘しているのです。

翻訳に内在する限界とは

an intolerable dislike of smoking も an intolerant dislike of smoking も和訳すると「喫煙への耐えられない嫌悪」です。しかし、表している事柄はまったく違います。「喫煙に対する、周りの人間には耐えられない嫌悪」「喫煙を耐えられないと感じて嫌う気持ち」とでも訳せば事柄がはっきりしますが、やりすぎると翻訳ではなく説明になってしまいます。職業的な翻訳家は「自然な日本語として読めるようでなければ、翻訳書の存在意義はない」と考えていて[注1]読者もそういう翻訳を求めています。そのため、翻訳は、事柄をはっきりさせることよりも、日本語の自然さ、簡潔さを優先する傾向があります。これが、私が言う「翻訳の限界」です。翻訳がこういうものである以上、正確に内容を理解したい人は、翻訳を読んで直観的に感じとった事柄が文脈に適合するかどうかを自分で判断して、もし適合しなければ、別の事柄を考えるしかありません。「翻訳の限界」の一つは「具体的な事柄」を解説することができず、読み手の判断に委ねざるをえない点にあります（もう一つの限界は「文と文の論理的つながり」を解説できない点です）。

注1:『国富論』の書名の翻訳をめぐる問題（山岡洋一）

原文ではもっとはっきりした形で現れます

ところで、これは、翻訳ではなく、原文を読むとき、より鮮明な形で現れます。翻訳の場合は翻訳者が自分に代わって一度英文を読んでくれています。翻訳者は、制約があるとはいえ、できるだけ事柄が読者に正しく伝わるように訳文を工夫してくれます。ところが英文の場合はすべてを自分でやらなければなりません。多くの人は字面を日本文に変換するのが精一杯で、事柄まで考える余裕がないのです。これが英文を読んでいて、ぼんやりした印象しか持てない理由です。

正しく読むということは

『自由論』レベルの英文を読み「はっきりわかった」という実感を持つためには事柄の次元で正確に理解する必要があります。ミルのようなトッ

プクラスの書き手は文を書くときは必ず具体的な事柄を念頭に置いています。それをそのまま表に出して記述することもあれば、オブラートに包んで婉曲に記述することもあり、さらには、それを一般化あるいは抽象化して、表にはまったく具体的な事柄を出さずに記述することもあります。その時々の書き方によって、難易に違いがありますが、いずれにせよ、読み手は書き手が念頭に置いた具体的な事柄がわからなければ「はっきりわかった」という実感をもてないのです。**「正しく読む」というのは「書き手が念頭に置いた具体的な事柄を正しく把握する」ということなのです。**

考えれば事柄はわかるはずなのです

　こう言うと、「筆者がその文を書いたとき頭の中に思い浮かべた具体的な事柄なんて、筆者に聞かない限り、わかりっこないだろう。『自由論』みたいに150年以上も昔の文だったら、どうやってわかるんだ?」と反論する人がいます。これは考えればわかるのです。ただし「わかる」といっても、二つのケースがあります。一つは、筆者が思い浮かべた事柄そのものがわかる場合です。もう一つは、筆者が思い浮かべた事柄そのものはわからないまでも「たとえばこういったたぐいの事柄を思い浮かべて書いたんだろうなあ」というようにわかる場合です。どちらのケースも、筆者はそれを意図して書いているのです。「抽象的な書き方をしたが、読者は私が思い浮かべた具体的な事柄がわかるはずだ」とか「私が思い浮かべた具体的な事柄そのものはわからないまでも、どういったたぐいの事柄なのかはわかるはずだ」と思って書いているのです。ですから、どちらにしても「筆者が想定した具体的な事柄」は考えればわかるはずなのです。[注2] そして、それがわかったとき初めて正確に読めたのです。読者は、他人に言われなくても、自分で「わかったあ！ 正確に読めたあ！」という実感がわきます。

　　注2:『英語リーディングの奥義』(薬袋善郎) Chapter 11 参照

英文読解の二重構造

　英文の読解がこのような二重構造 (=字面と事柄) になっていることを知らないと、事柄に対する意識が希薄になり、『自由論』レベルの英文を

正確に読むことができません。これには3つのパターンがあります。

> パターン1.　字面を日本語に変換しただけでもう読めたと思い込み、それが表す事柄を考えない。

これは字面を日本語に変換することが読むことだと思い込んでいて、それができればもう「わかった」と確信するナイーブな人によくあるパターンです。

> パターン2.　字面を日本語に変換すると自動的に事柄が思い浮かぶが、その事柄は正しくない。

これは一応事柄のレベルで内容を把握しているのですが、その事柄が論理的に成立するか、文脈に適合するか、に注意を払わないパターンです。an intolerable dislike of smoking はこのパターンです。

> パターン3.　字面を日本語に変換しただけでは事柄が思い浮かばないので、事柄を考えるのだが、思いつかない。

これは非常に婉曲ないし抽象的な表現の場合に起こるパターンです。この読者は事柄の重要さを知っていて、それを追究しているのですが、力が及ばないのです。

パターン1の例

パターン1の例を出しましょう。本書のp. 243 に次の文があります。

(1-06-20) **This servility, though essentially selfish, is not hypocrisy; it gives rise to perfectly genuine sentiments of abhorrence; it made men burn magicians and heretics.**

この隷属性は、本質的には利己的なものであるが、偽善ではない。これは完全に純粋な憎悪の感情を生み出す。この隷属性がかつて人々を駆り立てて魔術者と異端者とを焚殺させたのである。(岩波文庫)

下線部を「この隷属性は、本質的には利己的なものであるが、偽善ではない」と訳せば「正しく訳せた」ことになります。そこで、これで満足して、これ以上事柄を考えない人がいます。これがパターン1です。

しかし、この段階にとどまると「心の底からわかった」という実感は得られません。This servility〔この隷属性〕が表す事柄は前文に書いてあります。the servility of mankind towards the supposed preferences or aversions of their temporal masters or of their gods〔世俗の支配者や自分が信じる神が好むと想定されるもの、あるいは嫌うと想定されるものに迎合しようとする人間の奴隷根性〕です。それが selfish〔利己的〕だというのは具体的にどういう心理・行動を指しているのでしょうか？　また、それが not hypocrisy〔偽善ではない〕というのは具体的にどういう心理・行動に表れるのでしょうか？　これが事柄です。

　完全に正読するためには、さらにもう一つ別の問題があります。なぜミルはわざわざこのようなこと（＝利己的であるが、偽善ではない）をここで言ったのでしょうか？　これを言わずに **This servility gives rise to perfectly genuine sentiments of abhorrence; it made men burn magicians and heretics.**〔この隷属性は完全に純粋な憎悪の感情を生み出す。この隷属性がかつて人々を駆り立てて魔術者と異端者とを焚殺させたのである〕と言うのではいけないのでしょうか？　これは事柄ではありません。文と文の論理的つながりです。「この隷属性は、本質的には利己的なものであるが、偽善ではない」と「この隷属性は完全に純粋な憎悪の感情を生み出す」はどういう論理関係にあるのか、という問題です。これらの事柄や論理的つながりは原文にも、もちろん翻訳にも、書いてありません。ミルは自分が読者として想定した人（＝当時の相当高い教養をもったイギリス人）なら（これだけ言えば）当然わかるはずだと思って書いているのです。

事柄と論理的つながりの両方が難しい例
　原文にも翻訳にも示されない事柄と論理的つながりがもっと難しい例をお目にかけましょう。本書は第1章第6節までを収録しているので、残念ながら収録できなかったのですが、第1章第7節に次の文があります。

（1–07–05）**The only case in which the higher ground has been taken on principle and maintained with consistency, by any**

but an individual here and there, is that of religious belief: a case instructive in many ways, and not least so as forming a most striking instance of the fallibility of what is called the moral sense: for the *odium theologicum*, in a sincere bigot, is one of the most unequivocal cases of moral feeling.

単にあちらこちらの個人ではないところの、何びとかによって、原理上より高い立場がとられ、且つこれが終始一貫採用され堅持されて来た唯一の領域は、宗教的信仰の領域である。この場合は、多くの点において教訓的であるが、いわゆる道徳感なるものの可謬性の極めて顕著な実例を形成するものとして見るときにも、教訓的であることが最小ではない。なぜならば、誠実な狂信家の懐くところの神学者の憎悪（odium theologicum）は、道徳的感情の少しの曖昧さをもいれない場合の一つだからである。（岩波文庫）

the higher ground〔より高い立場〕というのは「少数派の権利を尊重すべしとする立場」です。not least so as . . . を「…として見るときにも、教訓的であることが最小ではない」と訳していますが、正しくは「…として、とりわけ教訓的である」です（not least は「特に、とりわけ」という意味の idiom です）。さて、いかがでしょう。原文にせよ翻訳にせよ、これを読んで心の底から納得できる人がどれほどいるでしょうか。この文がわからない理由はひとえに事柄と論理的つながりがわからないからです。

「宗教的信仰が、いわゆる道徳感なるものの可謬性の極めて顕著な実例を形成する」というのはどういうことでしょう？

その理由としてミルは「誠実な狂信家の懐くところの神学者の憎悪は、道徳的感情の少しの曖昧さをもいれない場合の一つだからである」と言っています。どういうメカニズムで、これが理由になるのでしょうか？

なぜ a sincere bigot「誠実な狂信家」なのでしょう？

the *odium theologicum*, in an insincere bigot「不誠実な狂信家が懐くところの神学者の憎悪」ではダメなのでしょうか？　ダメだとしたら、その理由は？

そもそも「誠実な狂信家」とはどういう人なのでしょう？

「神学者の憎悪」とは何でしょうか？

11

　これらの疑問が解けたとしても、まださらに最大の難問が残ります。
　「原理上より高い立場がとられ、且つこれが終始一貫採用され堅持されて来た唯一の領域は、宗教的信仰の領域である」ことと「いわゆる道徳感なるものの可謬性」の間にはどんな論理的つながりがあるのでしょうか？
　これがわからない限り、この文を読んでもぼんやりした印象しか残りません（心の底から納得できた！　とは決してなりません）。ところが、その「論理的つながり」は原文には一切書かれていないのです（この文に書かれていないのみならず、この文の前後にも書かれていません。そもそも the fallibility of what is called the moral sense ［いわゆる道徳感なるものの可謬性］はこの文以外には出てきません。それどころか the moral sense という語自体が『自由論』の中でここにしか使われていません）。
　岩波文庫は「道徳感」に長い注をつけて、道徳感についてシャフツベリはああ言った、ベンサムはこう言ったと紹介し、それはそれで有用ではありますが、肝心のこの文の事柄と論理的つながりについては一言も説明していません。皆さんは、上の英文と翻訳を読んで「うわあ、こんな難しい文、わからないよ！」と投げ出したくなるかもしれません。しかし、ちょっと待ってください。難しいのは事柄と論理的つながりを把握するプロセスであって、ひとたび事柄と論理的つながりがわかれば、言っていること自体は決して難しくないのです。

事柄と論理的つながりを解き明かした本がない

　『自由論』に限らず、この種の古典的論文には多くの翻訳、解説書が出版されていますが、英文自体の事柄と論理的つながりを解き明かした書物は 1 冊もありません。これは「正しい事柄、正しい論理的つながり」と少なくとも矛盾しない日本語に翻訳しておけば（これは多くの場合、単に字面を日本語に移すということです）、翻訳の責任は果たしたのであって、その翻訳を読んで「事柄・論理的つながり」がわからなかったり、「事柄・論理的つながり」を間違って受け取った場合は、読者の責任である、と考えているのだと思います。「事柄・論理的つながり」を説明すると膨大な量になって翻訳ではなくなってしまう（したがって、引き受けてくれる出版社がない）こと、事柄・論理的つながりを説明すると、もし間

違いだった場合、逃げ道がなくなってしまうこと、この 2 つが主な理由
でしょう。

本書の趣旨

この事情は理解できるのですが、それでは、1–07–05 のような英文あ
るいは翻訳文を読んでわからない人はどうしたらよいのでしょう。自分
では手の打ちようがありません。そこで、本書は、原文および翻訳の字
面には表れない「(ミルがその文を書いたとき頭の中に思い浮かべた) 具体
的な事柄」と「文と文の論理的つながり」をできる限り明らかにして、
『自由論』(のほんの一部ですが) を一点の曇りもなく理解しようとしたの
です。「単に字面を訳しただけの状態」と「具体的な事柄と論理的つなが
りがわかった状態」がどれほど違うものか、本書を通して体験していた
だければ幸いです。

『自由論』について

『自由論』における自由 (Liberty) とは「個人が人間の集団に対して持
ちうる自由 (たとえば、1 人の人間が 1 万人の人間集団に対して持ちうる自
由)」です。ミルは第 1 章第 5 節で次のように述べています。

(1–05–04) **Protection, therefore, against the tyranny of the
magistrate is not enough: there needs protection also against
the tyranny of the prevailing opinion and feeling; against
the tendency of society to impose, by other means than
civil penalties, its own ideas and practices as rules of con-
duct on those who dissent from them; to fetter the develop-
ment, and, if possible, prevent the formation, of any indi-
viduality not in harmony with its ways, and compel all
characters to fashion themselves upon the model of its own.**
それゆえ、官憲の圧制を防止するだけでは充分でない。支配的な意見と支配
的な感情による圧制を防止することも必要である。具体的に言えば、社会の
思想と慣習を、反対者に対して、法的刑罰以外の方法によって、行動規範と
して強制する社会の傾向、また、社会の風潮と調和しない個性はどんな個性

でも、その発達を妨害し、もし可能なら、そのような個性の形成そのものを阻止し、すべての人の性格が社会の認める性格を模範として形成されるように強制する社会の傾向、これらに対して対抗策を講じることが必要なのである。

(1–05–05) **There is a limit to the legitimate interference of collective opinion with individual independence: and to find that limit, and maintain it against encroachment, is as indispensable to a good condition of human affairs, as protection against political despotism.**

集団の意見が個人の独立に合法的に干渉することには限界がある。そして、この限界を見つけ、維持して越えさせないことは、人間に関わる諸々の事柄を良好な状態に保つために、政治的専制を防ぐのと同じくらい不可欠なのである。

　『自由論』は、戦前、旧制高校の原書講読のテキストとして使われていました。そのため、第一高等学校や第三高等学校のような難関高等学校の志望者は受験勉強で『自由論』を読んだと言われています。戦後になってからも昭和30年代半ばくらいまでは実際に『自由論』の英文が入試に出題されていました。たしかに、『自由論』の文章は内容にしても表現にしても、英文読解、さらには論理的思考の訓練にふさわしいもので、これが優秀な青年たちの英語のテキストとして用いられたのは十分に理由のあることだと思います。

　しかし、戦前の高等学校や大学で『自由論』がテキストとして用いられたのは、これだけが理由ではないような気がします。私は、戦前のあの天皇制絶対の社会構造の中で、先生方は、『自由論』の思想に触れさせることによって、いかなる思想、権力、社会的圧力によっても冒されえない個人の尊厳、自由があることを、そしてそれがどのような根拠に基づいて擁護されるのかということを、学生たちに自覚させようとしたのではなかったか、と思うのです。当時の学生たちが『自由論』を読んで受けた感銘は、戦後、それもずいぶん時間が経ってから物心ついた我々が『自由論』を読んで受ける印象とは相当に違うものであったろうと想像されます。

私の父は前橋予備士官学校を卒業して陸軍砲兵少尉に任官し、北九州の海岸で本土決戦のために小隊長として陣地構築にあたっていたとき終戦になりました。予備士官学校在学中に同期生と雑談していた際『自由論』を話題にしたのを教官に聞き咎められ、面会日に訪れた両親は校長閣下（陸軍中将）から「薬袋候補生は学科、術科は優秀な成績だが、思想的に問題がある」と言われて真っ青になったそうです。

　「西の板垣、東の河野」と並び称された自由民権運動の大立者河野広中（こうのひろなか）が『自由之理』を読んだのは、『自由論』が発刊された 14 年後、明治 6 年（1873）のことです（広中 24 歳）。彼は後年次のように語っています。

　　三春町の川又貞蔵からジョン・スチュアート・ミルの著書で、中村敬宇の翻訳した『自由之理』と云へる書を購ひ（い）、帰途馬上ながら之を読むに及んで、是れ迄（まで）漢学、国学にて養はれ、動もすれば攘夷（ようい）をも唱えた従来の思想が、一朝にて大革命を起し、人の自由、人の権利の重んず可（べ）きを知り、又広く民意に基いた政治を行はねばならぬと自ら覚（さと）り、心に深く感銘を与へ、胸中深く自由民権の信条を画き（えが）、全く予の生涯に至重至大（しちょうしだい）の一転機を劃（かく）したものである。（『河野盤洲伝』上巻）

　それから 52 年経った大正 14 年（1925）、『自由論』を翻訳した近江谷晋作は「譯者から」に次のように書きました。

　　なにしても『自由論』の如きものが、歴史的、回顧的意義以外に必要でなくなる時が、一日も早く来て欲しいものです。『自由論』出版の六十有餘年後の今日、なほ且つ思想及び言論の自由を叫ばねばならぬのですから！

　「必要でなくなる」どころか、それから 20 年も経たぬうちに『自由論』を話題にしただけで「思想的に問題がある」とされるような時代が来ることを近江谷は予想していたでしょうか。近江谷がこう書いてから 100 年近く経とうとしています。ミルが『自由論』で論じたことの多くは、社会の同調圧力がとりわけ強い我が国では今もなお hot な topic として色あせていないように思います。

John Stuart Mill について

　ミルはアリストテレス、カント、ヘーゲルのような第一級の独創的な哲学者、思想家ではありません。ミル自身『自由論』について自伝の中で次のように述べています。

> **The leading thought of the book is one which though in many ages confined to insulated thinkers, mankind have probably at no time since the beginning of civilization been entirely without.**
>
> この本の中心思想は、多くの時代において孤立した思想家に限定されたものではあったが、おそらく文明が始まって以来、いかなる時期にも人類がまったくもたなかったということはない思想である。

　しかし、そのバランスのとれた思想と高潔な人格によって同時代の人、さらにはウィリアム・ジェイムズ（William James）やバートランド・ラッセル（Bertrand Russell）のような後世の人に大きな影響を与え、強い信頼と尊敬を集めたのです。ミルが亡くなって34年後に発表されたジェイムズの『プラグマティズム』（*Pragmatism*, 1907）の扉には次のように書かれています。

> **To the Memory of John Stuart Mill**
> **from whom I first learned the pragmatic openness of mind and whom my fancy likes to picture as our leader were he alive to-day.**
>
> 私が初めてプラグマティックな広い心を学んだ人、もし今この世にいませば我らの指導者として仰ぎたいと思い描く人、ジョン・スチュアート・ミルに捧げる

　ラッセル（1872–1970）は『自伝的回想』（*Portraits From Memory and Other Essays*, 1956）の中の「私はいかに書くか」（*How I write*）というエッセイで次のように述べています。

> **Until I was twenty-one, I wished to write more or less in the style of John Stuart Mill. I liked the structure of his sen-**

tences and his manner of developing a subject.

21 歳になるまで、私は多少なりともジョン・スチュアート・ミルのスタイ
ルをまねて書きたいと思った。私は彼の文の組み立てと主題を展開するやり
方が好きだった。

ちなみにラッセルはミルが亡くなる 1 年前に生まれて、父親がミルと
交流があった関係から、ミルがラッセルの名付け親になっています。ミ
ルの生涯や人となりについては『J・S・ミル　人と思想』（菊川忠夫著、
清水書院）がとてもよい本です。

最後になりますが、本書の出版に即座に賛成し、後押ししてくださっ
た研究社社長の吉田尚志氏と、担当編集者として筆者の希望を全部叶え
た本を作ってくださった編集部長の星野龍氏にお礼を申し上げます。ま
た、あとがきに詳しく書きましたが、本書の執筆にあたっては David
Chart 先生（Ph. D. *Cantab.*）に大変お世話になりました。ありがとうござ
います。

2020 年 3 月　　薬 袋 善 郎

本書の読み方について

　この本はどのような読み方をしてもよいのですが、一応筆者が想定している読み方があります。参考までに、それをご説明します。

　この本の第一義は読者の英文読解力の向上にあります。そこで、まず原文のセクションで一文ずつ読んでください。

　その際、わからない単語は辞書を引くのがよいです。しかし、辞書を引けない状況（電車の中とか）で読んでいたり、辞書を引く手間を考えると、読む気が萎えるという方は、巻末の語注を見てもよいです。

　原文には (1–06–05) のように番号が振ってあります。これは「第 1 章、第 6 節、第 5 文」であることを表しています。

　巻末の語注はアルファベット順ではなく、原文に現われる順番で表示しています。したがって原文で (1–06–05) の英文を読んでいて、わからない語が出てきたときは、巻末の語注の 1–06–05 のところを見ると載っています。

　原文を読むときは「文の構造」と「事柄」と「論理的つながり」の 3 つをよく考えてください。

　「文の構造」を考えるというのは構造上の主語、述語動詞と準動詞、従属節の範囲等を正確に認識することです。これが具体的にどうすることなのかさっぱりわからない人が『自由論』級の英文に手を出すことは、昔はありえなかったのですが、最近は中学・高校できちんと英文法を習っていないので、「構文を考える」と言われてもピンとこない人がたくさんいます。そういう方は一度拙著『英語リーディング教本』（研究社）などに戻って、英語構文の考え方を学んでください。

　「事柄」を考えるというのは具体的な事実のレベルで内容を考えることです。たとえば admiration という語が出てきたら、「称賛」と訳して終わりにするのではなく、この「称賛」は「称賛すること」なのか「称賛されること」なのか、もし「称賛すること」であれば、「誰が何について誰を称賛するのか」を考えることです。必要ならさらに「いつ、どこで、

どうやって称賛するのか」まで考えなければならないこともあります。

「論理的つながり」を考えるのは、簡単に言えば、「なぜ（なんのために）このようなことを言っているのか」を考えることです。

最初から、この３つがスラスラわかるなら本書を読む必要はありません。この３つ、特に「事柄」や「論理的つながり」は最初はさっぱりわからなくてもよいのです。本書を読んでいくうちに、これらの考え方を身につけていけばよいのです。

原文で太字になっている部分は難読個所です。構造ないし事柄ないし論理的つながりの点で正読するのが難しい個所です。ここは多くの場合、正解は先行訳とは全く異なるところにあります。腕に覚えのある方はすぐに解説を読まないで、じっくり考えてみてください。

１つ英文を読んだら、わかった場合もわからなかった場合も、その解説を読んでください。

解説の英文中で太字になっている部分は難読個所です。

解説の英文中で点線の下線が引いてある部分は 構文 で説明している個所です。

英文の下に 訳 が出ています。この和訳は、普通の翻訳とは異なり、英文の字面に表れていない「事柄」と「論理的つながり」をできるだけ表に出した日本文になっています。そのため、こなれた日本語で、スラスラ読める、いわゆる「読みやすい日本文」ではありません。その観点からすれば、むしろ「ゴタゴタした、読みにくい、悪文」です。何度も読み返さないとわからない個所もあるでしょう。「読みやすさ」「わかりやすさ」より「正確にわかること」を優先しているのです。

訳 で網掛けになっている部分は、英文の字面に表れていない「事柄」や「論理的つながり」を補った部分です。

訳 で網掛けになっていない部分は、英文の字面に表れている部分です。

訳 で太字になっている部分は、英文中で太字になっている部分（＝難読個所）に対応しているところです。

次の 構文 は、構造的に間違えやすい個所をとりあげて解説してい

す。

　その次の 研究 は、内容について「事柄」と「論理的つながり」の両面から詳しく解説しています。多くの英文ではすぐに語句の研究に入っていますが、一部の難文では最初に英文の論旨を簡単に説明してから、語句の研究に入っています。

　研究 で▶がついていて、下線が引かれているフレーズは英文中で太字になっている難読個所です。

　研究 で▷がついていて、下線が引かれていないフレーズは英文中で太字になっていない個所です。

　研究 の解説文では太字や下線を使って、特に重要なところや結論を強調しています。

　他の英文でもしばしば使われる表現については、『自由論』の英文限りの解説ではなく、一般的な解説を加えています。他の本で同じ表現が出てきたとき、正確に読めるようにするためです。

　事柄を踏まえて正確に和訳すると、先行訳と異なる日本語になるような場合は、参考のために先行訳を載せています。私の和訳・解説と先行訳を読み比べて、さらにご自分でも考えてみてください。

　引用した先行訳は以下です。

　（近江谷）　近江谷晋作訳　人文會出版　1925
　（高橋）　世界大思想全集 24　高橋久則訳　春秋社　1928
　（深澤）　深澤由次郎訳　英文週報社出版部　1929
　（冨田）　冨田義介、小倉兼秋訳　培風館　1935
　（柳田）　春秋社思想選書　柳田泉訳　春秋社　1940
　（市橋）　市橋善之助訳　高山書院　1946
　（名著）　世界の名著 38　早坂忠訳　中央公論社　1967
　（大思想）　世界の大思想Ⅱ-6　水田洋訳　河出書房　1967
　（岩波）　岩波文庫　塩尻公明、木村健康訳　岩波書店　1971
　（日経 BP）　日経 BP クラシックス　山岡洋一訳　日経 BP 社　2011
　（古典新訳）　光文社古典新訳文庫　斉藤悦則訳　光文社　2012

「1 つ英文を読んだら、わかった場合もわからなかった場合も、その解

説を読んでください。」と言いましたが、短い英文や非常に易しい英文の場合は、その都度解説を読まずに、そのまま原文を読み進めて、わからない文にぶつかったら、解説をまとめて読むというやり方でもよいです。

　解説は非常に細かく詳しく書いてあります。そこで、ともすると「木を見て、森を見ず」という状態になりかねません。そうならないように、ときどき「各節の大意」あるいは「全訳」を読んで、全体の流れを見失わないようにしてください。

　解説を読んで完全に納得できた英文が増えてきたら、ときどき原文のセクションで英文だけを通して読んでみましょう。その際は「構造」「事柄」「論理的つながり」の 3 点に注意して、どれか一つでもはっきりしない個所があれば、解説あるいは全訳に戻って再確認してください。この英文通読は決して辛い作業ではありません。むしろ楽しい作業です。これを何度も繰り返すと、ちょっとフレーズを見ただけで、「あっ、これは *On Liberty* の一節だ！」と気がつくようになります。これくらいまで親しむことによって、知らず知らずのうちに、人の心は偉大な書物によって深い感化を受けるのだと思います。

　YouTube で *On Liberty* を検索すると原文の朗読がアップされています。ナチュラル・スピードに近いので、構造、内容がすっかり理解できてから、繰り返し聞くとよいでしょう。

　解説の中で参照した辞書は次の 3 つです。
　OED: Oxford English Dictionary
　Webster: Webster's Third New International Dictionary
　Chambers: Chambers Universal Learners' Dictionary

典拠した英文について

英文は初版（1859 年）と第 3 版（1864 年）の両方と照合しました。初版と第 3 版が異なっている場合は、第 3 版に従っています。初版と第 3 版が異なっているのは次の 13 個所です。

(1–02–02) and the Government の Government が初版では小文字だった。

(1–02–08) preying on the flock の後に初版ではコンマがあった。

(1–02–09) of patriots の後に初版ではコンマがあった。

(1–02–12) constitutional checks の後のコンマが初版ではセミコロンだった。

(1–02–14) and, to attain の and の後のコンマが初版ではなかった。

(1–03–04) By degrees の後に初版ではコンマがあった。

(1–03–12) in the Continental section of which の後に初版ではコンマがあった。

(1–04–06) exercise the power の後に初版ではコンマがあった。

(1–04–06) spoken of の後に初版ではコンマがあった。

(1–04–07) practically means の後に初版ではコンマがあった。

(1–04–07) as the majority の後のセミコロンが初版ではコロンだった。

(1–04–07) needed against this の後に初版ではコンマがあった。

(1–04–08) over individuals の後に初版ではコンマがあった。

各節の大意

第 1 章 第 1 節

この論文のテーマは「社会が個人に対して正当に行使できる権力の性質と限界」である。これは古くから人類を二分してきた問題だが、社会環境が昔とは大きく変わっているので、従来とは異なる、より根本的な扱いが必要である。

第 1 章 第 2 節

昔は統治者と被統治者がはっきり分かれていて、自由を求める闘争は統治者と被統治者の間で行われた。自由とは「統治者の圧制に対する防御」を意味し、統治者の権力は必要だが危険なものとみなされていた。

この闘争の目的は「統治者の権力を制限すること」であり、その制限には次の 2 つの様態があった。

（1） 統治者に免除特権という形で自由を認めさせる。
（2） 重要な統治行為については社会の同意を必要とすることを憲法に規定しておく。

統治者と被統治者の分離を前提とする限り、闘争の目的が（1）と（2）の範囲を越えることはなかった。

第 1 章 第 3 節

やがて、被統治者の中から統治者が選ばれるという仕組みの方がよい統治システムであり、そのようなシステムによってはじめて統治者の権力の濫用は抑えられるのだという考えを人々が持つときがきた。

今や必要なのは、統治者の能力をいかに制限するかではなく、統治者の意思と被統治者の意思をいかに一致させるかである。統治者を被統治者が任免できるシステムを確立すれば、統治者の権力を制限する必要はないのだという考えが有力になった。

この考え方は、イギリスではもはや支配的ではないが、大陸では今もなお支配的である。

第1章 第4節

　アメリカ合衆国の成立によって、選挙による責任政府という考え方は実地に基づく批判を受けるようになった。

　実際には、民衆の自治とは民衆の中の多数派による統治であり、従って、民衆の一部が他の一部を抑圧することが起こりうる。それゆえ、統治者を被統治者が任免するシステムにおいても、統治者の権力を制限する必要性は減じないのである。

　このような考え方は広く受け入れられていき、今や多数者の圧制は、社会が警戒すべき害悪の一つに入れられている。

第1章 第5節

　社会的圧制、即ち多数者の圧制は、官憲を通してのみ行われるのではない。社会は、世論などを通して、自らその命令を個人に強制できる。ゆえに、社会的圧制は政治的圧制よりいっそう恐ろしいものである。

　社会が法的刑罰以外の手段で、自己の考えや習慣を、それに同意しない人々に、行為の規則として押し付ける傾向、および社会のやり方に適合した性格形成を強制する傾向に対する防衛が必要である。

　集団の意見が個人の独立に干渉しうる限界を見定め、これを侵害から守ることは、政治的圧制に対する防衛と同様、必要不可欠なのである。

第1章 第6節

　社会による統制と個人の独立との間をどのようにして適切に調整するか、言い換えれば、法律・世論によって課せられる行動規範はどのようなものであるべきか、これは解明がほとんど進展していない問題である。ところが、どの時代、どの国の人も自分たちの社会の行動規範が正しいことは自明であると思っている。

　行動規範を決定する原動力は理屈ではなく「すべての人は私が好むように行動すべきだ」という感情、すなわち「好き嫌い」である。したがって、好き嫌いに影響する様々な要因が行動規範の内容を左右する。その中で最も大きい要因は自利心である。

　行動規範を決定するもう一つの大きな原動力は、世俗の支配者や神の想定上の好き嫌いに迎合しようとする奴隷根性である。

社会の一般的で明白な利害も行動規範に大きな影響を及ぼしてきたが、これとて、利害から生じる共感と反感の結果としてそうなったにすぎない。

ON
LIBERTY

原　文

※太字は難読箇所です。

(Epigraph) The grand, leading principle, towards which every argument unfolded in these pages directly converges, is the absolute and essential importance of human development in its richest diversity.

— WILHELM VON HUMBOLDT: *Sphere and Duties of Government.*

(Dedication) To the beloved and deplored memory of her who was the inspirer, and in part the author, of all that is best in my writings — the friend and wife whose exalted sense of truth and right was my strongest incitement, and whose approbation was my chief reward — I dedicate this volume.

Like all that I have written for many years, it belongs as much to her as to me; but the work as it stands has had, in a very insufficient degree, the inestimable advantage of her revision; some of the most important portions having been reserved for a more careful re-examination, which they are now never destined to receive.

Were I but capable of interpreting to the world one half the great thoughts and noble feelings which are buried in her grave, I should be the medium of a greater benefit to it, than is ever likely to arise from anything that I can write, unprompted and unassisted by her all but unrivalled wisdom.

ON LIBERTY.
CHAPTER I.
INTRODUCTORY.

(1–01) The subject of this Essay is not **the so-called Liberty of the Will, so unfortunately opposed to the misnamed doctrine of Philosophical Necessity;** but Civil, or Social Liberty: the nature and limits of the power which can be legitimately exercised by society over the individual.

A question seldom stated, and hardly ever discussed, in general terms, but which profoundly influences the practical controversies of the age by its latent presence, and **is likely soon to make itself recognised as the vital question of the future.**

It is so far from being new, that, in a certain sense, it has divided (1–01–03) mankind, almost from the remotest ages; but in the stage of progress into which the more civilized portions of the species have now entered, it presents itself under new conditions, and requires a different and more fundamental treatment.

(1–02) The struggle between Liberty and Authority is the most (1–02–01) conspicuous feature in the portions of history with which we are earliest familiar, particularly in that of Greece, Rome, and England.

But in old times this contest was between subjects, or some (1–02–02) classes of subjects, and the Government.

By liberty, was meant protection against the tyranny of the (1–02–03) political rulers.

The rulers were conceived (except in some of the popular gov- (1–02–04) ernments of Greece) as in a necessarily antagonistic position to the people whom they ruled.

They consisted of a governing One, or a governing tribe or (1–02–05) caste, who derived their authority from inheritance or conquest, who, at all events, did not hold it at the pleasure of the governed, and whose supremacy men did not venture, perhaps did not desire, to contest, **whatever precautions might be taken against its oppressive exercise.**

Their power was regarded as necessary, but also as highly dan- (1–02–06) gerous; as a weapon which they would attempt to use against their subjects, no less than against external enemies.

To prevent the weaker members of the community from being (1–02–07) preyed upon by innumerable vultures, it was needful that there should be an animal of prey stronger than the rest, commissioned to keep them down.

But as **the king of the vultures would be no less bent** (1–02–08) **upon preying on the flock than any of the minor har-**

pies, it was indispensable to be in a perpetual attitude of defence against his beak and claws.

The aim, therefore, of patriots was to set limits to the power (1–02–09) which the ruler should be suffered to exercise over the community; and this limitation was what they meant by liberty.

It was attempted in two ways. (1–02–10)

First, by obtaining a recognition of certain immunities, called (1–02–11) political liberties or rights, which it was to be regarded as a breach of duty in the ruler to infringe, and **which if he did infringe, specific resistance, or general rebellion, was held to be justifiable.**

A second, and generally a later expedient, was the establishment (1–02–12) of constitutional checks, by which the consent of the community, or of **a body of some sort, supposed to represent its interests,** was made a necessary condition to some of the more important acts of the governing power.

To the first of these modes of limitation, the ruling power, in (1–02–13) most European countries, was compelled, more or less, to submit.

It was not so with the second; and, **to attain this, or when** (1–02–14) **already in some degree possessed, to attain it more completely,** became everywhere the principal object of the lovers of liberty.

And so long as mankind were content to combat one enemy by (1–02–15) another, and to be ruled by a master, on condition of being guaranteed more or less efficaciously against his tyranny, they did not carry their aspirations beyond this point.

(1–03) A time, however, came, in the progress of human affairs, (1–03–01) when men ceased to think it a necessity of nature that their governors should be an independent power, opposed in interest to themselves.

It appeared to them much better that the various magistrates (1–03–02) of the State should be their tenants or delegates, revocable at their pleasure.

In that way alone, it seemed, could they have complete securi- (1–03–03)
ty that the powers of government would never be abused to
their disadvantage.

By degrees this new demand for elective and temporary rulers (1–03–04)
became the prominent object of the exertions of the popular
party, wherever any such party existed; and superseded, to a
considerable extent, the previous efforts to limit the power of
rulers.

As the struggle proceeded for making the ruling power emanate (1–03–05)
from the periodical choice of the ruled, some persons began to
think that too much importance had been attached to the lim-
itation of the power itself.

That (**it might seem**) was a resource against rulers whose (1–03–06)
interests were habitually opposed to those of the people.

What was now wanted was, that the rulers should be identified (1–03–07)
with the people; that their interest and will should be the inter-
est and will of the nation.

The nation did not need to be protected against its own will. (1–03–08)

There was no fear of its tyrannizing over itself. (1–03–09)

Let the rulers be effectually responsible to it, promptly removable (1–03–10)
by it, and it could afford to trust them with power of which it
could itself dictate the use to be made.

Their power was but the nation's own power, concentrated, and (1–03–11)
in a form convenient for exercise.

This mode of thought, or rather perhaps of feeling, was common (1–03–12)
among the last generation of European liberalism, in the Con-
tinental section of which it still apparently predominates.

Those who admit any limit to what a government may do, except (1–03–13)
in the case of such governments as they think ought not to
exist, stand out as brilliant exceptions among the political think-
ers of the Continent.

A similar tone of sentiment might by this time have (1–03–14)
been prevalent in our own country, if the circumstances
which for a time encouraged it, had continued unal-
tered.

(1–04) But, in political and philosophical theories, as well as in (1–04–01)
persons, success discloses faults and infirmities which failure
might have concealed from observation.

The notion, that the people have no need to limit their power (1–04–02)
over themselves, **might seem axiomatic,** when popular
government was a thing only dreamed about, or read of as
having existed at some distant period of the past.

Neither was that notion necessarily disturbed by such temporary (1–04–03)
aberrations as those of the French Revolution, the worst of
which were the work of a usurping few, and which, in any case,
belonged, not to the permanent working of popular institutions,
but to a sudden and convulsive outbreak against monarchical
and aristocratic despotism.

In time, however, a democratic republic came to occupy a large (1–04–04)
portion of the earth's surface, and made itself felt as one of the
most powerful members of the community of nations; and
elective and responsible government became subject to the
observations and criticisms which wait upon a great existing
fact.

It was now perceived that such phrases as 'self-government,' and (1–04–05)
'the power of the people over themselves,' do not express the
true state of the case.

The 'people' who exercise the power are not always the same (1–04–06)
people with those over whom it is exercised; and the 'self-gov-
ernment' spoken of is not the government of each by himself,
but of each by all the rest.

The will of the people, moreover, practically means **the will** (1–04–07)
of the most numerous or the most active *part* of the
people; the majority, or those who succeed in making
themselves accepted as the majority; the people, conse-
quently, *may* desire to oppress a part of their number; and
precautions are as much needed against this as against any
other abuse of power.

The limitation, therefore, of the power of government over (1–04–08)
individuals loses none of its importance when the holders of
power are regularly accountable to the community, that is, to

the strongest party therein.

This view of things, recommending itself equally to the intelli- (1–04–09)
gence of thinkers and to the inclination of **those important
classes in European society to whose real or supposed
interests democracy is adverse,** has had no difficulty in
establishing itself; and in political speculations 'the tyranny of
the majority' is now generally included among the evils against
which society requires to be on its guard.

(1–05) Like other tyrannies, the tyranny of the majority was at (1–05–01)
first, and is still vulgarly, held in dread, chiefly as operating
through the acts of the public authorities.

But reflecting persons perceived that when society is itself the (1–05–02)
tyrant — **society collectively, over the separate individ-
uals who compose it** — its means of tyrannizing are not
restricted to the acts which it may do by the hands of its polit-
ical functionaries.

Society can and does execute its own mandates: and if it issues (1–05–03)
wrong mandates instead of right, or any mandates at all in things
with which it ought not to meddle, it practises a social tyranny
more formidable than many kinds of political oppression, since,
though not usually upheld by such extreme penalties, it leaves
fewer means of escape, penetrating much more deeply into the
details of life, and enslaving the soul itself.

Protection, therefore, against the tyranny of the magistrate is (1–05–04)
not enough: there needs protection also against the tyranny of
the prevailing opinion and feeling; against the tendency of
society to impose, by other means than civil penalties, its own
ideas and practices as rules of conduct on those who dissent
from them; to fetter the development, and, if possible, prevent
the formation, of any individuality not in harmony with its ways,
and compel all characters to fashion themselves upon the model
of its own.

There is a limit to the legitimate interference of collective opin- (1–05–05)
ion with individual independence: and to find that limit, and

maintain it against encroachment, is as indispensable to a good condition of human affairs, as protection against political despotism.

(1–06) But **though this proposition is not likely to be** (1–06–01)
contested in general terms, the practical question, where to place the limit — how to make the fitting adjustment between individual independence and social control — is a subject on which nearly everything remains to be done.

All that makes existence valuable to any one, depends (1–06–02)
on the enforcement of restraints upon the actions of other people.

Some rules of conduct, therefore, must be imposed, by law in (1–06–03)
first place, and by opinion on many things which are not fit subjects for the operation of law.

What these rules should be, is the principal question in human (1–06–04)
affairs; but **if we except a few of the most obvious cases,**
it is one of those which least progress has been made
in resolving.

No two ages, and scarcely any two countries, have decided it (1–06–05)
alike; and the decision of one age or country is a wonder to another.

Yet the people of any given age and country no more suspect (1–06–06)
any difficulty in it, than if it were a subject on which mankind had always been agreed.

The rules which obtain among themselves appear to them (1–06–07)
self-evident and self-justifying.

This all but universal illusion is one of the examples (1–06–08)
of the magical influence of custom, which is not only,
as the proverb says, a second nature, but is continu-
ally mistaken for the first.

The effect of custom, in preventing any misgiving (1–06–09)
respecting the rules of conduct which mankind impose
on one another, is all the more complete because the
subject is one on which it is not generally considered

**necessary that reasons should be given, either by one
person to others, or by each to himself.**

People are accustomed to believe, and have been encouraged (1–06–10)
in the belief by some who aspire to the character of philosophers,
that their feelings, on subjects of this nature, are better than
reasons, and render reasons unnecessary.

The practical principle which guides them to their (1–06–11)
**opinions on the regulation of human conduct, is the
feeling in each person's mind that everybody should
be required to act as he, and those with whom he sym-
pathizes, would like them to act.**

No one, indeed, acknowledges **to himself** that his standard of (1–06–12)
judgment is his own liking; but an opinion on a point of conduct,
not supported by reasons, can only count as one person's pref-
erence; and **if the reasons, when given, are a mere
appeal to a similar preference felt by other people,** it
is still only many people's liking instead of one.

To an ordinary man, however, his own preference, thus support- (1–06–13)
ed, is not only a perfectly satisfactory reason, but the only one
he generally has for any of his notions of morality, taste, or
propriety, which are not expressly written in his religious creed;
and his chief guide in the interpretation even of that.

Men's opinions, accordingly, on what is laudable or (1–06–14)
**blameable, are affected by all the multifarious causes
which influence their wishes in regard to the conduct
of others,** and which are as numerous as those which deter-
mine their wishes on any other subject.

Sometimes their reason — at other times their prejudices or (1–06–15)
superstitions: often their social affections, not seldom their
antisocial ones, their envy or jealousy, their arrogance or con-
temptuousness: but most commonly, their desires or fears for
themselves — their legitimate or illegitimate self-interest.

Wherever there is an ascendant class, a large portion of the (1–06–16)
morality of the country emanates from its class interests, and
its feelings of class superiority.

The morality between Spartans and Helots, between planters (1–06–17)

and negroes, between princes and subjects, between nobles and
roturiers, between men and women, has been for the most part
the creation of these class interests and feelings: and the senti-
ments thus generated, react in turn upon the moral feelings of
the members of the ascendant class, in their relations among
themselves.

Where, on the other hand, a class, formerly ascendant, has lost (1–06–18)
its ascendancy, or where its ascendancy is unpopular, **the pre-
vailing moral sentiments frequently bear the impress
of an impatient dislike of superiority.**

Another grand determining principle of the rules of conduct, (1–06–19)
both in act and forbearance, which have been enforced by law
or opinion, has been the servility of mankind towards the sup-
posed preferences or aversions of their temporal masters, or of
their gods.

This servility, though essentially selfish, is not hypocrisy; it gives (1–06–20)
rise to perfectly genuine sentiments of abhorrence; it made men
burn magicians and heretics.

Among so many baser influences, the general and obvious (1–06–21)
interests of society have of course had a share, and a large one,
in the direction of the moral sentiments: **less, however, as a
matter of reason, and on their own account, than as
a consequence of the sympathies and antipathies
which grew out of them: and sympathies and antipa-
thies which had little or nothing to do with the interests
of society, have made themselves felt in the establish-
ment of moralities with quite as great force.**

ON
LIBERTY

解　説

（Epigraph）The grand, leading principle, towards which every argument unfolded in these pages directly converges, is the absolute and essential importance of human development in its richest diversity. ── WILHELM VON HUMBOLDT: *Sphere and Duties of Government.*

訳　本論文で展開されたすべての議論は1つの重要な指導原理に直接的に収斂する。その原理とは、人間の発達形態ができる限り多様であることが絶対的かつ本質的に重要であるということである。

──ヴィルヘルム・フォン・フンボルト『政府の権限と義務』

構文　unfolded〔展開された〕は過去分詞形容詞用法で every argument にかかります。

研究　the diversity of humans〔人間の多様性〕は、すでに19世紀には、制限できないものと認識されていました。それに対し、the diversity of human development〔人間の発達の多様性〕は制限できる（＝人間がどのように発達すべきかを社会が決められる）と考えられていたのです。フンボルトはこの制限に反対して、「できる限り多様な形態で人間が発達することが絶対的かつ本質的に重要である」と言ったのです。

　ところで、ここで「絶対的かつ本質的に重要である」と言っているのは「人間が発達すること」ではありません。human development が絶対的かつ本質的に重要であるのは当然のことで、改めて言うまでもありません。ここで重要だと言っているのは「できる限り多様な形態で（＝発達の形態が制限されないで）」という部分です。別の言い方をすると、**the absolute and essential importance of human development in its richest diversity** は its richest diversity が「焦点（簡単に言えばイイタイコト）」で、human development は「前提」なのです（焦点と前提については『英語リーディングの真実』p. 87 参照）。これをはっきりさせて和訳すると「人間の発達形態ができる限り多様であることが絶対的かつ本質的に重要であるということ」となります。

　なお、この引用部分はフルセンテンスではありません。原文では、この後に次の文が続いています。. . . ; but national education, since at least it presupposes the selection and appointment of some one instructor, must always promote a definite form of development, however careful to avoid such an error.〔しかし、国家による教育は、少なくとも誰か一人の教師を選定し任命することを前提とするので、どんなに注意しても、一定の形式での発達を促すという誤りをどうしても避けられない〕

▷ **grand** はたんなる important ではなく having more importance than others〔他よりも大きな重要性をもっている〕という意味です。さらに、これに加えて principal〔主要な〕かつ very good〔非常によい〕という意味も含んでいます。

▷ **unfolded** の意味は「展開される」と「展開された」の二つの可能性があります。引用部分では省略されていますが、原文では unfolded の前に hitherto があります。したがって「(これまでに) 展開された」という意味です。

▷ **in these pages** は「この論文で」という意味です。

▷ Every argument indirectly converges towards the principle.〔すべての議論がその原理に間接的に収斂する〕と言った場合は「すべての議論の結論はその原理そのものではないが、その原理を支える内容だ」ということを意味します。それに対して、Every argument **directly converges** towards the principle.〔すべての議論がその原理に直接的に収斂する〕というのは「すべての議論の結論がその原理の内容そのものである」ということです。つまり「本書で (ここまでに) 展開されたすべての議論は結論が一致しており、その結論とは the absolute and essential importance of human development in its richest diversity である」ということです。

▷ **absolute**〔絶対的な〕は free from conditional limitation: operating or existing in full under all circumstances without variation or exception〔条件による制約がない：変動や例外がなく、あらゆる状況下で、完全な状態で機能ないし存在している〕(Webster) という意味です。要するに the absolute importance は「絶対的重要性 ⇒ どんな状況下でも変わらない重要性」です。e.g. an absolute prohibition〔絶対的な禁止〕、absolute freedom〔絶対的な自由〕。

▷ **essential**〔本質的な〕はここでは indispensable〔必要不可欠な〕という意味です。the essential importance は「本質的重要性 ⇒ なくてはならないという意味での重要性」です。

▷ **its** は human ではなく human development を指しています。

▷ **its diversity**〔人間の発達の多様性〕は「人間の発達のプロセスが様々である場合」と「人間の発達の結果が様々である場合」の両方を含みます。ここでは主として前者 (=プロセスの多様性) を指し、後者 (=結果の多様性) は、その帰結として、含意されていると捉えるべきです。

▷ **richest** は「最も豊かな → できる限り豊かな」という意味。一般的に If something is as rich as possible, there is nothing richer.〔何かができる限り豊かであるなら、それ以上に豊かなものは存在しない〕です。したがって richest〔最も豊かな〕を「できる限り豊かな」と訳すことができます。ただし、厳密に言うと、richest にしても as rich as possible にしても「豊かさの絶対的な度合い」には言及していません。Something can be "richest" or "as rich as possible", but still quite poor.〔何かが「最も豊か」あるいは「できる限り豊か」でありながら、(絶対的に評価すると) 極めて貧弱でありえる〕なのです。ただし、この文における richest の絶対的な度合いが大きいことは文脈から明らかです。

▷ **WILHELM VON HUMBOLDT** (ヴィルヘルム・フォン・フンボルト 1767–1835) はドイツの言語学者・政治家でフンボルト大学 (現ベルリン・フンボルト大学) の創立者です。博物学者・地理学者で大著『コスモス』を著し、近代地理学の祖とされるアレクサンダー・フォン・フンボルトは2歳下の弟です。

　ヴィルヘルム・フォン・フンボルトは1792年、25歳のときに *Ideen zu einem Versuch, die Grenzen der Wirksamkeit des Staats zu bestimmen*〔国家活動の限界を決定するための試論〕と題する長編の論文を書きました。この論文は当時のドイツの世相、世論と相いれない内容であったため、友人のシラーが出版に尽力しましたが、引き受けてくれる出版社が見つからず、とうとうフンボルトの生存中は出版されることはありませんでした。出版されたのは執筆後59年、死後16年経った1851年で、弟のアレクサンダー・フォン・フンボルトの働きによるものです。それから3年後の1854年、ミルが『自由論』の執筆に着手した年、この論文は ***The Sphere and Duties of Government***〔政府の領域と義務〕という題名で英訳・出版されました。ミルはこの論文に強い影響を受け、『自由論』の本文中で再三この英訳本からの引用を行っています。Humboldt の名前が出て

くるのは次の7か所です。3–02–05, 3–03–01, 3–18–10, 5–11–16, 5–11–18, 5–11–21, 5–14–13。

▷ 英訳本の題名中の **The Sphere of Government**［政府の領域］は the extent to which authority of government extends［政府の権力の及ぶ範囲］を表しています。

（Dedication-01）To the beloved and deplored memory of her who was the inspirer, and in part the author, of all that is best in my writings — the friend and wife whose exalted sense of truth and right was my strongest incitement, and whose approbation was my chief reward — I dedicate this volume.

訳　私の著作の中で最も良い部分のすべてについて着想を得るきっかけを与えてくれ、一部はその執筆者でもあった彼女——真理と正義を解するその崇高な心は私にとって最も強い刺激であり、その賞賛は私にとって主要な報償となった、友でもあり妻でもあった彼女——その彼女の愛しく悲しい思い出に対して、この書物を捧げる。

構文　To the beloved and deplored memory of her［彼女の愛しく悲しい思い出に対して］は dedicate にかかります。dedicate が主節の述語動詞です。■ of all は the inspirer と the author の両方にかかります。■ in my writings は構造上 all にかけることも best にかけることもできます。どちらにかけても内容は変わりません。■ the friend and wife は her と同格です。

研究　『自由論』は亡き妻ハリエット・テイラー・ミル（Harriet Taylor Mill）に捧げられています。ハリエット・ハーディ（Harriet Hardy）は1807年にロンドン近郊で医師の娘として生まれ、18歳でジョン・テイラー（John Taylor）と結婚してハリエット・テイラーとなり、3人の子をもうけました。1831年、彼女が属していたユニテリアン派の指導者の紹介で初めてジョン・スチュアート・ミルと出会います。ミル25歳、ハリエット24歳のときです。二人はたちまち惹かれあい、その後20年にわたり親しい友人として交友を続けます。1849年にジョン・テイラーが死去し、その2年後の1851年に二人は結婚し、ハリエットはハリエット・テイラー・ミルとなりました。ミルは45歳で初婚でした。その後二人は一緒に暮らし、ハリエットは精力的にミルの著作活動を助けます。

しかし、1858 年南フランスのアヴィニヨンに滞在中激しい肺鬱血のために 51 歳で急逝しました。ミルが『自由論』を発表する前年のことです。わずか 7 年半の結婚生活でした。ミルはアヴィニヨンの妻の墓のそばに小さな家を購入し、妻の末子であるヘレン・テイラー (Helen Taylor) とともに晩年を過ごし、1873 年 5 月その地で 67 歳の生涯を閉じました。晩年は昆虫記の著者アンリ・ファーブルと親しく交際し、ファーブルに送った手紙が絶筆となりました。

▷ **all** は all writings ではなく all parts の意味です。つまり「私の著作物のうちで内容的に最もよく書けている作品のすべて」という意味ではなく「私の著作のうちで内容的に最もよく書けている部分のすべて」という意味です。ミルは「私が書いた文章の中で、最もよい部分は彼女の助けを得て書いたが、悪い部分は、彼女は関与しておらず、すべて私の責任である」と言いたいのです。

▷ **writings**［著作物］は書籍に限らず論文等も含みますが、ここでは公表されたものを指し、私信などは含みません。

▷ **whose exalted sense of truth and right** の sense は「〜についての認識力＝〜を解する心」という意味です。e.g. a sense of humour［ユーモアのセンス＝ユーモアを解する心］

(Dedication-02) Like all that I have written for many years, it belongs as much to her as to me; but the work as it stands has had, in a very insufficient degree, the inestimable advantage of her revision; some of the most important portions having been reserved for a more careful re-examination, which they are now never destined to receive.

訳　多年にわたり私が書いてきたすべての著作と同じように、本書は私の著作であると同時に彼女の著作でもある。しかし、現状の本書は、計り知れないほどの価値を有する彼女の校閲をはなはだ不十分にしか受けていない。最も重要な部分のいくつかは彼女のより綿密な再検討を受けるために保留されていたのであるが、今やその再検討は永久に受けられない運命となってしまった。

構文　as it stands［現状で、そのままで］は形容詞節、副詞節のどちらにも使え

42

ます。ここも the work にかけることも has had にかけることもでき、どちらでも
内容は変わりません。■ some of the most important portions having been reserved
for a more careful re-examination は独立完了分詞構文（＝意味上の主語がついた完
了分詞構文）です。some of the most important portions が意味上の主語です。

研　究　彼女は生前すでに『自由論』の全編、あるいは一部について
examination〔検討〕を行って、おそらくミルに有益なアドバイスをして
いたのです。その際、彼女は最も重要な部分の一部について「ここはあ
とでもう一度よく検討してみたい」というようなことを言って、保留し
ておいたのでしょう。もし彼女が存命なら、その部分については **a more
careful re-examination**〔より綿密な再検討〕が行われたはずなのです。
したがって、more careful は「彼女がすでに行った examination よりも
綿密な」という意味であり、re-examination は、すでに彼女は１度ない
し数度 examination を行っているので、re-（「再び」という意味の接頭辞）
がついているのです。

▷ **all that I have written for many years**〔多年にわたり私が書いてき
たすべての著作〕は、文言上は、ミルのこれまでの著作のすべてを指しま
す。しかし、自伝では The first of my books in which her share was con-
spicuous was the "Principles of Political Economy."〔私の著書の中で妻の
関与が顕著になった最初の本は『経済学原理』であった〕と言っていて、『経
済学原理』（1849 年）以前に大著『論理学体系』（*A System of Logic* 1843 年）
がありますから、この all は彼女を慕うがあまりの overstatement〔誇張〕
と考えるべきです。

▷ **the work** は『自由論』を指しています。

▷ **the inestimable advantage of her revision** は「彼女の校閲とい
う計り知れない利益」という意味で、of は「同格の of」です。

（Dedication-03）Were I but capable of interpreting to the world
one half the great thoughts and noble feelings which are buried
in her grave, I should be the medium of a greater benefit to it,
than is ever likely to arise from anything that I can write, un-
prompted and unassisted by her all but unrivalled wisdom.

訳　彼女の墓に埋もれている傑出した思想と気高い感情のたとえ半分でも世に紹介することができさえすれば、私は大きな利益を世間に与える仲介者となるであろう。そしてその利益の大きさたるや、今後私が書くことができる著作、それはほとんど比類ないと言えるほどの彼女の叡智による刺激も助力も受けずに書く<u>しかない</u>のであるが、そのどの著作から生じ得る利益にも勝っているのである。

構文　Were I but capable of interpreting . . . は「倒置による if の省略」です。■ than は is の主語になる関係代名詞で、先行詞は a greater benefit です。■ unprompted and unassisted は being が省略された分詞構文で、can write にかかります。

研究　彼女は故人ですから、彼女の思想と感情を彼女自身が世の中に発表することはもはやできません。ところでミルは彼女の夫であり、これまで彼女と議論してそこから着想を得たり、自分の文章を読んでもらって、彼女からアドバイスをもらい、それを参考にして文章を書き直したりしてきたのです。したがって、彼女の思想や感情をよく知っています。そこで、もしミルがそれを世の中に説明する能力をもっていれば、彼女に代わって、彼女の思想や感情を説明する本を書けるわけです。ところが、ミルは「残念ながら自分にはその能力がない。もし彼女の思想と感情のたとえ半分でも説明する能力が自分にありさえすれば、自分は本を書いて、彼女の思想と感情を世の中に紹介する媒介者となるであろうに」と言ったのです。そして「その本は、今後彼女の助力なしで自分に書けるどんな本よりも大きな利益を世の中にもたらすだろう」と言って、早世した彼女の才を惜しんでいるのです。

▷ **but** は only と同じ意味の副詞です。

▷ **Were I but capable of interpreting . . .** を普通の語順で書き換えると If I were only capable of interpreting . . .〔もし私に説明する能力がありさえすれば ⇒ もし私が説明できさえすれば〕となります。

▷ **interpreting** は explaining という意味です。

▷ **one half** は even one half〔たとえ半分でも〕という意味。

▷ **noble feelings**〔気高い感情〕が具体的に何を指すのかはっきりはわかりません。あえて推測すれば「"女性"および"白人以外の人"を含めたすべての人の自由と発達を希求する心」といったようなものではないかと思われます。

▷ **to it** の it は the world を指していて、to it は a greater benefit を修飾しています。

▷ **I should be the medium of a greater benefit to it** は、具体的に言うと、彼女の思想と感情を紹介する本を書くことで、その本が結果的に世の中に a greater benefit をもたらすので「私は世の中へのより大きな利益の媒介者になるであろう」と言ったのです。

▷ **ever** は at any time in the future〔将来のいつか〕という意味。

▷ **her** は wisdom にかかります。

▷ **all but**＝almost です。

　この自由論の献辞は亡妻への度が過ぎた思慕の念をあられもなく表出したものとして、表現、内容の両面で眉をひそめる向きもあります。しかし、初めて会ってから20年間一途に思い続けて、ビクトリア朝の当時のこととて、通常であれば結婚など思いもよらなかった最愛の女性とついに結ばれたにもかかわらず、わずか7年余りの結婚生活で、あっけなくその女性を天に召されてしまったミルの気持ちを思うと、亡き妻の傑出した才能を、おそらく長く残ると自負した自著に記して、後世に伝えようとしたこの献辞を批判する気にはとうていなれません。幼児期から徹底した英才教育を受け、冷静かつ論理的な文章から際立った知性の人とみなされ、一説によると知能指数は200に達していたとも言われる天才児ミルの中にこのような激しい熱情が脈打っていたことを窺い知ることのできる貴重な文章だと思います。

　ミルの死んだ年1873年にヘレン・テイラーによって、ミルの遺稿をまとめた『自伝』（*Autobiography*）が刊行されました。そこには『自由論』についてかなりの紙幅が費やされています。その主要な部分を紹介しましょう。

During the two years which immediately preceded the cessation of my official life, my wife and I were working together at the "Liberty." I had first planned and written it as a short essay in 1854. It was in mounting the steps of the Capitol, in January, 1855, that the thought first arose of converting it into a volume. None of my writings have been either so carefully composed, or so sedulously corrected as this. After it had been written as usual twice over, we kept it by us, bringing it out from time to time, and going through it de novo, reading, weighing, and criticizing every sentence. Its final revision was to have been a work of the winter of 1858–9, the first after my retirement, which we had arranged to pass in the South of Europe. That hope and every other were frustrated by the most unexpected and bitter calamity of her death — at Avignon, on our way to Montpellier, from a sudden attack of pulmonary congestion.

公職をしりぞく直前の二年間、私は妻と協力して『自由論』にとりくんでいた。私は初めこれを 1854 年に短い論文として計画し執筆した。書き改めて一巻の書物にしようという考えが初めて浮かんだのは、1855年の一月、ローマの議事堂の石段を上っていたときである。私の著作の中で、この本ほど注意深く文章を練り、綿密に訂正を加えたものは他にはない。いつものように二度書き直したあと、私たちはこれを手もとにおき、時々とり出しては、一文ずつ読み、慎重に考察し、批評して、全編にわたって新しく手を加えた。その最後の修正は 1858 年から 59 年にかけての冬におこなう予定だった。それは私の退職後最初の冬で、私たちはヨーロッパの南部で過す手筈にしていた。その望みは、他のすべての望みとともに、まったく予想しなかった妻の死という痛恨の不幸によってついえた。それはアヴィニョンでのことで、ふたりでモンペリエにむかう途中、肺鬱血の発作に突然見舞われたのだった。

Liberty was more directly and literally our joint production than anything else that bears my name, for every sentence of it was several times gone through by us together, turned over in many ways and carefully weeded of any faults in thought or expression that we detected in it. It is in consequence of this that although it never underwent her final revision it far surpasses, as a mere specimen of composition, anything that has come from me either before or since. With regard to the thoughts, it is difficult to identify any particular part or element as being more hers than all the rest. The whole mode of thinking of which the book was the expression was emphatically hers. But I also was so thoroughly imbued with it that the same thoughts naturally occurred to us both. That I was thus penetrated with it, however, I owe in a great degree to her.

自由論は私の名前がついた他のどの本にもまして、直接的かつ文字通りに私たちの共著といっていい。すべての文を私たちは一緒に数回読み返し、様々な角度から考察し、内容、表現の両面で気がついた欠点をことごとく綿密に取り除いたからである。この本が、とうとう彼女の最後の校閲を受けなかったにもかかわらず、たんに文章の一見本としても、これ以前あるいはこれ以後に私が書いたどの本をもはるかに凌いでいるのは、まさにこのためである。その思想に関して言うなら、特定の部分ないし要素を取り上げて、ここは他に比して、より妻の思想であると判定することは難しい。この本に現れている考え方の全体がまさしく彼女の思考様式であった。しかし、私もすっかりそれに感化されていたので、同じ考えが自然と両者の頭に浮かんできたのだった。だが、それがこのように私の中に染み込んでいたのは、ひとえに彼女のおかげである。

After my irreparable loss, one of my earliest cares was to print and publish the treatise, so much of which was the work of her whom I had lost, and consecrate it to her memory. I have made no alteration or addition to it, nor shall I ever. Though it wants the last touch of her hand, no substitute for that touch shall ever be attempted by mine.

妻の死という取り返しのつかない喪失のあと、私が最初に配慮したことの一つは、その多くが今は亡き妻の手によるものであったあの論文を印刷、出版して、彼女の思い出に捧げることだった。私はその論文に何の変更も加えなかったし、加筆もしなかった。今後も永久にしないつもりである。それは彼女の手による最後の仕上げを欠いているが、それに代わるものを私の手で試みることは決してしないであろう。

The "Liberty" is likely to survive longer than anything else that I have written (with the possible exception of the "Logic"), because the conjunction of her mind with mine has rendered it a kind of philosophic text-book of a single truth, which the changes progressively taking place in modern society tend to bring out into ever stronger relief: . . .

『自由論』は私が書いた他のどれよりも長い生命を保ちそうに思われる（もしかすると『論理学体系』は例外かもしれないが）。それは、妻の思考と私の思考が結びついた結果、あれが一個の真理を述べた哲学の教科書のごときものになり、その真理は、現代社会に次々に生起する変化によってますますくっきりとした浮彫のように際立つ傾向があるからである。

As regards originality, it has of course no other than that which every thoughtful mind gives to its own mode of conceiving and expressing truths which are common property. The leading thought of the book is one which though in many ages confined to insulated thinkers, mankind have probably at no time since the beginning of civilization been entirely without.

独創性という点でいうなら、思想家であればだれでも人類の共有財産たる真理を考察し表現する際に自分独自の様式をもってするものであるが、この本はもちろんその意味での独創性をもっているにすぎない。その中心思想は、多くの時代において孤立した思想家に限定されたものではあったが、おそらく文明が始まって以来、いかなる時期にも人類がまったくもたなかったということはない思想である。

ON LIBERTY
CHAPTER I.　INTRODUCTORY.
自由論
第 1 章　序論

(1–01–01) The subject of this Essay is <u>not</u> **the so-called Liberty of the Will, so unfortunately opposed to the misnamed doctrine of Philosophical Necessity;** but Civil, or Social Liberty: <u>the nature and limits of</u> the power which can be legitimately exercised by society <u>over the individual.</u>

訳　いわゆる「意思の自由」は「哲学的必然」論と対立するものとされている。しかし、これは実に不幸なことである。なぜなら、この2つは本当は相容れないものではないからである。それでは、なぜこのような不幸な誤解が起こるのであろうか？　それは「哲学的必然」という名称が内容を適切に表していないからである。「哲学的必然」論の本当の内容は「意思の自由」を排斥するものではないのだが、「哲学的必然」という不適切な名称を冠せられているために、この名称を聞いた人は、この論の内容を誤解してしまい、その「誤解された内容」が「意思の自由」と対立するのである。ところで、以上のことはこの論文とは無関係である。この論文のテーマは「意思の自由」ではなく、「市民の自由」すなわち「社会における個人の自由」である。詳しく言えば、社会が個人の上に合法的に行使できる力の性質と限界である。

構文　not A but B〔AではなくてB〕の A に the so-called Liberty of the Will が入り、B に Civil, or Social Liberty が入っています。■ so unfortunately opposed〔実に不幸にも対立している〕は the so-called Liberty of the Will にかかります。■ the nature and limits of . . .〔…の性質と限界〕は Civil, or Social Liberty と同格です。■ over the individual〔個人の上に〕は be exercised にかかります。

研究　ミルは、この『自由論』という論文のテーマは the so-called Liberty of the Will〔いわゆる意思の自由〕ではなく、Social Liberty〔社会的自由〕であると言います。Social Liberty は「社会における個人の自由」です。これをミルは the nature and limits of the power which can be legitimately exercised by society over the individual〔社会が個人の上に合法的に行使できる力の性質と限界〕であると言い直しています。つまり、

ミルは、社会（＝人間の集団）と個人を対比して「個人が人間の集団に対して持ちうる自由（たとえば、1人の人間が1万人の人間集団に対して持ちうる自由）」を論じているのです。この後、第1章第2節で指摘されますが、これは「被統治者が統治者に対して持ちうる自由（たとえば、1万人の被統治者集団が1人の統治者に対して持ちうる自由）」とは違う事柄です。

▶ **the so-called Liberty of the Will, so unfortunately opposed to the misnamed doctrine of Philosophical Necessity** を直訳すると「哲学的必然という誤った名称をつけられた論と実に不幸にも対立している、いわゆる意思の自由」となります。これだけでは「哲学的必然論という名称が誤りであること」「哲学的必然論と意思の自由が対立しているのは不幸であること」この2つしかわかりません。

　実はミルは『自由論』（1859年）より16年も前に発表した『論理学体系』（*A System of Logic, Ratiocinative and Inductive* 1843年）の第6編第2章「自由と必然」（Liberty and Necessity）において、この「意思の自由と哲学的必然」の問題を詳細に論じているのです。したがって、それを知らずに読む人にとっては、この『自由論』冒頭の第1文は唐突で意味不明なのですが、著者のミル自身は読者がそれ（＝『論理学体系』第6編第2章）をすでに読んでいるか、またはこれから読むことを想定して書いているのです。

▶ **the doctrine of Philosophical Necessity**［哲学的必然論］は「人間の意志と行動は因果律に支配される」という論です。ミルは『論理学体系』の中で、これを the doctrine that our volitions and actions are invariable consequents of our antecedent states of mind［我々の意欲と行動は精神の先行状態の不変的な結果であるという論］と言っています。invariable consequents［不変的な結果］というのは our antecedent states of mind［精神の先行状態］が変わらなければ一定・不変の結果が生じる（＝たとえば、ある性格をもっていれば、必ずある意欲が生じ、ある行動をする）ということです。invariable consequents［不変的な結果］と言っていますが、これは our antecedent states of mind が変わらないことが前提です。もし our antecedent states of mind が変われば consequents も変わるのです（たとえば、性格が変化すれば、意欲や行動も変わってくるのです）。

　ここをミルは次のように言います（they は human actions を指していま

す）。

> . . . : they are never (except in some cases of mania) ruled by any one motive with such absolute sway that there is no room for the influence of any other. The causes, therefore, on which action depends are never uncontrollable, and any given effect is only necessary provided that the causes tending to produce it are not controlled.
> ……人間の行動は（若干の狂気の場合以外は）何か1つの動機によって絶対的に支配され、他の動機によって影響される余地がないというものでは決してない。それゆえ、行動を起こす原因は決して制御不可能ではない。与えられる結果は、その結果を生み出す傾向をもった原因が制御されないと仮定した場合にのみ必然的なのである。

そしてミルは the causes on which action depends〔行動を起こす原因〕は自由な意思によって変更できると考えます。『自伝』の中で次のように言っています。

> . . . though our character is formed by circumstances, our own desires can do much to shape those circumstances;
> . . . our will, by influencing some of our circumstances, can modify our future habits or capabilities of willing.
> All this was entirely consistent with the doctrine of circumstances, or rather, was that doctrine itself, properly understood.
> ……我々の性格は環境によって作られるが、我々自身の願望がそれらの環境を形成するのに大きな働きをなしうる；
> ……我々の意志は、環境の一部に影響を与えることによって、我々の意思の将来の習慣や可能性を変えることができる。
> これはすべて環境論とまったく矛盾しない。むしろ、これは環境論そのものを正しく理解した考え方である。
> ＊ the doctrine of circumstances＝the doctrine of Philosophical Necessity

以上のような次第で、ミルの中で「意思の自由」と「哲学的必然論」

は対立しないのです。要するに「性格は純粋に先天的なものではなく、生後の環境によって大きな影響を受ける。我々は自分の意思で環境を変えられる。だから、意思によって性格を変えることができ、したがって、性格に起因する意欲も行動も意思によって左右することができる（＝意思の自由）。このことと、ある性格をもっていれば、必ずある意欲が生じ、ある行動をすること（哲学的必然論）とは矛盾しない。」とミルは考えたのです。

　ところが、necessity〔必然〕という言葉には uncontrollable〔制御不可能〕というニュアンスがつきまといます。そのために「意志と行動は因果律に支配される」という論を Philosophical Necessity という名称で呼ぶと「人間は、一定の原因が揃うと、不可避的に（＝もはやその原因を変更することはできずに）、一定の意志をもち、一定の行動をとる」というように誤解されてしまいます。ここをミルは『論理学体系』の中で次のように言っています。

. . . it is probable that most Necessitarians are Fatalists, more or less, in their feelings. A Fatalist believes, or half believes, (for nobody is a consistent Fatalist,) not only that whatever is about to happen will be the infallible result of the causes which produce it, (which is the true Necessitarian doctrine,) but, moreover, that there is no use in struggling against it; that it will happen however we may strive to prevent it.
……おそらくほとんどの必然論者は多かれ少なかれ感情においては宿命論者である。宿命論者は次のように信じている。あるいは半ば信じている（なぜなら、何人も徹底的な宿命論者ではないから）。生起する事物はどれも、これを生じさせる原因の間違いのない結果である（これは正しい必然論である）だけでなく、これに反抗することは無駄であり、我々が阻止しようとどんなに努力しても、それは生起する。

　本当は、自由意思によって原因を変えられるので、反抗することは無駄ではなく、「意思の自由」と「意志と行動は因果律に支配される」という論は対立するものではないのです。しかし、後者を「哲学的必然論」と呼ぶと、「必然」という言葉から「原因を変えられない」と思ってしま

うので、両者は対立するものと受け取られてしまいます。ミルは「意思
の自由」と「意志と行動は因果律に支配される」という論の両方を支持
しているので、この対立を so unfortunately〔非常に不幸なことに〕と言っ
たのです。

▷ **so unfortunately opposed**　so は very の意味です。

▷ **Civil, or Social**　「Civil すなわち Social」という意味で、or は「言
い換えの or」です。

（1–01–02）A question seldom stated, and hardly ever discussed,
in general terms, but which profoundly influences the practical
controversies of the age by its latent presence, and **is likely
soon to make itself recognised as the vital question
of the future.**

訳　これは、これまで個々の事例について述べられたことはあったかもし
れないが、一般的な形で述べられたことは稀であり、また一般的な形で論議
されたことはほとんどない問題である。しかし、この問題は、表に出なくて
も、根底に潜在することによって、現代の実際的な問題の論争に深い影響を
与えており、おそらく近いうちに「将来活発に議論される重要な問題」であ
ると認識されるようになるであろう。

構文　A question の前に It is が省略されています。■ stated と discussed は過
去分詞形容詞用法で question を修飾しています。■ but は過去分詞形容詞用法（＝
seldom stated, and hardly ever discussed, in general terms）と形容詞節（＝which . . . of
the future）をつないでいます。■ which の先行詞は question です。■ and は in-
fluences と is をつないでいて、共通の主語が which です。

研究　実際の生活の場では、社会の利害と個人の利害が対立するケー
スが多々あり、その調整をどう行うかについて論争がなされます。これ
が **practical controversies**〔（社会と個人の関係についての）実際的な（問
題をどう調整するかという）論争〕です。これらは個別具体的な事例です
から、論争において考慮される諸事情もその事例に特有の具体的な事情
です。しかし、これらの個別の事例の根底には「社会と個人の利害をど
う調整するかについての一般的な原理」が存在していて、個別の事例を
論じる際にその原理が大きな影響を及ぼします（たとえば、原理が個別の

事例の当否を判断する基準になるというようなことです）。これが **which profoundly influences the practical controversies of the age by its latent presence**［この問題は、その潜在によって、現代の実際的な論争に深い影響を与えている］ということです。

　それでは **the practical controversies of the age**［現代の実際的な論争］とは具体的にどのような論争でしょうか？　ミルは第2章第18節で次のように述べています。

> （2–18–04）Penalties for opinion, or at least for its expression, still exist by law; and their enforcement is not, even in these times, so un-exampled as to make it at all incredible that they may some day be revived in full force.
>
> 意見に対する刑罰、あるいは少なくとも意見の表明に対する刑罰は、依然として法によって存在している。そして、それらの刑罰の施行は、現代においてさえ、実例のないことではなく、このような刑罰がいつの日か完全に有効な形で復活するかもしれないということもまったく信じられないことではないのである。

　そして、これに続けて1857年の7月と8月に起こった4件の舌禍事件を具体的に説明します（1件はキリスト教を非難したことにより、3件は無信仰を表明したことにより、不利益を受けた事例です）。

　また、第2章第19節では次のように述べて、ここに長い「注」をつけ、1857年のセポイの乱に際して生じた国内の異教徒排斥の動きを批判しています。

> （2–19–04）. . . where there is the strong permanent leaven of intoler-ance in the feelings of a people, which at all times abides in the middle classes of this country, it needs but little to provoke them into actively persecuting those whom they have never ceased to think proper objects of persecution.
>
> ……ある国民の感情の中に、強い永続的な不寛容の酵母が存在している場合には――このような酵母は我が国の中流階級の中にも常に存在して

いる——彼らを挑発して、迫害の正当な対象であると彼らが常に考えて
きた人々を、積極的に迫害させるためには、ほんのわずかな刺激があれ
ば足りるのである。

　このような記述から推測すると、ミルが **the practical controversies
of the age**〔現代の実際的な論争〕と言ったとき念頭に置いていたのは、
信教の自由に関わる問題 (たとえば non-conformist (＝英国教の信者でない
者) が公職に付くことを制限する社会制度など) であったことは間違いない
と思われます。
▷ **A question** の内容 (＝A question の前に省略されている It is の It が指
している もの) は、直前の the nature and limits of the power which can
be legitimately exercised by society over the individual〔社会が個人に対し
て正当に行使できる権力の性質と限界〕です。
▷ この terms は「観点」という意味で、**in general terms** は「一般的
な観点から」という意味です。in economical terms〔経済的な観点から〕、
in practical terms〔実際的な観点から〕など類似のフレーズがいろいろあ
ります。**general**〔一般的な〕は covering a large number of cases or
examples〔多くの事例をカバーしている〕(Chambers) という意味。本文の
in general terms〔一般的な観点から〕は「個別の特定の事例について、そ
の権力行使が許されるかどうかという形で (述べたり、討議したりするの
で) はなく、一般的にどのような種類の事柄について、どのような性質
の権力行使がどの程度まで許されるのかという形で (述べたり、討議した
りする)」という意味です。
▷ seldom は hardly ever より頻度が高い ("Seldom" is more frequent than
"hardly ever.") ので、**seldom stated, and hardly ever discussed** は
「state されることは稀にあったが、discuss されることはほとんどなかっ
た (問題)」という意味です。もちろん、これはミルが執筆した時点での
ことで、この essay (＝『自由論』) が発表された後は状況が変わり、盛ん
に議論されるようになりました。
▷ **of the age** は of our age〔現代の〕という意味です。
▷ **to make itself recognized** は to be recognized と同じと考えて差し
支えありません。

▶ **is likely soon to make itself recognised as the vital question of the future**〔おそらく近いうちに将来の vital な問題として認識されるようになるであろう〕については「the future ではなくて the present とすべきではないか？」という疑問が生じます。この疑問に答えられない限り（＝答えは No で、その理由はかくかくしかじかである、と答えられない限り）、正確に読めたとは言えません。そこで、詳しく研究してみましょう。まず、次の2つの表現の違いを認識することが前提です。

① **S is likely soon to be ～.**

② **S is likely soon to make oneself recognized as ～.**

　①は「S はまもなく～になるだろう」という意味で、事柄としては「S は現在～ではないが、まもなく（変化して）～になるだろう」ということです。それに対して、②は「S はまもなく～として認識されるようになるだろう＝S はまもなく～であると認識されるようになるだろう」という意味で、事柄としては「S は現在（すでに）～であるが、一般にはそのことが認識されていない。しかし、まもなく（S に対する一般人の認識が変化して）～であると一般に認識されるようになるだろう」ということです。つまり、①は S 自体が変化するのに対して、②は、S 自体は変化せず、S に対する一般の認識が変化するのです。

　たとえば「この本はまもなく稀代の名著として認識されるようになるだろう」といった場合、現時点でこの本の実体は「稀代の名著」なのです。ところが、現在一般にはそのことが認識されていません。それが、「まもなく一般に『稀代の名著』であると認識されるようになるだろう」と言っているのです。

　「**彼はまもなく救世主として認識されるようになるだろう**」という日本語を考えてみましょう。これには次の2つの事柄がありえます。

　　事柄1：現状では彼は救世主ではなく普通の人だが、まもなく救世主になる。すると、一般の人が彼を救世主として認識するようになるだろう。

　　事柄2：現状で彼は既に救世主なのだが、一般の人はそれ（＝彼が救世主であること）を認識していない。ところが、まもなくその認識

が変わって、一般の人が「彼は救世主なのだ」と認識するように
なるだろう。

　日本語では2つの事柄がありえるのですが、英語の S is likely soon to
make itself recognized as ～ は事柄2の方しか表しません。したがって、
He is likely soon to make himself recognized as a saviour. は事柄2を表し
ます。事柄1を英語で表すためには He is likely soon to become a saviour
and then to be recognized as such. のように言わなければなりません。な
お、人間と違い、本の内容は変化しませんから「**この本はまもなく稀代
の名著として認識されるようになるだろう**」は日本語でも事柄2（＝現状
でこの本は稀代の名著なのだが、一般の人はそれ（＝この本が稀代の名著で
あること）を認識していない）しか表しません。

　これを本文にあてはめ、かつ vital＝very important として、意味をと
ると「この問題は現在『将来の非常に重要な問題』である。ところが、
そのことは一般に認識されていない。しかし、まもなく一般に『将来の
非常に重要な問題』であると認識されるようになるだろう」という事柄
になります。

　ここで疑問が生じるのです。それは「なぜ『将来の非常に重要な問題』
なのだろう。将来の非常に重要な問題は『現在はまだ非常に重要ではな
いが、いずれ将来非常に重要になる問題』という意味だ。ミルは『この
問題は、表に出なくても根底に潜在することによって、現代の実際的な
問題の論争に深い影響を与えている』と言っていて、この問題が現時点
で非常に重要であることを認めている。したがって、ここは is likely soon
to make itself recognised as the vital question of <u>the present</u>〔（この問題は
現在すでに非常に重要な問題であるが、一般にはそのことが認識されていな
い。しかし）まもなく（この問題に対する一般人の認識が変化して）現在の非
常に重要な問題であると（一般に）認識されるようになるだろう〕と言うべき
ではないか？」という疑問です。もしこの疑問をミル本人にぶつけた
ら、おそらくミルは次のように答えるでしょう。

Because this problem is, as I have said just above, hardly ever discussed
now. You cannot call a problem which is hardly ever discussed now

the vital question of the present, can you?
私がすぐ前で述べたように、この問題は現在ほとんど議論されていない
からです。現在ほとんど議論されていない問題を the vital question of
the present とは呼べないでしょう？

いかがでしょう。このミルの（想定上の）答えはズバリ核心をついてい
ます。詳しく説明しましょう。一般に vital と important は「重要な」と
いう同じ意味を表すとされています。しかし、本当は少し違うのです。
vital はラテン語の vita〔命〕から派生した語です。したがって「命がか
かっているほど重要 → 成否を左右するほど重要」という意味になり、こ
の場合は vital＝very important です。ところが vital には「命」から派生
して「生気にあふれた、生き生きとした、活気のある」という意味があ
ります。この意味が very important に加わると vital ＝ very important
and living となるのです。the vital question of the present の vital はこの
意味です。したがって、a very important question of the present と the
vital question of the present は表している事柄が違うのです。a very
important question of the present といった場合は、現在非常に重要な問
題でありさえすればよく、この問題が現在注目されず、議論もされてい
なくても差し支えないのです（非常に重要な問題なのに、注目されず、議
論もされないことはよくあることです）。しかし the vital question of the
present の場合は、現在 very important〔非常に重要〕でかつ living〔生気
にあふれている〕である必要があるのです。この場合「生気にあふれてい
る」というのは「注目されて、活発に議論されている」ということです。
そこで、次の2つの英文を比べると、上は正文ですが、下は誤文なのです。

正： This is a very <u>important</u> question of the present but is hardly
　　 discussed.
誤： This is the <u>vital</u> question of the present but is hardly discussed.

テキストの場合、この問題は現在 very important です（ミルは which
profoundly influences the practical controversies of the age by its latent presence
と言っています）。しかし、現在 living ではないのです（ミルは seldom
stated, and hardly ever discussed と言っています）。したがって、この問題

の現在の状態は a very important question of the present ではありますが、the vital question of the present ではないのです。ですから、この問題を評して is likely soon to make itself recognised as <u>a very important question of the present</u> 〔(現在非常に重要な問題であるが、一般にはそのように認識されていない。しかし、)まもなく(一般に)現在の非常に重要な問題として認識されるであろう〕と言うことはできますが、is likely soon to make itself recognised as <u>the vital question of the present</u> 〔(現在非常に重要で活発に議論されている問題であるが、一般にはそのように認識されていない。しかし、)まもなく(一般に)現在非常に重要で活発に議論されている問題として認識されるであろう〕とは言えないのです(現在活発に議論されてはいないからです)。それに、そもそも「現在非常に重要で活発に議論されている問題が、一般にはそのように認識されていない＝活発に議論されているのに、そのことが認識されない」というような事態は、よほど特別な事情がない限りありえません。したがって、is likely soon to make itself recognised as the vital question <u>of the present</u> という表現は、この文に関して成立しないのみならず、一般的にも通常は成立しないのです。

　ミルは、この問題を「現在ほとんど議論されていないが、いずれ将来活発に議論されることになる非常に重要な問題(＝the vital question of the future)である」と考えています。ところが、現時点では、そのこと(＝この問題が the vital question of the future であること)は一般に認識されていないのです。そこでミルは is likely soon to make itself recognised as the vital question of the future 〔(この問題は、いずれ将来活発に議論されることになる非常に重要な問題であるが、現在一般にはそのように認識されていない。しかし、)まもなく(一般に)いずれ将来活発に議論されることになる非常に重要な問題であると認識されるであろう〕と言ったのです。もっとも、ミルの時代の一般民衆が持っていた政治意識、権利意識のレベルを考慮すると、「一般に」というよりも「少なくとも知識人の間では(いずれ将来活発に議論されることになる非常に重要な問題であると認識されるであろう)」というのがミルの考えであったと推測されます。

　さて、もし皆さんの中に「なぜ the vital question <u>of the present</u> ではないのだろう？」という疑問を感じた方がいたら、以上の説明で、その理由がわかったと思います。しかし中には、さらに「たしかに、仰る通り、

今現在は the vital question of the present ではない（現在ほとんど議論されていないのだから vital ではない）。しかし、まもなく盛んに議論されるようになるはずで、そうなったら、その時点では the vital question of the present となる。したがって、is likely soon to make itself recognised as the vital question of the present 『（この問題は）まもなく現在非常に重要で活発に議論されている問題として認識されるであろう』と書くのが筋ではないか？」と反論する方がいます。

　こういう人は、説明の最初に戻って「S is likely soon to be ～」と「S is likely soon to make oneself recognized as ～」の違いを確認してください。「S is likely soon to be ～」の～には「（現在の状態が変化して）将来なる状態」が入ります。しかし「S is likely soon to make oneself recognized as ～」の～にはあくまでも「現在の状態（ただし、一般にはそうだと認識されていない）」が入るのです。これを理解していれば、先ほどの反論をした人は、S is likely soon to make oneself recognized as ～. ではなく、S is likely soon to be ～. を使って、次のように言うべきだったのです。

　　たしかに、おっしゃる通り、今現在は the vital question of the present ではない。しかし、まもなく盛んに議論されるようになるはずで、そうなったら、その時点では the vital question of the present となる。したがって、is likely soon to be "the vital question of the present"「（この問題は）まもなく『現在非常に重要で活発に議論されている問題』になるであろう」と書くのが筋ではないか？

　この主張は筋が通っています。事実その通りになったのです（実際、『自由論』の発表によって、この問題は、まもなく『現在非常に重要で活発に議論されている問題』になりました）。しかし、この英語表現では、この事柄は表せません。is likely soon to be "the vital question of the present" の the present は「発話時点＝述語動詞である is と同時点」を表すのです（引用符号でくくっていますが、それでも「is と同時点」を表すのです）。「将来の一時点における、そのときの『現在』」を表すためには the time と言わなければなりません。したがって、is likely soon to be the vital question of the time であれば本当に no problem です。「（この問題は）まもなく『その時点における非常に重要で活発に議論されている問題』になる

であろう」という意味です。この表現であれば、英語も事柄も正しいですから、ミルがこのように書いたとしても不思議ではありません。しかし、ミルは、この一歩手前の表現に止めて、「まもなく『いずれ将来活発に議論されることになる非常に重要な問題』であると認識されるであろう」と言ったのです（「～になるであろう」とまでは言わず「～として認識されるであろう」に止めたのです）。

　まことにくどいですが、結局この問題は次の2つがからみあっているのです。

① S is likely soon to make itself recognized as ～ と S is likely soon to be ～は表している事柄が異なる。
② vital と important は表している事柄に違いがある。

なお、原文および例文で vital question に the がついているのは、vital はしばしば the only one を示唆するからです。vital question of the future が複数出てくるような場合であれば、一つ一つは a vital question of the future と書きますが、そうでない限り the をつけるのが自然です。

やがては将来の最も重要な問題と認められる可能性のある問題である（岩波）

ちかいうちに、将来の死活問題として認識されることになるであろう（大思想）

将来の非常に重要な問題としてほどなく認められてゆくにちがいないものである（名著）

やがて、将来を左右する重大な問題だとされるようになる可能性が高い（日経BP）

将来のきわめて重要な問題として、まもなく広く認知されることになるだろう（古典新訳）

まもなく将来の緊要な問題と認められることになろうとしている（柳田）

将来の重大問題として自らを提示することも追つつけのことであるらしい（高橋）

未来の、非常に大切な問題として間もなく姿を現しさうである（市橋）

やがては将来の重要問題として世に認められんとして居るものである（深

61

澤）

将来の重大問題としてやがて認められんとする問題である（冨田）

なほ又近い将来には、謂はば死活問題として認識せらるべきものだろう
（近江谷）

（1-01-03）It is so far from being new, that, in a certain sense,
it has divided mankind, almost from the remotest ages; but in
the stage of progress into which the more civilized portions of
the species have now entered, it presents itself under new con-
ditions, and requires a different and more fundamental treat-
ment.

訳　これは決して新しい問題ではない。ある意味では、ほとんど最古の時
代から人類の意見を二分してきたものである。しかし、人類の中で比較的文
明の進んだ部類の人々が今日到達している進歩の段階にあっては、これが問
題になる環境も新しくなり、したがって、これまでとは異なる、より根本的
な取り扱いを必要としているのである。

構文　It is so far from being new, that . . . は so 〜 that 構文です。「それは、new
であることから、……なほどそれほど離れている」が直訳です。■ but は It is so
far from . . . と it presents . . . and requires . . . をつないでいます。■ into which
. . . entered は形容詞節で the stage を修飾しています。

研究　**presents itself under new conditions** は主語が it です。無
生物主語で（＝人間以外の物・事を主語にして）使った present oneself は
「自分自身を提示する ⇒ 生じる、出てくる」という意味です。これは事
柄としては「それまでは存在しなかった主語が新たに生じる」という動
的な変化を表します。たとえば The solution presented itself to me imme-
diately.〔解決策がすぐに浮かんだ〕の場合は「（いままではなかった）解決
策が新たに生じた」のです。

　ところが、本文の場合は事情が違います。本文は「この問題は新しい
環境の下で生じる」と言っているのですが、これは「（いままではなかっ
た）この問題が今回新たに生じる」のではありません。この問題は「見
方によっては、ほとんど最古の時代から」存在していたのであり、今回
初めて生じるのは「新しい環境」なのです。つまり「この問題をめぐる

環境が一新された」ことを「この問題は新しい環境の下で生じる」という言い方で表現したのです。

　この問題（＝社会が個人に対して正当に行使できる権力の性質と限界）は古くからある問題で、seldom stated, and hardly ever discussed, in general terms［一般的な形で述べられたことは稀であり、また一般的な形で論議されたことはほとんどない］であるにしても、個々の具体的事例について議論されたことはこれまでにもあったのです。そういう際には古代ギリシャの都市国家を例にとるのが通例でした。しかし、ミルの時代のイギリスには、古代ギリシャの都市国家にはなかった新たな状況が生じてきていました。具体的には、人口増加、都市化、マスメディアの発達、思想の伝達速度の向上などです（これが **new conditions** の具体的な内容です）。そこで、ミルは「この問題については従来とは異なる、より根本的な扱いが必要である」と言ったのです。

▷ 通常の certain［ある］は、話し手は具体的な中身をわかっているが、わざとぼかして言う場合に使います（1–02–11 参照）。しかし、ここの **in a certain sense**［ある意味では］は、「特定の具体的な意味があり、話し手はそれをわかっているが、わざとぼかしている」のではなく、たんに「（全面的に）……である」あるいは「（全面的に）……ではない」と断定するのを避けるために使われているだけです。「見方によっては……とも言える」という程度の意味です。これは日本語でも同じです。たとえば「彼のとった行動はある意味では正しい」は「彼のとった行動は、見方によっては正しいとも言える」という意味で、「彼のとった行動は全面的に正しい」あるいは「彼のとった行動は全面的に正しくない＝間違っている」と断定するのを避けているのです。本文は「見方によっては、ほとんど最古の時代から人類の意見を二分してきたとも言えるほど古いものである」という意味です。

▷ **the more civilized portions** の more は絶対比較級で「（人類の中で）どちらかというと文明が進んだ方の部分（＝人々）」という意味です。
▷ **the species** は mankind のことです。
▷ **conditions** は「（周囲の）状況、事情、環境」という意味です。

> （1–02–01）The struggle between Liberty and Authority is the
> most conspicuous feature in the portions of history with which
> we are earliest familiar, particularly in that of Greece, Rome,
> and England.

訳　自由と権力ないし権威との闘争は、我々が、歴史について、学校の授業で習って、最初に詳しく知る部分、特にギリシャ、ローマ、イギリスの歴史において、多くの特徴の中で、最も顕著な特徴である。

構文　with which we are earliest familiar は形容詞節で portions を修飾しています。

研究　ミルはこの文から後しばらく The struggle between Liberty and Authority〔自由と権力ないし権威との闘争〕の変遷を説明し、本書の主題はこの闘争の全部ではなく一部であることを明らかにします。ここで先にミルが考えている大きな枠組みを説明しておきましょう。

▷ **the struggle between Liberty and Authority** には次の2つのケースがあります。

①　**少数者の横暴に多数者が立ち向かう闘争**：これは一人ないし少数者が支配権を独占している状況で、被支配者である多数者が自由を求めて戦う闘争です。典型的なのは支配者である国王ないし貴族に対して被支配者である平民が自由を要求するケースです。この場合、支配者と被支配者は階級が異なっていて、被支配者の階級の者が支配者になることはありません（革命の場合は別です）。

②　**多数者の横暴に個人が立ち向かう闘争**：これは平民が平民を支配している状況（つまり民主制の状況）で、個人が多数者に対して自由を求めて戦う闘争です。戦う相手は漠然と社会全体のこともあれば政府のこともあります。どちらにしても、社会ないし政府が多数者の意思を全構成員に強制しようとするのに対して、個人が立ち向かうのです。この場合、個人と多数者は階級を同じくしていて（どちらも平民です）、ある問題では多数者と対立して自己の自由を主張する個人が、別の問題では多数者に属して、自由を求める自分以外の個人を抑圧するということもありえます。

ミルは前者の闘争（＝少数者の横暴に多数者が立ち向かう闘争）が重要で

あることは十分に承知しています。しかし、前者の闘争については既に
多くの議論がなされ、現在では誰もが前者の闘争に賛成しています。つ
まり「少数者の横暴」という概念は広く社会に認知されているのです。
それに対して、後者の闘争は、前者に劣らず、人間の発達と幸福に重大
な関係があるにもかかわらず、これまでほとんど論じられたことがなく、
したがって「多数者の横暴」という概念はまだ社会にそれほど認知され
ていません。そこでミルは後者の闘争に的を絞って『自由論』を書いた
のです。

　なお、念のために付言しますと、「個人対政府の闘い」は君主制や貴族
制の政治体制であれば『自由論』の守備範囲に含まれません（個人は被支
配者である多数者の一員であり、個人対政府の闘い＝多数者対一人ないし少
数者の闘いだからです）。それに対して、「個人対政府の闘い」は民主主義
の政治体制であれば『自由論』の守備範囲に含まれます（政府は多数者の
意思を反映するものであり、個人対政府の闘い＝個人対多数者の闘いだから
です）。

▷ここの **Authority** は power to require and receive submission〔服従を
要求し受け入れる力〕（Webster）と superiority derived from a status that
carries with it the right to command and give final decisions〔命令し最終
的な決定を下す権利を伴う地位から生じる優越性〕（Webster）の両方を含ん
でいます。通常、前者は「権力」、後者は「権威」と訳されます。

▷ **the portions of history with which we are earliest familiar**
は、直訳すると「歴史の中で、我々が最も早く熟知する部分」となりま
す。これは具体的にいうと「学校の歴史の授業で、最初に詳しく習う部
分」です。ここで familiar という語を使ったのは、おそらく、たんに「習
う」だけでなく「詳しく習って、その結果、熟知するようになる」こと
を表すためだと思われます。したがって、事柄をはっきりさせて書き換
えると the portions of history which we learn first in detail at school とな
ります。

▷ ミルが『自由論』を書いたビクトリア朝時代のイギリスでは、学校で
最初に教えられる歴史は古代ギリシャ、古代ローマの歴史と中世英国史
が中心でした。そこで、ミルは **particularly in that of Greece, Rome,
and England** と言ったのです。particularly は in that を修飾し、that＝

the history です。Greece, Rome はそれぞれ古代ギリシャ、古代ローマを指し、特に古代ローマはタキトゥスの史書を学ぶ習わしでした。that of England は英国史ですが、これは古代史ではなく、最初に学んだのはジョン王 (John, King of England 在位 1199～1216 年) とマグナ・カルタ (1215 年) 以降の中世後期の英国史です。ちなみに、この部分は原文の表現がやや曖昧なため、各翻訳で解釈が分かれています。いくつか紹介すると、次のような具合です。

われわれが<u>極めて早くから熟知している</u>歴史の部分 (岩波)

歴史の中でも、われわれが<u>ごく幼少のころから親しんでいる</u>部分 (名著)

歴史のうちでわれわれが<u>いちばんはやくからおなじみの</u>諸部分 (大思想)

われわれが<u>早くから親しんでいる</u>歴史 (日経 BP)

われわれにとって<u>なじみの古代</u>、とくにギリシャ、ローマ、そしてイギリスの歴史 (古典新訳)

吾人が<u>極めて幼時より熟知せる</u>歴史の部分 (富田)

われわれが<u>ごく幼いころから親しんでいる</u>歴史の或る部分 (柳田)

私達が<u>大昔から知って居る</u>歴史の諸部分 (市橋)

吾人が<u>最も古くから親しんで居る</u>歴史の部分 (深澤)

私達の<u>最も早く熟知する</u>歴史 (高橋)

▷ **the most conspicuous feature in the portions of history with which we are earliest familiar** が表す事柄を考えてみましょう。まず次の 2 つの事柄が違うことを確認してください。

　事柄 1: 歴史の中で我々が最も早く熟知する部分 (＝時代と国) には特徴がいろいろあるが、その中で「自由と権力ないし権威との闘争」は最も顕著な特徴である (e.g. 古代ギリシャがもつ多くの特徴の中で「自由と権力ないし権威との闘争」は最も顕著な特徴である)。

　事柄 2:「自由と権力ないし権威との闘争」は歴史のいろいろな部分 (＝時代と国) で特徴をなしているが、我々が最も早く熟知する部分において最も顕著である (e.g.「自由と権力ないし権威との闘争」は古代でも中世でも近世でも、またギリシャでもヨーロッパ大陸でもイギリスでも特徴をなしているが、その中で古代ギリシャにおける場

合が最も顕著である)。

学校文法で習う定番の講壇事例ですが、次の 2 つの文を比べてください。

事柄 1：This lake is the deepest here.〔この湖はこのあたりで一番深い
湖だ〕

事柄 2：This lake is deepest here.〔この湖はここが一番深い〕

事柄 1 は This lake を here〔このあたり一帯〕にある他の湖と比べて、一番深い湖だと言っています。the は deepest の後に省略されている lake についているのです。それに対して、事柄 2 は This lake の中のいろいろな地点を比べて、here〔この地点〕で一番水深が深いと言っています。deepest の後には名詞がこない (= lake が省略されていない) ので the がついていません。

これとパラレルに考えると、原文は事柄 1 を表します (これが正解です)。ただし、厳密に言うと「湖」の講壇事例も原文も最上級形容詞に the がついているか否かだけで事柄が 100% 確定するわけではありません。「通常はその事柄を表す」という程度のことです。したがって、事柄をはっきりさせるためには context を添える必要があります。たとえば、次のようにすれば事柄がはっきりします。

事柄 1：The portions of history with which we are earliest familiar,
particularly that of Greece, Rome, and England, have many features,
but among them the struggle between Liberty and Authority is the
most conspicuous feature.

事柄 2：The struggle between Liberty and Authority is a feature of
many portions of history, and is most conspicuous in the portions
of history with which we are earliest familiar, particularly in that of
Greece, Rome, and England.

(1-02-02) But in old times this contest was between subjects,
or some classes of subjects, and the Government.

訳　しかし、昔は、この闘争は、被支配者ないし被支配者の中の一部の階級と政府との間で行われた。

研究　**But** は「しかし」です。ところが、前文と But から始まる文は内容が逆接になっていません。確認してみましょう。

> 自由と権力ないし権威との闘争は、我々が歴史の授業で最初に詳しく習う部分、特にギリシャ、ローマ、イギリスの歴史において、最も顕著な特徴をなすものである。しかし、昔は、この闘争は、被支配者ないしは被支配者の中の一部の階級と政府との間で行われた。

いかがでしょう。注意しないと、さっと読み飛ばしてしまう箇所ですが、よく考えると「しかし」の前後は逆接になっていません。このように「A but B」で、A と B の関係が逆接でないときは（もちろん、but が「しかし」ではなく「そうではなくて」という意味を表す場合、すなわち、いわゆる not A but B の場合を除くのはいうまでもありません）、いろいろ解決法がありますが（たとえば「but の直後に譲歩を入れて考える」などは、よく使う手です）、ここは「B の後に、A と逆接の関係になる内容を補う」という考え方が有効です。やってみましょう（太字が補った部分です）。

> 自由と権力ないし権威との闘争は、我々が歴史の授業で最初に詳しく習う部分、特にギリシャ、ローマ、イギリスの歴史において、最も顕著な特徴をなすものである。しかし、昔は、この闘争は、被支配者ないしは被支配者の中の一部の階級と政府との間で行われた**のであって、本書のテーマである個人と社会の間の闘争ではない。**

前文で「自由と権力との闘争は……特にギリシャ、ローマ、イギリスの歴史において（多くの特徴の中で）最も顕著な特徴である」と言われれば、読者は「この昔の闘争がこの本のテーマなのだな」と思うのが自然です。ですから「昔の闘争は本書のテーマではない」は「最も顕著な特徴である」と逆接の関係に立つのです（「最も顕著な特徴である。しかし、本書のテーマではない」はまったく自然に読めます）。そこで、ミルは But と言ったのです。

　ところで、なぜミルは「昔の闘争は本書のテーマである個人と社会の間の闘争ではない」ことを明示的に書かなかったのでしょうか？　それ

は、そのことはこの後で the struggle between Liberty and Authority の変遷を詳細に説明していく過程で明らかにされるからです。また、ミルからすれば、最初に（＝1-01-01 で）本書のテーマは「社会が個人の上に合法的に行使できる力の性質と限界」であると明言していて、被支配者と支配者という異なる階級の間の闘争が本書のテーマでないことは明らかなので、そこまでは言わなかったということでしょう。

▷ **in old times** は「昔は、往時は」という漠然とした意味で「古代においては (in ancient times)」という意味ではありません。古代にすると、前文の that of England (← 中世後期の英国史を指す) が入らなくなります。もし in old times がなければ（＝「昔は……だった」という言い方をしないで、ただ「……だった」と言ったら）、述語動詞が過去形（＝was）なので「この闘争（＝this contest＝the struggle between Liberty and Authority＝自由と権力ないし権威との間の闘争）はすべて昔の闘争であり（＝was）それは被支配者ないしは被支配者の中の一部の階級と政府との間で行われた（＝between subjects, or some classes of subjects, and the Government)」と読むのが自然な読み方になります。in old times があることによって（＝「昔は……だった」という言い方をすることによって）「この闘争（＝this contest＝the struggle between Liberty and Authority＝自由と権力ないし権威との間の闘争）は現在もあり、それは、昔とは異なり、被支配者ないしは被支配者の中の一部の階級と政府との間で行われるのではない」ことがはっきりわかるのです。

▷ **subjects**〔臣民〕は empire〔帝国〕あるいは kingdom〔王国〕の国民を表す語で、republic〔共和国＝国民が主権者で元首が公選される国〕の国民を表すときは citizens〔市民〕と言います。

▷ **or some classes of subjects**〔あるいは、臣民の中の一部の階級〕は直前の subjects を言い直したものです。subjects だけだと必ず全臣民が闘争に参加したように聞こえるので、闘争に参加しない臣民もいたケースを考慮して言い直したのです。

　ここで in old times this contest . . . と言われている闘争は古代から近代までたくさんの実例があります。近代ではイギリス革命 (1642 年)、アメリカ独立戦争 (1775 年)、フランス革命 (1789 年) などがこれに当たります。これらの革命の主体となったのは必ずしも臣民（＝平民）のすべてで

はありません。フランス革命では第三身分（＝平民）の中のいわゆるブルジョアジー（＝有産階級）でしたし、イギリス革命では平民の中の gentry（＝郷紳＝平民の中で yeoman〔独立自営農民〕より上の身分）で、さらにその中の Puritan〔清教徒〕が中心でした。アメリカ独立戦争の中心となったのはイギリスから移住した植民者であって、もともとアメリカ大陸にすんでいた人々（＝native Americans）ではありませんでした（なお、アメリカ独立戦争の場合は、the government は英本国の国王と議会です）。このような事実を受けて、ミルは or some classes of subjects を付け加えたのです。

▷ **the government** は、subjects に対する政府ですから、帝国あるいは王国の政府で、the ruler と言っても同じです。この the government を構成しているメンバーは subjects とは階級が違います。

しかし、古代においては、この闘争は、（岩波）
しかし、<u>古代における対立は</u>（古典新訳）
だが古代においては、この闘争は、（柳田）
然し古代に於ては此争ひは（富田）

（1–02–03）By liberty, was meant protection against the tyranny of the political rulers.

訳　自由とは政治的支配者の圧制から身を守ることを意味していた。

構文　By liberty, was meant . . . は Protection against the tyranny of the political rulers was meant by liberty. が倒置した形です。能動態で書き直すと Liberty meant protection against the tyranny of the political rulers.〔自由とは政治的支配者の圧制から身を守ることを意味していた〕となります。

研究　ここで tyranny と despotism と oppression という 3 語について検討しておきましょう。この 3 語は『自由論』全体の中で次の回数出てきます（カッコ内は本書に収録した第 1 章第 6 節までに出てくる回数）。

tyranny 13（8）/ tyrannizing 2（1）/ tyrant 2（1）/ tyrannical 2（0）
despotism 12（2）/ despotic 3（0）

oppression 2（1）/ oppress 1（0）/ oppressive 1（1）/ oppressively 1（0）

本書に収録した第 1 章第 6 節までには次のように使われています。

> the tyranny of the political rulers（1–02–03）, his tyranny（his = a
> master）（1–02–15）, the tyranny of the majority（1–04–09）, other
> tyrannies / the tyranny of the majority（1–05–01）, a social tyranny
> （1–05–03）, the tyranny of the magistrate / the tyranny of the
> prevailing opinion and feeling（1–05–04）, its tyrannizing over itself
> （it = the nation）（1–03–09）, society is itself the tyrant（1–05–02）
> monarchical and aristocratic despotism（1–04–03）, protection against
> political despotism（1–05–05）, many kinds of political oppression
> （1–05–03）, its oppressive exercise（its = whose supremacy / whose = the
> rulers）（1–02–05）

tyranny は oppressive or unjustly severe government［圧制的あるいは不
当に過酷な政治］（OED）、despotism は the rule of a despot［despot の統
治］（OED）で、despot は an absolute ruler of a country［国家の絶対的支
配者］（OED）、oppression は prolonged cruel or unjust treatment or exer-
cise of authority, control, or power［長期にわたる残酷ないし不当な扱い、
あるいは権力、管理、力の行使］（OED）です。要するに tyranny は「人民
を苦しめる暴虐な政治」で「暴政」、despotism は「被治者と階級的に分
離している統治者が独断で支配権を行使する政治」で「専制」、oppression
は「長期に及ぶ残酷な権力行使」で「圧制」です。

despot［専制君主］は必ずしも暴虐な政治を行うとは限りません。あく
までも独断専行ではありますが、被治者の利益を考えて、被治者のため
に政治を行うこともあり得ます。その場合には despot は tyrant［暴君］で
はないのです。ところで「行為者本人だけに関わりがあり、他人には影
響が及ばない行為であるが、社会通念上よくないとされている行為」が
あります。despot はそのような行為を禁じることが多いでしょう。そう
いう despot は、一般の考えでは、もちろん tyrant［暴君］ではなく、む
しろ名君と称賛されることすらあります。ところがミルにとっては、その
ような支配者は「個人の自由に対する圧制者」であって、それが despot

であろうが tyrant であろうが、その点では違いはないのです。ですから、ミルは、少なくとも本書においては、tyranny と despotism の違いを明確に意識せず、同じことを (1–05–04) protection against the tyranny of the magistrate〔官憲の tyranny を防ぐこと〕と言ったり (1–05–05) protection against political despotism〔政治的 despotism を防ぐこと〕と言ったりしています。

　またミルは tyranny を政治に限定していません。the tyranny of the prevailing opinion and feeling〔支配的な意見と感情の tyranny〕とか a social tyranny〔社会による tyranny〕というような使い方をしています。このような場合は「暴政」という訳語はふさわしくありません。「暴制」という語があるとよいのですが、この語は普通見かけません。そこで、本書では tyranny と oppression を同じに扱い「圧制」という訳語を当て、despotism は「専制」と訳すことにします。すると有名な the tyranny of the majority は「多数者の圧制」となります。このフレーズは「多数者の暴政」「多数派の横暴」「多数派による専制」「多数の圧制」「数の暴力」などいろいろに訳されています（ちなみに「多数の圧制」は斉藤和英大辞典の訳語です）。the tyranny of the majority については 1–04–09 の解説で付言しています。

(1–02–04) The rulers were conceived (except in some of the popular governments of Greece) as in a necessarily antagonistic position to the people whom they ruled.

訳　支配者たちは（ギリシャの民衆政府の一部を除けば）支配する民衆に対して必然的に敵対する立場に立つものと考えられていた。

構文　The rulers were conceived ... は conceive O as C〔O を C と考える〕が受身になっています。■ except は前置詞ですが、形容詞や副詞も目的語にすることができます。in some of the popular governments of Greece という副詞句が except の目的語になっています。■ as in a necessarily antagonistic position は as being in a necessarily antagonistic position から being が省略された形です。本来は現在分詞形容詞用法の being が補語ですが、being は表面上存在しないので、in a necessarily antagonistic position という副詞句が補語になっていると考えて差し支えありません。

研究 **popular governments**〔民衆政府〕は governments by the people すなわち democratic governments〔民主制の政府〕のことです。これに some of をつけたのは、except in the popular governments of Greece だと古代ギリシャの民衆政府のすべてを除外するように読めるので、それを避けたのです。いわゆる cautious "some"〔用心深く断言を避けるために使う some〕です。もちろんその際ミルの念頭には some の中身として具体的な city states〔都市国家〕の名前があったはずです。それはおそらく、直接民主制を採用していたいくつかの都市国家だったろうと想像されます。古代ギリシャで直接民主制を実施した都市国家はペリクレスの時代の Athens が最も有名ですが、他にも Argos、Megara などがあり、ミルはおそらくこれらを念頭に置いていたのでしょう。

(1-02-05) They consisted of a governing One, or a governing tribe or caste, who derived their authority from inheritance or conquest, who, at all events, did not hold it at the pleasure of the governed, and whose supremacy men did not venture, perhaps did not desire, to contest, **whatever precautions might be taken against its oppressive exercise**.

訳 彼らは支配権をもつ一個人のこともあれば、支配権をもつ一種族ないし階級のこともあった。彼らの権力は世襲または征服によって得たものであり、他の何があろうとも、彼らの権力の保持が被支配者の意思に基づくということだけは決してなかった。また、彼らが最高権力をもっていることに対して民衆があえて異議を唱えたことはなかったし、おそらく唱えたいとも思わなかったであろう。最高権力の圧制的行使に対してどのような予防措置が取られようとも、それと最高権力そのものに異議を唱えることとは別なのである。

構文 a governing One, or a governing tribe or caste の後ろには、これを説明する形容詞節が3つ並んでいて、この3つは whose の前の and で結ばれています。■ to contest は venture と desire の共通の目的語です。to contest の目的語は supremacy〔支配権、主権〕です。■ whatever precautions might be taken against its oppressive exercise は譲歩の意味を表す副詞節で、whatever は precautions を修飾しています。

研究 **a governing One** の One が大文字になっているのは、人間集

団ではなく一個人であることを強調するためです。

▷ この **authority** は「権力」です。

▷ **at all events** は英和辞書に「ともかく、いずれにしても」という意味が出ていますが、これは no matter what else may be（Webster）〔他の何があろうとも（これだけは決してない）〕という譲歩の意味です。たとえば She had a terrible accident, but at all events she wasn't killed. は「彼女はひどい事故にあったが、ともかく（＝他に怪我とか精神的後遺症とかはあったかもしれないが）死なずにすんだ（＝死ぬことだけは決してなかった）」という意味です。

▷ pleasure は「意思」という意味です。したがって、**at the pleasure of the governed** は「被支配者の意思で」となります。

▷ **who, at all events, did not hold it at the pleasure of the governed** は「ともかく（＝他の何があろうとも＝被支配者の要望に耳を傾けたり、被支配者に娯楽を提供したりといったことはあったかもしれないが）権力を被支配者の意思に基づいて保持すること（これだけ）は（決して）なかった」という意味です。

▷ **supremacy** には「他のすべての者に優越している状態」と「最高の権威、権力」という2つの意味があります。他のすべての者に優越しているから最高の権威、権力をもつのであり、最高の権威、権力をもっているということは他のすべての者に優越しているということです。この2つの意味は同じことを別の角度から言い表したものにすぎません。Webster は supremacy を the quality or state of being supreme; also: supreme authority or power〔他のすべての者に優越しているという性質あるいは状態；最高の権威あるいは権力〕と定義しています。whose supremacy ... contest〔支配者の supremacy に異議を唱える〕の supremacy はどちらでも事柄が成立します（優越状態に異議を唱えることもできるし、最高権力（をもっていること）に異議を唱えることもできます）。それに対して its oppressive exercise〔それ（＝supremacy）の圧制的行使〕の its は「最高の権力」でなければ事柄が成立しません（力を行使することはできますが、状態は利用することはできても、行使することはできないからです）。そこで、ここではどちらの supremacy も「最高の権力」と捉えて、whose supremacy は「支配者の最高権力 ⇒ 支配者が最高権力をもっていること」、its oppressive exercise は「最高権力の圧制的行使 ⇒ 支配者が最高権力を圧制的に行使すること」と解釈するのが妥当です。**whose supremacy men did not venture, perhaps did not desire, to contest** は「支配者が最高権力をもっていることに対して民衆があえて異議を唱えようとしたことはなかったし、おそらく異議を唱えたいとも思わなかったであろう」という意味です。

▶ **whatever precautions might be taken against its oppressive exercise** は譲歩の意味を表す副詞節です。whatever は precautions を修飾しています。この副詞節は「最高権力の圧制的な行使に対してどんな予防措置が(そのとき)取られたとしても」という「過去の状況」を表しているのではありません。この意味であれば might have been taken でなければなりません(1-04-02 で「might＋動詞の原形」が過去に対する推量を表す場合があることを解説しています。1-02-05 の might be taken の might は「推量の might」ではなく「譲歩の might」ですから 1-04-02 の解説は当てはまりません)。**might be taken は「最高権力の圧制的な行使に対してどんな予防措置が取られるとしても」**という意味です。ところで「主節は過去の状況を表しているのだから、whatever 節が might have been taken なら理解できるが might be taken では理解できない」と感じる人がいます。すべての先行訳がここを「過去の意味」で訳している(＝might have been taken で訳している)のは、おそらくこれが理由でしょう。しかし**ミルは whatever 節の中を意識的に might be taken と書いた**のです。その心理を説明しましょう。

whose supremacy men did not venture, perhaps did not desire, to contest 〔支配者が最高権力をもっていることに対して民衆があえて異議を唱えようとしたことはなかったし、おそらく異議を唱えたいとも思わなかったであろう〕と言われれば、読者の中には「いやそんなことはない。民衆は支配者の圧制に対し、それを抑えようとして様々な努力をしてきたではないか。圧制を抑える措置を取ることは、すなわち支配者が最高権力をもっていることに異議を唱えるということではないのか?」と考える人がきっといます。ミルはそういう疑問をもつ人に対して「最高権力の圧制的行使に対して予防措置をとることと、支配者が最高権力をもっていることに異議を唱えることは別問題なのだ(支配者は自分たちとは階級が違うの

75

であって、彼らが支配者であるのは当然だと認めた上で、つまり、支配者が最高権力をもっていることに異議を唱えることはしないで、彼らの権力濫用を抑制する措置を取るということはありえますし、実際にそうだったのです)」と言うために whatever 節をつけたのです。**ミルは whose supremacy men did not venture, perhaps did not desire, to contest の後に「読者が抱くであろう一般的な疑問（上の下線部を読んでみてください。これは時間とは無関係な、すなわち timeless な一般的疑問です）」を想定し、それに一般的な表現（＝whatever precautions might be taken against its oppressive exercise）で答えたのです。**

　whatever 節に対する主節は、構造上（＝表面上）は whose supremacy men did not venture, perhaps did not desire, to contest ですが、意味上は that does not mean that men are contesting their supremacy itself〔それは支配者が最高権力をもっていることそのものに対して異議を唱えていることを意味しない〕なのです。ミルは、この「意味上の主節」を省略し「意味上の主節」に対する「譲歩の副詞節」だけを書いたのです（簡潔で引き締まった文体です）。これをあえて説明調にごたごたした書き方で書くと次のようになります。

---

whose supremacy men did not venture, perhaps did not desire, to contest; there might be some people who argue that men endeavoured to restrain its oppressive exercise, and suspect that to act so is to contest their supremacy, but **whatever precautions <u>might be taken</u> against its oppressive exercise**, that does not mean that men are contesting their supremacy in itself.

支配者が最高権力をもっていることに対して民衆があえて異議を唱えたことはなかったし、おそらく唱えたいとも思わなかったであろう。（これに対して）民衆は最高権力の圧制的行使を抑制しようと懸命に努力したと主張し、最高権力の圧制的行使を抑制することは支配者が最高権力をもっていることに対して異議を唱えることではないのかという疑問をもつ人がいるかもしれない。しかし、**最高権力の圧制的行使に対してどんな予防措置が<u>取られようとも</u>**、それは支配者が最高権力をもっていることそのものに対して異議を唱えていることを意味しないのである。

　ミルは whose supremacy men did not venture, perhaps did not desire, to contest, の後にいきなり whatever precautions might be taken against its oppressive exercise だけを置いています。なぜこんな（一見無茶に思われる）ことをしたかというと、whatever precautions might be taken against its oppressive exercise を見ればあとは何がイイタイのかわかる（この場合は that does not mean that men are contesting their supremacy in itself と言いたいのだとわかる）からです（少なくともミルはわかると思っているのです）。このように文の一部だけを見ればあとは何がイイタイのかわかる（少なくともミルが想定している読者にはわかる）という場合に、その「一部」だけを書いて、あとは書かないで済ませる、というのはミルの文体の一つの特徴です（一般的に言えば、頭が良すぎる人の文体の特徴です）。

▷ **precautions**〔（最高権力の圧制的行使に対する）予防措置〕は具体的にどのようなものが考えられるでしょうか。たとえば古代の共和政ローマにおいては最高権力を握る執政官（consul）は常に 2 名置かれ、両者の権限はまったく同じで、それぞれ他方の決定に対する拒否権を持っていました。しかし、これは階級が違う被支配者が支配者を縛るという意味での precautions ではありません。おそらくミルが念頭に置いたのはマグナ・カルタ（Magna Carta: 正式名称 the Great Charter of the Liberties of England 1215 年）の諸条項、特に「いかなる自由人も、同輩の合法的裁判ないし国法によらなければ逮捕・投獄されたり、財産を剥奪されない」旨を定めた第 39 条などだろうと思われます。

　被治者は、その権力の圧制的な行使に対して、いかなる予防策が講じられてあったにせよ、彼らの主権を得ようとはあえてしなかったし、また恐らくは得ようと欲してもいなかった（岩波）

　人々も、たとえその抑圧的行使に対してはどのような警戒策をとろうとも、支配者たちの覇権にあえて挑もうとはしなかったし、またおそらくそうしたいとも思わなかった（名著）

　かれらの至上性を、それの抑圧的行使にたいしてどんな予防措置をおこなったにしても、人びとはあえてあらそいはしなかったし、おそらくそうすることをのぞまなかった（大思想）

　民衆はその地位に挑戦しようとしなかったし、おそらく挑戦したいと考

えてもいなかった。支配者が権力を行使して民衆を抑圧しないように、
予防策がとられることがあるだけであった (日経 BP)
しかし民衆は、支配者の圧制にひたすら**警戒**はしても、誰一人としてそ
の覇権に挑戦しようとせず、またおそらくその意欲もなかった (古典新
訳)

(1–02–06) Their power was regarded as necessary, but also as
highly dangerous; as a weapon which they would attempt to
use against their subjects, no less than against external enemies.

訳　彼らの権力は必要ではあるが、同時に非常に危険なものであるとみな
されていた。それは 1 つの武器であり、もし制約を受けなければ、彼らはそ
れを外敵に対して使うのと同じくらい国内の被支配者にも使おうとするであ
ろうと考えられたのである。

構文　as a weapon は was regarded につながります。■ which they would . . .
external enemies は a weapon を修飾する形容詞節。■ no less than against exter-
nal enemies (中心となる語は less で、この less は副詞です) は attempt to use にかか
ります。

研究　**no less than against external enemies** は「no 比較級 than」
という表現です。そこで、まず **A is no 比較級 than B is.** について簡単
に説明しましょう (詳しくは『英文精読講義』p. 162 参照)。やや複雑なの
で、最初に見取り図を示します。

    type 1. no more a fish than （100% 否定）

    type 1. no less a mammal than（100% 肯定）

    type 2. no more rich than（100% 否定）

    type 3. no richer than（同程度）

    type 4. no less rich than（同程度 or 100% 肯定）

    type 5. no more afraid than（同程度 or 100% 否定）

    type 5. no less afraid than（同程度 or 100% 肯定）

Type 1.　比較級のところに「程度が問題にならない語」を入れる場合
この場合は、比較級のところは必ず more ～か less ～のどちらかにな

ります。no more . . . than は「A も B も 100%～でない」ことを表すための枠組み（あるいは印）で、no less . . . than は「A も B も 100%～である」ことを表すための枠組み（あるいは印）にすぎません（この場合は程度を比べているのではないのです）。たとえば、fish や mammal は程度が問題にならない語です。魚類・哺乳類は（100%）魚類・哺乳類であるか、（100%）魚類・哺乳類でないかのどちらかで、「30% は魚類だが 70% は哺乳類だ」などという単一の生物はありません。そこで、次のようになります。

> A whale is no more a fish than a horse is.
> 鯨が魚でないのは、馬が魚でないのと同じだ。（100% 否定）
> A whale is no less a mammal than a horse is.
> 鯨が哺乳類であるのは、馬が哺乳類であるのと同じだ。（100% 肯定）

Type 2.　比較級のところに「程度が問題になる語で、比較級にするときは語尾に er をつける語」を more ～の形で入れる場合

　この場合も、type 1 と同じで、no more . . . than は「A も B も 100%～でない」ことを表すための枠組みにすぎません（この場合は程度を比べているのではないのです）。たとえば、rich の比較級は more rich ではなく richer です。kind の比較級は more kind ではなく kinder です。そこで、比較級のところに more rich や more kind を入れると次のようになります。

> Tom is no more rich than Betty.
> トムはベティと同じく金持ちではない。（100% 否定）
> Alice is no more kind than Bob.
> アリスは、ボブと同じで、不親切だ。（100% 否定）

Type 3.　比較級のところに「程度が問題になる語で、比較級にするときは語尾に er をつける語」を入れる場合

　この場合は「A は B より比較級であると思うのが普通だが、そんなことはない。A が B より比較級である度合いはゼロ（＝no）で、A と B は同程度だ」という意味を表します。たとえば、rich の比較級は more rich ではなく richer です。そこで、比較級のところに richer を入れると次の

79

ようになります。

　　Mr. A said, "Betty is miserably poor."
　　Mr. B said, "Tom is no richer than Betty".
　　Ａ氏が言った「ベティは悲惨なくらい貧乏だ」。
　　Ｂ氏が言った「トムもベティと同じくらい貧乏だよ」。

　この場合の Tom is no richer than Betty. は「ベティは悲惨なくらい貧乏なのだから、トムはベティよりは金持ちだと思うのが普通だが、そんなことはない。トムがベティよりお金を持っている度合いはゼロで、トムとベティはお金を持っている度合いは同程度だ。⇒ トムもベティと同じくらい貧乏だ」という意味です。

　　Mr. A said, "Tom is enormously rich."
　　Mr. B said, "Tom is no richer than Betty".
　　Ａ氏が言った「トムは途方もなく金持ちだ」。
　　Ｂ氏が言った「そのトムだってベティよりお金を持ってるわけじゃ
　　　　ない。ベティもトムと同じくらい金持ちだよ」。

　この場合の Tom is no richer than Betty. は「トムは途方もなく金持ちなのだから、トムはベティより金持ちだと思うのが普通だが、そんなことはない。トムがベティよりお金を持っている度合いはゼロで、トムとベティはお金を持っている度合いは同程度だ。⇒ ベティもトムと同じくらい金持ちだ」という意味です。これを Betty を主語にして言うと Betty is no poorer than Tom. となります。これは「トムは途方もなく金持ちなのだから、ベティはトムより貧乏だと思うのが普通だが、そんなことはない。ベティがトムより貧乏な度合いはゼロで、ベティとトムは貧乏さの度合いは同程度だ。⇒ ベティもトムと同じくらい金持ちだ」という意味です。

Type 4.　比較級のところに「程度が問題になる語で、比較級にするときは語尾に er をつける語」を less 〜の形で入れる場合

　この場合は同程度を表す場合（＝「Ａはより比較級でないと思うのが普通だが、そんなことはない。ＡがＢより比較級でない度合いはゼロ（＝no）

で、AとBは同程度だ」という意味を表す）と、100％ 肯定を表す場合（＝
no less . . . than が「AもBも100％〜である」ことを表すための枠組みにな
る）があり、形だけではどちらであるかわかりません。

　　Tom is no less rich than Betty.
　　トムはベティと同じくらいの金をもっている。（同程度）
　　トムはベティと同じで金持ちだ。（100％ 肯定）
　　Alice is no less kind than Bob.
　　アリスはボブと同じくらいの親切さだ。（同程度）
　　アリスはボブと同じで親切だ。（100％ 肯定）

**Type 5.　比較級のところに「程度が問題になる語で、比較級にするとき
は more を前に置く語」を more 〜あるいは less 〜の形で入れる場合**
　この場合は同程度を表す場合（＝「AはBより比較級である、あるいは比
較級でない、と思うのが普通だが、そんなことはない。AがBより比較級で
ある、あるいは比較級でない、度合いはゼロ（＝no）で、AとBは同程度だ」
という意味を表す）と、100％ 否定あるいは100％ 肯定を表す場合（＝no
more . . . than が「AもBも100％〜でない」ことを表すための枠組みで、no
less . . . than が「AもBも100％〜である」ことを表すための枠組みになる）
があり、形だけではどちらであるかわかりません。たとえば、afraid の
比較級は afraider ではなく more afraid です。そこで、比較級のところ
に more afraid あるいは less afraid を入れると次のようになります。

　　Alice is no more afraid than Bob.
　　アリスの恐怖感はボブと同程度だ（普通は同程度に弱いという意味に
　　なります）。（同程度）
　　アリスはボブと同じで怖れていない。（100％ 否定）
　　Bob is no less afraid than Alice.
　　ボブの恐怖感はアリスと同程度だ（普通は同程度に強いという意味に
　　なります）。（同程度）
　　ボブはアリスと同じで怖れている。（100％ 肯定）

　さて原文に戻りましょう。原文は no less than と言っています。この
less は副詞で「量・程度を表す little の比較級」です。もちろん little は

程度が問題になる語です。比較級は littler でもなければ more little でもなく、less ですから、厳密には上の 5 つの分類のどれにも該当しませんが、type 4、type 5 と同じで「同程度」と「100% 肯定」の二つを表します。「その武器を国内の被支配者に対して使うのは、外敵に対して使うより量・程度は少ない（＝less）と思うのが普通だが、そんなことはない。量・程度がより少ない度合いはゼロ（＝no）で、国内の被支配者に対して使う量・程度と外敵に対して使う量・程度は同程度だ」が「同程度」の場合の読み方です。それに対して「その武器は、外敵に対して使うのと同じく、国内の被支配者に対しても使う」が「100% 肯定」の読み方です。厳密にはこの 2 つは事柄が違うのですが、この文ではどちらで読んでも実質的な違いは生じません。したがって、どちらでもかまいません。

▷ **was regarded** は「（subjects によって）みなされた」という意味です。

▷ **dangerous** の後のセミコロンは「言い換え」を表し、as a weapon は直前の as highly dangerous を言い換えたものです。

▷ **they would attempt to use** の would は仮定法過去です。言外に「もし制約を受けなければ（これをあえて英語で表せば if they were not controlled by the precaution ぐらいになります）」という条件を想定し、それを受けて仮定法過去の would を使ったのです。

（1-02-07）To prevent the weaker members of the community from being preyed upon by innumerable vultures, it was needful that there should be an animal of prey stronger than the rest, commissioned to keep them down.

訳　社会の弱者が無数の禿鷹の餌食になるのを防ぐためには、禿鷹の中に、他の禿鷹を鎮圧する使命を帯びた、ひときわ強い猛禽がいることが必要だった。

構文　To prevent は In order to prevent の意味の副詞用法。■ prey upon ～は「～を餌食にする」という意味。prey 自体は自動詞ですが、prey upon を 1 つの他動詞と捉えれば、これを受身にすることができます。～ is preyed upon.（～は餌食にされる）となります。いわゆる「群動詞の受身」です。この is preyed upon を動名詞にしたのが being preyed upon（餌食にされること）です。■ it was needful that . . . は、it が仮主語で、that . . . が名詞節で真主語。■ should は「命令、要求、提

案などを表す動詞・形容詞に続く that 節の中で使われる should」。ここでは need-ful に続く that 節なので should が使われています。■ commission X to keep them down は「X にそれらを鎮圧するように委託する」という意味。これを受身にすると、X is commissioned to keep them down. (X はそれらを鎮圧するように委託されている) となります。ここから助動詞の is を削除すると、commissioned は過去分詞形容詞用法として X を修飾します。X commissioned to keep them down (それらを鎮圧するように委託されている X) です。本文はこの形で、commissioned は an animal of prey を修飾する過去分詞です。

研究　▷ **the weaker members of the community** の weaker は絶対比較級で「どちらかというと力が弱い方の (メンバー)」という意味です。

▷ **innumerable vultures**〔無数の禿鷹〕は、the stronger members of the community〔社会の中でどちらかというと力が強い方のメンバー〕の中で、特に、他者を搾取しようとする貪欲なメンバーを指します。

▷ この prey は「捕食性 (＝えじきを捉えて食べる習性)」という意味で、an animal of prey は「捕食性を帯びた獣」です。animal と言っていますが、中身は vulture〔禿鷹〕ですから a bird of prey〔猛禽〕です。**an animal of prey stronger than the rest** は「innumerable vultures の中で最も強い vulture」です。

▷ commissioned to keep them down の **them** は the rest を指しています。**keep them down** は「他の禿鷹たちが社会の弱者を餌食にすることを止めさせる」ということです。

(1–02–08) But as **the king of the vultures would be no less bent upon preying on the flock than any of the minor harpies**, it was indispensable to be in a perpetual attitude of defence against his beak and claws.

訳　しかし、他の禿鷹たちは概ねどれも小鳥の群れを餌食にすることに大体同じくらい熱中していたのだが、禿鷹の王も、この点では似たり寄ったりで、他の禿鷹たちと同じくらいに熱中したものだった。そのため、そのくちばしと爪に対して不断の防御体勢をとることが必要不可欠であった。

構文　as は従属接続詞で、as から the minor harpies までは「理由を表す副詞節」です。

研究　**S is no 比較級 than any (other) . . .** は 1–02–06 で解説した

「A is no 比較級 than B is.」で B のところに any あるいは any other が
入った表現です。これについて詳しく説明しましょう。まず、次の 2 つ
を見てください。これは「原級・比較級を用いて最上級の意味を表す表
現」と呼ばれているものです。

① **Tom is taller than any other boy in his class.**
② **Tom is as tall as any other boy in his class.**

　①は「トムはクラスの他のどの少年よりも背が高い」というのが文字
通りの意味です。この文字通りの意味が表す事柄はたとえば「トムの身
長は 180 cm で、クラスの他の男子の身長は 179 cm, 178 cm, 177 cm,
176 cm……160 cm」です。この事柄には何ら不合理な点はありません。
要するに、トムはクラスの男子の中で最も背が高く、しかもトムと同身
長の男子はいないのです。単独最高位です。

　それに対して②は「トムはクラスの他のどの少年とも同じ背の高さだ」
というのが文字通りの意味です。この文字通りの意味が表す事柄はたと
えば「トムの身長は 180 cm で、クラスの他の男子の身長は 180 cm,
180 cm, 180 cm, 180 cm……180 cm」です。この事柄は、クラスの男子
の身長が全員同じだというのですから、極めて不合理です。そこで、こ
の文では次の「すり替え」が行われるのです。

　　**any other boy in his class は「クラスの他のどの少年でも」とい
　　う意味だ。どの少年でもいいのなら、最も背の高い少年を連れてき
　　てもいいだろう。any other boy in his class は the tallest boy
　　but him in his class〔クラスの中で、彼以外で最も背の高い少年〕を
　　表している。**

　このすり替えによって、この文は「トムは、クラスの中で、彼以外で
最も背の高い少年と同じ背の高さだ」という事柄を表すのです。たとえ
ば「トムの身長は 180 cm で、クラスの他の男子の身長は 180 cm, 179 cm,
178 cm, 177 cm……160 cm」です。この事柄には何ら不合理な点はあり
ません。要するに、トムはクラスの男子の中で最も背が高いが、トムと
同身長の男子は他にもいるのです。同率最高位です。そこで「トムはク
ラスの他のどの少年にも劣らず背が高い」という訳文になるのです（「ト

84

ムはクラスの他のどの少年よりも背が高い」では単独最高位になってしまい
ますから、この文の和訳としては誤りです)。1と2の事柄の違いを次の文
で確認してください。These fresh water lakes form a waterway, which is
as busy as, if not busier than, any other waterway in the world.〔これらの
淡水湖は1本の水路を形成しており、その水路は、世界の他のどの水路より
も船舶の通行量が多いというわけではないにしても、どの水路にも劣らぬ通
行量をもっている (These fresh water lakes は北米の五大湖です)〕

　さて、それではさらに次の2つの文を考えてみましょう。

③　**Tom is not taller than any other boy in his class.**
④　**Tom is no taller than any other boy in his class.**

　③は厳密には2つの可能性があります。1つは Tom is taller than any
other boy in his class. を not で否定したという可能性です。「トムはクラ
スの他のどの少年よりも背が高い (＝トムは単独最高位)、ということは
ない」というのが文字通りの意味です。事柄はたとえば「トムの身長は
180 cm で、クラスの他の男子の身長は 180 cm, 179 cm, 178 cm, 177 cm
……160 cm」です。あるいは「トムの身長は 179 cm で、クラスの他の
男子の身長は 180 cm, 178 cm, 177 cm, 176 cm……160 cm」ということ
もあります。要するに、**トムは身長がクラスの男子の中で単独最高位で
はない**のです。トムがクラスで最も背が高いことはありえますが、その
場合には必ずトムと同身長の男子が他にいるのです (同率最高位はありえ
るのです)。

　もう一つは not taller を「より高くはない＝同じ身長かまたはより背が
低い」という意味の1つのユニットと捉える可能性です。**Tom is** ☐
than any other boy in his class. の ☐ に not taller というユニットを
はめ込んだという捉え方です。これだと「トムはクラスの他のどの少年
と比べても not taller だ ⇒ トムはクラスの他のどの少年とも同じ身長か
またはより背が低い」というのが文字通りの意味です。この文字通りの
意味が表す事柄は「クラスの男子の身長が全員同じ」かまたは「トムは
クラスの他のどの少年よりも背が低い」です。前者の事柄は極めて不合
理です。そこで、この文では次の「すり替え」が行われます。

any other boy in his class は「クラスの他のどの少年でも」とい
う意味だ。どの少年でもいいのなら、最も背の低い少年を連れてき
てもいいだろう。**any other boy in his class** は **the shortest boy
but him in his class**〔クラスの中で、彼以外で最も背の低い少年〕を
表している。

　このすり替えによって、この文は「トムは、クラスの中で、彼以外で
最も背の低い少年と同じ身長かまたはより背が低い」という事柄を表す
のです。たとえば「トムの身長は 160 cm で、クラスの他の男子の身長
は 180 cm, 179 cm, 178 cm, 177 cm……160 cm」です。あるいは「「ト
ムの身長は 158 cm で、クラスの他の男子の身長は 180 cm, 179 cm,
178 cm, 177 cm……160 cm」です。この事柄には何ら不合理な点はあり
ません。要するに、トムはクラスの男子の中で最も背が低いが、トムと
同身長の男子は他にもいる可能性があるのです。**トムは身長が単独最低
位かまたは同率最低位です**。そこで「トムはクラスの他のどの少年と比
べても、より背が高いということはない」というのが文字通りの意味で
す。
　このように③の文は 2 つの意味を持ちうるのですが、実際には後者の
意味（＝トムは身長が単独最低位かまたは同率最低位だ）で使うのが普通
であり、はっきりと文脈で支えられない限り前者の意味（＝トムは身長が単
独最高位ではない）で読むことはしません。なぜなら、前者の事柄を言い
たいときは、③のような曖昧な書き方をせず、It is not the case that Tom
is taller than any other boy in his class.〔トムがクラスの他のどの少年より
も背が高い（＝トムは単独最高位）、というのは実情ではない〕というように
はっきりした書き方をするからです。
　くどいですが、③は次のようになります。

　③　**Tom is not taller than any other boy in his class.**
　③-1 not を文修飾で読んだ場合（← 文脈がない限りこの読み方はし
ない）。
　トムは身長が単独最高位ではない。
　⇒ 身長が同率最高位かまたは 2 番目あるいは 3 番目くらいであ
る。

　⇒ いずれにせよ、トムはクラスの男の子の中でかなり背が高い。

　③-2 not taller を 1 つのユニットに読んだ場合（← 普通はこの読み
　方をする）。

　　トムは身長が単独最低位かまたは同率最低位である。

　⇒ いずれにせよ、トムはクラスの男の子の中で最も背が低い。

　④ **Tom is no taller than any other boy in his class.** は 1–02–06
で説明した「A is no 比較級 than B is. の Type 3」に該当します（Type 3：
比較級のところに「程度が問題になる語で、比較級にするときは語尾に er を
つける語」がくる場合。この場合は「A は B より比較級であると思うのが普
通だが、そんなことはない。A が B より比較級である度合いはゼロ（＝no）
で、A と B は同程度だ」という意味を表します）。そこで「トムはクラスの
他のどの男子よりも背が高い（＝単独最高位だ）と思うのが普通だが、そ
んなことはない。トムがクラスの他のどの男子よりも背が高い度合いは
ゼロ（＝no）で、トムと他の男子は背の高さは同程度だ」というのが文字
通りの意味です。この文字通りの意味が表す事柄はたとえば「トムの身
長は 180 cm で、他の男子の身長は全員 180 cm」です。この事柄は、ク
ラスの男子の身長が全員同じだというのですから、極めて不合理です。
そこで、この文では次の「緩和」が行われるのです（ここが非常に大事な
ところです。この場合に起こるのは「すり替え」ではなく「緩和」なのです。
any other boy を the tallest boy but him に読み替えるのが「すり替え」で、
no taller を「背の高さが厳密に同程度」ではなく「背の高さが概ね同程度」
に読み替えるのが「緩和」です。as tall as any other boy の場合は②で説明し
たように「すり替え」が行われ、no taller than any other boy の場合は「緩
和」が行われるのです）。

　　**no taller は「より背が高い度合いはゼロで、背の高さは同程度だ」
　　という意味だ。しかし、厳密に同程度ではクラスの男子全員の身長
　　がまったく同じになってしまう。ここは「概ね同程度」という意味
　　で、多少の凸凹は許容している。**

　この緩和によって、Tom と any other boy in his class は身長がまった
く同じである必要はなくなります。ただし、そうは言っても、極端にばら
ついていてはさすがに no taller（← 文字通りの意味は「厳密に同程度」

です）とは言えませんから、大体同じくらいの身長である必要はあります。たとえば「クラスの男子の身長は 177 cm～172 cm」です。この場合、トムの身長は 177 cm～172 cm のどれでもよいのです（**トムが一番背が高くてもよいし、そうでなくてもよいのです ← ここが② Tom is as tall as any other boy in his class. と違うところです。as tall as any other boy . . . の場合は「すり替え」が行われて同率最高位の意味になります**）。そこで、この文は「クラスの他の男子と比べて、トムが特に背が高いというわけではない。他の男子はみな<u>大体同じくらいの身長</u>で、トムの身長もそのくらいである → トムがクラスの男子の中で特に背が高いということはない。他のどの男子と比べても<u>似たり寄ったりだ</u>」という意味になるのです。

　ところで、この文ではもう一つ次の「緩和」が行われることがあります。

> **any other boy は「他のどの男子も」という意味だ。しかし、厳密に「どの男子も」では他の男子全員が大体同じくらいの身長になってしまう。ここは「概ねどの男子も」という意味で、一人ぐらいの例外（＝とびぬけて背が高い、あるいは背が低い子）がいることは許容している。**

　この緩和によって、クラスの男子全員が大体同じくらいの身長である必要はなくなります。たとえば「クラスの男子が全部で 24 人で、トムは 175 cm、1 人が 185 cm、22 人が 177 cm～172 cm」というような場合、あるいは「クラスの男子が全部で 24 人で、トムは 175 cm、22 人が 177 cm～172 cm、1 人が 165 cm」というような場合にもこの文を使えるのです。そこで、この場合にはこの文は「クラスの他の男子と比べて、トムが特に背が高いというわけではない。他の男子は、<u>ほとんどの子が</u>、大体同じくらいの身長で、トムの身長もそのくらいである」という意味になるのです。

　ところで「大体同じくらいの身長」というのは具体的にどのくらいなのでしょうか？ これは高い場合もあれば、低い場合もあり、また高低を問わないニュートラルな場合もあり、一概に言えません。たとえば、トムの身長が 185 cm ということがはっきりしていれば「大体同じくらい

88

の身長」は 185 cm 前後ですから高いです。

　トムの身長が不明な場合には「大体同じくらいの身長」は低いのが普通です。というのは、S is no 比較級 than 〜. は「S は〜より比較級だと思うのが普通だが」という前提がないと成立しません。したがって、Tom is no taller than any other boy in his class. という文には「トムはクラスの他のどの男子よりも背が高いと思うのが普通だが」という前提があります。トムの身長が不明な状況でこういう前提が成立するのは、通常は、このクラスの男子の平均身長が相当低い場合です。そこで、トムの身長が不明な場合には、この文は「クラスの他の男子と比べて、トムが特に背が高いというわけではない。他の男子は、ほとんどの子が、大体同じくらいの低身長で、トムの身長もそのくらいである」という意味を表すのです。「クラスの男子の身長は 165 cm, 163 cm, 161 cm, 159 cm, 158 cm, 156 cm で、トムは 163 cm」というような状況です。

　また、トムの具体的な身長は不明ですが「トムはクラスの他のどの男子よりもとびぬけて背が高い」という評判があるときに、その評判を打ち消すためにこの文が発話される場合があります。この場合は「トムはクラスの他の男子と大体同じくらいの身長だ」と言っているだけで、それが高いか低いかはわかりません（トムの具体的な身長が不明だからです）。

　なお、さきほど any other の意味は緩和されている（＝厳密ではない）ので、一人だけとびぬけて背が高い子や低い子がいても差し支えないと言いました。それはそうなのですが「大体同じくらいの身長」が高い場合（たとえば 185 cm 前後である場合）に、一人だけとびぬけて背が低い子（たとえば 165 cm の子）がいるとき、聞き手が事情通で（＝その 165 cm の子のことを知っていて）かつ神経質な（＝細かい）人だと「no taller than any other boy と言うけど、一人だけとびぬけて背が低い 165 cm の子もいるじゃないか」と反論してくる可能性はあります。

　ちょっと面白い対比をしてみましょう。トムは高校生で身長 192 cm、彼が所属するバスケットボールチームの他のメンバーの身長が「191 cm〜185 cm、165 cm」だと仮定します。すると、トムの身長はチームの中で単独最高位ですから、次のように言えます。

Tom is taller than any other member in his basketball team.

　ところで、「トムは192 cmで非常に背が高いので、きっとチームでも
とびぬけて高身長に違いない」と思っている叔父さんがいるとします。
すると、この叔父さんに対しては次のように言えます。

Tom is no taller than any other member in his basketball team.

　これは「トムがとびぬけて背が高いわけではなく、トムも含めてチー
ムのメンバーはみな大体同じくらいの高身長だ」と言っているのです。
ところで、「チームのメンバーはみな大体同じくらいの高身長だ」と言っ
ていますが、厳密には165 cmの子が一人います。そこで、自分の予想
（＝トムはとびぬけて高身長だろうという予想）を否定された叔父さんがそ
れを知っていた場合には「大体同じくらいの高身長と言うけど、165 cm
の子も一人いるだろう」と反論してくる可能性はあります（これは意趣返
しをしているわけで、大人げない叔父さんです）。しかし、それでも Tom
is no taller than any other member in his basketball team. と言って差し
支えないのです。

　さて、④を一般化すると次のようになります（注意してほしいのは「④
は同率最高位のこともあれば単独最高位のこともありますが、最高位ではな
いこともあり、その点ははっきり言っていない」ということです）。

　④　**S is no 比較級 than any (other) . . .**
　（1） **S は、any (other) . . .** と比べて、とびぬけて比較級なわけで
　　　はない。**S も any (other) . . .** も、比較級に関しては、概ね同程
　　　度である。
　（2） 「概ね同程度」の内容は、特別な文脈・状況が与えられない限
　　　り、「比較級になっている形容詞とは逆のニュアンス」で概ね同程
　　　度となる（たとえば no richer than であれば、rich とは逆のニュア
　　　ンス、すなわち poor というニュアンスで概ね同程度となる）。

これを具体的な文で確認し、最後に原文を検討します。

　⑤　**Tom is 185 cm tall, but he is no taller than any other**
　　　member in his basketball team.

トムは 185 cm だが、バスケットボールチームの他のどのメンバー
と比べても、特に背が高いわけではない。他のメンバーも概ね
185 cm くらいである。

　文脈によって「トムは 185 cm だ」という特別な状況が与えられてい
るので「tall のニュアンス（＝背が高いというニュアンス）」で概ね同程度
となります。

⑥　**Tom is no more eager in his studies than any other boy
in his class.**
　クラスの他のどの男子と比べても、トムが特に勉強に熱心という
わけではない。クラスの他の男子は概ね勉強に熱意がないが、ト
ムも、その点では、似たり寄ったりである。

　特別な状況が与えられていないので「eager と逆のニュアンス（＝熱意
がないというニュアンス）」で概ね同程度となります。

⑦　**Tom is no less eager in his studies than any other boy
in his class.**
　クラスの他のどの男子と比べても、トムが特に勉強に熱意がない
というわけではない。クラスの他の男子は概ね勉強に熱心だが、
トムもそれとほぼ同じくらい熱心である。

　特別な状況が与えられていないので「less eager と逆のニュアンス（＝
熱意があるというニュアンス）」で概ね同程度となります。

⑧　**Tom is no wiser than any other boy in his class.**
　クラスの他のどの男子と比べても、トムが特に理解力があるとい
うわけではない。クラスの他の男子は概ね理解力に乏しいが、ト
ムも、その点では、似たり寄ったりである。

　特別な状況が与えられていないので「wise と逆のニュアンス（＝理解
力がないというニュアンス）」で概ね同程度となります。

⑨　**Hitler was no worse than any other dictator of the twen-
tieth century.**

> 二十世紀の他のどの独裁者と比べても、ヒトラーが特に悪質だったというわけではない。ヒトラーも二十世紀の他のどの独裁者も、残虐行為の中身は大体同じようなもので、悪質さの度合いは似たり寄ったりだった。

　Hitler が極悪人であることは周知の事実です。つまり常識によって「ヒトラーは bad だ」という特別な状況が与えられているので「bad のニュアンス (＝悪いというニュアンス)」で概ね同程度となります。

⑩ **Danny was no wickeder than any other 11-year-old who is big for his age and likes to pick on smaller boys.** (続・語法大辞典 大修館書店)
　歳の割に大柄で弱い者いじめの好きな他のどの 11 歳の子供と比べても、ダニーが特に意地が悪かったというわけではない。歳の割に大柄で弱い者いじめの好きな他の 11 歳の子供は概ね意地の悪さの点で大差がないが、ダニーも、その点では、似たり寄ったりだった。

　11-year-olds who are big for their age and like to pick on smaller boys が wicked であることは明白です。したがって「wicked のニュアンス (＝意地悪だというニュアンス)」で概ね同程度となります。この文は than 以下を any other 11-year-olds と複数で書くこともできます。単数になっているのは、ダニーを他の少年一人一人と比べているからです。

⑪ **The king of the vultures would be no less bent upon preying on the flock than any of the minor harpies.**
　他のどの禿鷹たちと比べても、禿鷹の王は小鳥の群れを餌食にすることに熱意が乏しいというわけではなかった。他の禿鷹たちは概ねどれも小鳥の群れを餌食にすることに大体同じくらい熱中していたのだが、禿鷹の王も、この点では似たり寄ったりで、他の禿鷹たちと同じくらいに熱中したものだった。

　この文の意味を詳しく言うと「禿鷹の王は他の禿鷹を鎮圧する使命を帯びているのだから、他の禿鷹と一緒になって小鳥の群れを餌食にする

ようなことはしないはずで、他の禿鷹たちに比べて、その熱意はずっと少なかった、いやゼロだったろうと思うのが普通だが、そんなことはない。他の禿鷹たちは概ねどれも小鳥の群れを餌食にすることに**大体同じくらい熱中していた**が、禿鷹の王も、この点では似たり寄ったりで、小鳥の群れを餌食にすることにかけては、他の禿鷹たちと**大体同じくらいに熱中したものだった**」となります。harpy はギリシャ神話に登場する、女性の頭と胴体に鳥の翼と爪をもった貪欲な怪物です。したがって the minor harpies が非常に bent on preying〔餌食にするのに熱中している〕であることは明らかですから、この文は「bent である（＝熱中している）」というニュアンスで同程度だという意味になります。

　any of the minor harpies と言っていますが、他の禿鷹たちの中に小鳥の群れを餌食にすることに病的に熱中する異常者がごく少数いてもかまいません（小鳥の群れを餌食にすることに熱中しない者はいません。なぜなら、こういう存在はそもそも harpy に分類されないからです）。ただし、そのような例外はごく少数で、ほとんどの他の禿鷹たちは大体同じくらいの度合いで熱中していたのです。そして、禿鷹の王の熱中の度合いは、ほとんどの他の禿鷹たちが示した「大体同じくらいの熱中度合い」と同じ水準だったのです。要するにこの文は**「王」であることは小鳥の群れを餌食にすることに熱中する度合いに無関係だった**と言っているのです。

　最後に、くどいですが、次の2つの文は厳密には事柄が違うことに注意してくださいです。

The king of the vultures would be <u>as</u> bent upon preying on the flock <u>as</u> any of the minor harpies.
The king of the vultures would be <u>no less</u> bent upon preying on the flock <u>than</u> any of the minor harpies.

　上は「熱中の度合いが同率最高位」の文で「禿鷹の王は、他のどの禿鷹たちにも劣らず、小鳥の群れを餌食にすることに熱中していた」という意味です。下は「**他の禿鷹たちは小鳥の群れを餌食にすることに大体同じくらい熱中していて、禿鷹の王の熱中の度合いもそれと概ね同程度だった**」という意味です。厳密に事柄を考えると no less bent . . . than any . . . ＝as bent . . . as any . . . ではないのです。

▷ **But** の後に once that animal of prey turned up〔ひとたびその猛禽が出現すると〕を補うと前後がよくつながります。

▷ **would** は「過去の習慣・習性・反復的動作を表す would」です。

▷ **his beak and claws** は「禿鷹の王のくちばしと爪」です。

禿鷹の王といえども、弱者の群を餌食にしようとする欲望においては、より弱い猛禽のいかなるものにも決して劣るところはなかった（岩波）

この禿鷹の王も、他の小強欲者たちのどれにもおとらず、小禽の群れをえじきにしたがるものだった（名著）

このはげたかの王も、かれにおとる怪鳥たちのどれにくらべても、弱者の群におそいかかる傾向がすくないわけではない（大思想）

禿鷹の王もやはり禿鷹であり、弱いものを餌食にしようとすることに変わりはない（日経 BP）

このハゲタカの王様もやはりハゲタカであり、弱者の群れを餌食にしようとすることに変わりはない（古典新訳）

この兀鷹の王も、彼よりは弱い他の怪禽のいずれにも劣らず、弱小群を餌食にすることを嗜むものである（柳田）

はげ鷹の王様が動物の群を餌食としたがつてゐることは、ちつぽけなハーピーのどれにも劣らぬ（市橋）

此兀鷹の王と雖彼より弱小なる兀鷹どもに劣らず小鳥の群を捕食しようと掛つて居る（富田）

其鷹の王も小鳥を餌食にしようとすること、鷹の如何なるものにも劣らぬ（深澤）

兀鷹の王が他の群小鷹の孰れにも劣らず群集を餌食にする（高橋）

（日経 BP）と（古典新訳）以外の訳はすべて「禿鷹王の熱意の度合いが（同率にせよ単独にせよ）最高位」の訳で、The king of the vultures would be as bent upon preying on the flock as any of the minor harpies.（← 解説の②の形）ないしは The king of the vultures would be not less bent upon preying on the flock than any of the minor harpies.（← 解説の③の形）を訳すとこの訳文になります。（日経 BP）と（古典新訳）は原文の情報をだいぶ削ぎ落としていますが、間違ってはいません。

94

> (1–2–9) The aim, therefore, of patriots was to set limits to the power which the ruler should be suffered to exercise over the community; and this limitation was what they meant by liberty.

訳　そこで、支配者が持つ、社会に対して行使することが許されるべき権力に制限を設けることが愛国者たちの目的となった。そして、この制限こそ、彼らが意味する自由なのであった。

構文　be suffered to exercise は suffer O to V〔O に V するのを許す〕を受身にしたものです。

研究　the ruler should be suffered の **should** は「～すべき」の意味で、**suffer** は「許す」という意味です。したがって、**the power which the ruler should be suffered to exercise over the community** は「支配者が社会に対して行使するのを許されるべき権力」です。「許されるべき権力に制限を設ける」のは変だと感じる方もいるかもしれません。しかし、少しもおかしくありません。社会を円滑に統治するためには、支配者に一定の権力行使を許さなければなりません。そうでなければ統治システムが機能しないからです。しかし、その権力が濫用されることには防止策が必要です。そこで、一方において行使することを許されてしかるべき権力に、他方において制限を設けるのです。

▷ **community** は「社会」で、society と同じ意味です。ただし community は構成員（＝人間）に重点があり、society は構造（＝仕組み）に重点があります。また、ここを country と言わず community と言ったのは、ギリシャの都市国家 (city-state) を含めるためです。city-state は country とはされていないのです。

▷ what they meant by liberty の **they** は patriots を指しています。

> (1–02–10) It was attempted in two ways.

訳　これは 2 つの方法で試みられた。

研究　**It** は前文の to set limits to the power which . . .〔……権力に制限を設けること〕を指します。

(1–02–11) First, by obtaining a recognition of certain immu-nities, called political liberties or rights, which it was to be re-garded as a breach of duty in the ruler to infringe, and **which if he did infringe, specific resistance, or general rebellion, was held to be justifiable.**

訳　第一は、政治的自由ないし政治的権利と呼ばれる、ある免除特権を認めさせるという方法だった。この特権を侵害することは支配者側の義務違反とみなされるべきであり、**実際に侵害された場合には、特定の集団が抵抗したり、あるいは一般民衆が反乱を起こすことが正当と考えられた。**

構文　First, it was attempted by obtaining a recognition of certain immunities, . . . から it was attempted が省略されています。■ certain immunities にかかる形容詞節が 2 つあり and でつながれています。■ it was to be regarded の it は仮主語です。was to は助動詞 be to で、意味は「義務」です。■ to infringe は真主語で、to infringe の目的語が which です。■ and の後の which は if he did infringe の infringe の目的語です。「**関係詞が導く従属節の内側に、もう一つ別の従属節があり、関係詞がその別の従属節の内側で働く現象**」を関係詞連鎖といいます。ここは、which が導く形容詞節の内側に、if が導く副詞節があり、which はその if 節の中で述語動詞 infringe の目的語になっているのです。If he did infringe the im-munities, specific resistance, or general rebellion, was held to be justifiable.〔もし彼がその免除特権を実際に侵害したら、特定の抵抗、あるいは一般的な反乱が正当化されると考えられた〕という文の the immunities を関係代名詞の which に変え、which を先頭に動かすと、文全体は形容詞節になり、先行詞の immunities を修飾できるようになります。それが immunities which if he did infringe, specific resistance, or general rebellion, was held to be justifiable〔もし彼が実際に侵害したら、特定の抵抗、あるいは一般的な反乱が正当化されると考えられる免除特権〕です。■ did は「強調の助動詞」で infringe を強調しています。

研究　**certain**〔ある〕は、話し手が具体的な中身をわかっていて、それをわざとぼかして言いたい場合に使います。

▷ **immunity** は「あることをしなくてもよいという特権、あることを強制されない特権」で「不作為特権」あるいは「免除特権」と訳されます。この特権の侵害は「統治者が被統治者に何かを強制的にさせること」です。

▷ **a recognition of certain immunities**〔ある免除特権の承認〕は the ruler's recognizing certain immunities〔統治者がある免除特権を認めること〕です。ミルはおそらくマグナ・カルタ（1215 年）の条項を念頭に置い

ています。たとえば Article 12 No scutage nor aid shall be imposed on our kingdom, unless by common counsel of our kingdom, . . .〔第 12 条 盾金（＝軍役代納金）および援助金は、朕の王国の一般評議を経なければ、朕の王国では課せられないものとする、……〕, Article 16 No one shall be distrained for performance of greater service for a knight's fee, or for any other free tenement, than is due therefrom.〔第 16 条 何びとも、騎士封地、あるいはその他のいかなる自由保有財産に対しても、そこから当然義務づけられる以上の奉仕の遂行を強制されない〕, Article 23 No village or individual shall be compelled to make bridges at river banks, . . .〔第 23 条 いかなる村も人も、河川の堤防に架橋工事をすることを強制されない〕のような条項です。

▷ この **certain immunities**〔ある免除特権〕はこのとき（＝ was attempted のとき）にだけ存在した特異なものではなく、時代を超えて一般的に存在しうるものです。したがって、certain immunities を説明する 2 つの形容詞節の中は現在形（＝ timeless present）で書くことも可能です。しかしミルはこの文では過去の出来事を描写するスタンスで、過去形で書いています。

▷ **which it was to be regarded**＝which it should be regarded です。

▷ **specific resistance**〔特定の抵抗〕は国民の特定の一部（たとえば、特定の地域の住民、特定の業界人など）が統治者に抵抗するケースです。**general rebellion**〔一般の反乱〕は国民全体が統治者に反乱を起こすケースです。たとえば、1215 年 6 月 15 日マグナ・カルタに合意したジョン王は、それからわずか 9 週間後、ローマ教皇の後ろ盾を得てマグナ・カルタの承認・遵守を拒否、再び恣意的な徴税を行います。これに怒った諸侯が蜂起して、平民も加わり、イギリスは内乱状態となりました。このような事例が general rebellion です。

（1–02–12）A second, and generally a later expedient, was the establishment of constitutional checks, by which the consent of the community, or of **a body of some sort, supposed to represent its interests**, was made a necessary condition to some of the more important acts of the governing power.

訳 第二は、概して第一より時期的に後で取られるようになった方策であるが、憲法上の制約を設ける方法だった。この制約によって、支配者が統治権を行使する際、比較的重要な行為の一部については、社会の同意、ないしは**社会の利益を代表すると考えられる何らかの団体**の同意が必要条件とされた。

構文 supposed は過去分詞形容詞用法で a body にかかります。■ was made の主語は the consent です。

研究 **the establishment of constitutional checks**〔憲法上の制約の確立〕は the community〔社会〕が憲法上の制限を確立するのです。

▶ **a body of some sort, supposed to represent its interests**〔社会の利益を代表すると考えられる何らかの団体〕の its は the community を指しています。ところで、なぜ a body には of some sort がついているのでしょうか？ a body supposed to represent its interests〔社会の利益を代表すると考えられる団体〕と何が違うのでしょう？ また、この部分を「社会の利益を代表すると考えられているある種の団体」と訳すと間違いになります。なぜでしょうか？ これらはすべて **of some sort** という表現の正確な意味にかかわっています。そこで、これを考えてみましょう。

まず、次の2つの日本文を比べてください。

① 忍耐心はどんな仕事にとっても大事だが、ある種の仕事にとっては不可欠の要素である。
② 彼は今何らかの種類の仕事についているはずだ。

①の「ある種の仕事」は、話し手の頭の中にははっきりした具体的なイメージがあります。ですから「ある種の仕事ってどんな仕事ですか？」と聞かれれば「クレーム処理の仕事です」とか「私立探偵の仕事です」のように具体的に答えられます。英語で言うと Perseverance is important to any job, especially indispensable for certain sorts of job. です。話し手の頭の中にある具体的なイメージが1つのときは a certain sort of job と言います。

それに対し、②の「何らかの種類の仕事」は「仕事にはいろいろな種類があるが、そのうちのどれか1種」という意味で、書き手の頭の中にははっきりした具体的なイメージがないか、あるいは、あるとしても確定的ではないのです。ですから「何らかの種類の仕事ってどんな仕事で

すか？」と聞かれても「彼は身体が弱いから事務職じゃないかな」とか
「はっきりしたことは言えませんが、営業かもしれませんよ」のようなあ
いまいな答えしかできません。また、こういう意味ですから「何らかの
種類の仕事」は「何らかの仕事」と言っても同じですし、この方が簡潔
です。英語で言うと He must have some sort of job now. あるいは He must
have a job of some sort now. です。英語の some sort of ～（これは a ～ of
some sort とも言います）は②の意味を表す表現ですから、some sort of job
や a job of some sort を「ある種の仕事」と訳すのは間違いです。これは
「何らかの種類の仕事」あるいは「何らかの仕事」と訳さなければなりま
せん。

　以上を踏まえて、原文に戻りましょう。「社会の利益を代表すると考え
られる団体」は次の 2 つの可能性があります。

**①　「社会の利益を代表すると考えられる団体」は 1 つの社会に 1
つあり、それはどの社会でも同じである。**

　その団体は、たとえば「選挙で選ばれた議員で構成される議会」かも
しれませんし、あるいは別の団体かもしれません。それが何であるにせ
よ、ともかく「社会の利益を代表すると考えられる団体と言えばどの社
会でも同じで、それはこれだ」と言える場合です。

**②　「社会の利益を代表すると考えられる団体」は 1 つの社会に 1
つあるが、それは社会によって異なる。**

　その団体は、たとえば、ある社会では議会で、別の社会では労働組合、
また別の社会では特定の政党（共産党とか）といったように異なっていま
す。したがって「社会の利益を代表すると考えられる団体と言えばどの
社会でも同じで、それはこれだ」とは言えない場合です。

　some sort of をつけずに、ただ a body supposed to represent its interests
〔社会の利益を代表すると考えられる団体〕と言った場合は、①と②の両方
の可能性をもっていて、この表現からはどちらであるかわかりません。
それに対して、some sort of をつけて some sort of body supposed to rep-
resent its interests あるいは a body of some sort, supposed to represent its
interests 〔社会の利益を代表すると考えられる何らかの団体〕と言った場合

は②を強く示唆します。「（社会によって異なっていてもいい、ともかく）社会の利益を代表すると考えられる何らかの団体」というニュアンスです。「社会の利益を代表すると考えられる団体」は 1 つの社会に 1 つですが、それはどの社会でも同じというわけではなく、社会によってそれぞれ形態も違えば、構成も違います。そこで、そのことを示唆するために、ミルは a body に of some sort〔何らかの（種類の）〕をつけたのです。

　なお a certain sort of body supposed to represent its interests と言った場合は「社会の利益を代表すると考えられるある種の団体」という意味で、話し手の頭の中にはっきりした具体的なイメージがあります（たとえば議会とか）。そこで、もしミルがこう書いたとしたら「（具体的にどれとは言わないが）社会の利益を代表すると考えられる団体は、社会の違いを越えて共通の 1 つの特定の団体であり、その団体の同意が必要条件とされた」と言っていることになります。

▷ some of the more important acts of the governing power〔統治権の比較的重要な行為の一部〕の more important は絶対比較級で「どちらかというと重要な方の」という意味です。the governing power は「統治権」で、acts of the governing power は「統治権の（発動である）行為 ⇒ 支配者が統治権の行使として行う行為」です。全体は「支配者が統治権の行使として行う行為の中で比較的重要なものの一部」という意味になります。この具体例としては、たとえば徴税行為が挙げられます。

社会もしくはある種の団体——社会の利害を代表するものと考えられたような団体の同意（岩波）

社会の同意ないし社会の利益を代表すると考えられているある種の団体の同意（名著）

共同体あるいは、その利害を代表すると想定されるある種の団体の同意（大思想）

社会の同意を得るか、社会の利害を代表するとされるある種の機関の同意を得るか（日経 BP）

> (1–02–13) To the first of these modes of limitation, the ruling power, in most European countries, was compelled, more or less, to submit.

訳　この制限方法の第一のものに対しては、ヨーロッパのほとんどの国々で、支配権力は、程度の差はあれ、従わざるをえなかった。

研究　**the ruling power** は前文の the governing power と同じ内容です。表現を変えたのは stylistic variation にすぎません。

▷ 1–02–11 で解説したようにマグナ・カルタ（the Great Charter of the Liberties of England 1215 年）の規定は **the first of these modes of limitation** に属します。したがって、**European countries** には England も含まれます。

▷ **more or less**〔多かれ少なかれ〕は though the extent differed with countries〔国によって程度は異なっていたが〕という意味です。

> (1–02–14) It was not so with the second; and, **to attain this, or when already in some degree possessed, to attain it more completely**, became everywhere the principal object of the lovers of liberty.

訳　ところが、第二の方法についてはそうではなかった。そこで、**これを達成すること、またすでにある程度保持されている場合には、より完全に達成すること**が、あらゆるところで、自由を愛する人たちの主要な目的となった。

構文　It was not so with the second の It は漠然と状況を表す it です。■ when already in some degree possessed は when it is already in some degree possessed から it is が省略されています。

研究　「完全」という概念は、「完全」か「完全でない」かのどちらかです。すべてが揃っていてはじめて完全になるのであって、ほんのわずかでも欠けていれば、それは完全ではなく不完全なのです。ですから「より完全」とか「最も完全」ということはありえません。要するに「完全」は「程度の観念を入れられない概念」なのです。ところがこの文ではそれが **more completely**〔より完全に〕という比較級で使われています。

また 1-06-09 では more complete〔より完全な〕という比較級形容詞になっています。そこで、まず**「程度の観念を入れられない語が比較級あるいは最上級になる場合の一般理論」**を形容詞で考えてみましょう。

たとえば perfect〔完璧な〕という形容詞は、ほんの少しでも欠陥があれば perfect ではありません。したがって、perfect であるか、perfect でないかのどちらかで、「少し perfect である」とか「より perfect である」ということは考えられません。つまり perfect は「程度の観念を入れられない形容詞」なのです。こういう形容詞は、他にも complete〔完全な〕full〔いっぱいの〕unique〔唯一の、比類のない〕などたくさんあります。ところが「程度の観念を入れられない形容詞」が比較級で使われることがあります（たとえば more perfect, less complete, fuller, more unique のような具合です）。この場合は 3 つの可能性があります。

1 つは**「意味」が変わって「程度の観念を入れられる形容詞」になっている**場合です。たとえば This makes it even more unique.〔このことがそれをさらにいっそう珍しいものにしている〕の unique は、意味が「唯一の、比類がない」ではなく「珍しい」という「程度の観念を入れられる意味」に変化しています。OED の unique の項には extended use〔拡張された使い方〕として uncommon, unusual, remarkable.〔珍しい、非凡な、並外れた〕という意味が挙げられ、次の説明がついています（なお、説明中の . . . should not be not gradable の 2 番目の not は redundant で間違いです）。

Use in the comparative and superlative and with modification by words such as *absolutely*, *fairly*, *quite*, *thoroughly*, *very*, etc., has been criticized on the grounds that an adjective meaning 'that is the only one of its kind' should not be not gradable, but in many contexts this meaning is not readily distinguishable from the extended use.〔比較級、最上級にする使い方、および絶対に、かなり、まったく、完全に、非常に、などの語によって修飾される使い方は、「その種で唯一のものである」という形容詞の意味は可計的であってはならないという理由で批判されてきた。しかし、多くの文脈で、この（「唯一の」という）意味は（「珍しい、非凡な、並外れた」という）拡張された使い方と容易には区別できない〕

　また、OED の perfect の項には capable of comparison, *perfecter*（＝ more nearly perfect）, *perfectest*（＝nearest to perfection）〔比較変化が可能。perfecter は「より完璧に近い」、perfectest は「最も完璧に近い」という意味である〕という記述があります。これは perfect の意味が「完璧な」という「程度の観念を入れられない意味」から、「完璧に近い」という「程度の観念を入れられる意味」に変化することがあることを示しています。

　もう一つは**「意味」は同じですが「基準」が 2 つあり、2 つの基準の間の程度の違いを比較級で表している**場合です。たとえば He gave me a full glass of water.〔彼は私にコップにいっぱい入った水をくれた〕と言った場合、通常 full の基準は「これ以上水を入れたら相手が飲みにくくなる量」です。したがって、コップの縁から 1 センチくらい下の線まで水が入れば、それが full です。ところが **He demanded a fuller glass of water, like a glassful of *sake* served at a cheap drinking spot.**〔彼は、一杯飲み屋で出されるコップ酒のように、もっといっぱいに水が入ったコップをくれるように求めた〕と言った場合は、「コップの縁まで水が入っていて、中央が表面張力で盛り上がっている量」というもう一つ別の full の基準があり、その基準を満たした a full glass of water が欲しいのです。そして、この基準の full の方が通常の基準の full より水位が上であることを fuller で表しているのです。fuller という「程度の観念を入れられない形容詞の比較級」は話者の頭が double standard になっている（＝頭の中に full の基準が 2 つある）ことを示しているのです。同じ事柄を He demanded the fullest glass of water.〔彼は最高にいっぱい水が入ったコップをくれるように求めた〕とも言えます（これは full の基準がいろいろあることを想定し、その中で最も水位が高い基準＝表面張力の基準を採用したことを表しています）。

　ただし、この文は、水が入った 3 つのコップを前にして、その中の 1 つを彼が求めた可能性もあります。コップ A は水面から縁までが 5 ミリ、コップ B は水面から縁までが 8 ミリ、コップ C は水面から縁までが 1 センチだった場合、最も水が少ないコップ C でも通常の基準からすれば a full glass of water と言えます。そこで、最も上まで水が入っているコップ A を the fullest glass of water と言ったのです。これは「どのコップの水位も full と言えるが、その中で最も高い水位のコップ」という意味で

103

す。この場合は、the fullest glass of water であるコップ A でも「縁まで
水が入っていて、中央が表面張力で盛り上がっている」状態ではないこ
とに注意してください。

　もう一つ例を挙げましょう。**It is hard enough to complete
coursework in statistics, but to pass the final exam you must
use your brain to the fullest degree possible.**〔統計学の課程を履修
するのは頭脳をフルに使わなければならないほど難しいが、修了試験に合格
するとなると限界まで頭脳を振り絞らなければならない〕but の前は It is hard
enough to use your brain to the full to complete coursework in statistics
〔統計学の課程を履修するのは頭脳を最大限に使わなければならないほど難
しい〕から to use your brain to the full〔頭脳を最大限に使うほど〕が省略
されています。「頭脳を最大限に使う」といっても、履修が終わったら頭
が動かなくなって廃人同然になるようでは困ります。統計学の課程を履
修し終わったら、すぐ次は心理学の課程を履修しなければならないかも
しれないからです。ですから、ここでいう「頭脳を最大限に使う」とい
うのは、あくまでもその「頭脳の使い方」を継続できることを前提にし
て、その限度内で最大限という意味です。ところが、ただ履修するだけ
でなく、修了試験に合格して単位をもらうとなると、これでは足りませ
ん。継続できる限度内で頭を使っていたのではとうてい合格しないほど
試験が難しいのです。そこで、単位取得を望むのであれば、試験終了後
は廃人同然になって（← 大袈裟ですが）何も手がつけられなくなるのを覚
悟の上で、長くは続けられないほどのレベルで頭脳を酷使して試験勉強
をしなければなりません。このことを must use your brain to the fullest
degree possible〔可能な限り最も完全な程度まで頭脳を使わなければならな
い〕と言ったのです。くどいですが、修了試験に合格するために必要な
頭脳の使用を to the fullest degree possible と最上級で表したのは、履修
するだけのために必要な頭脳の使用も別の基準で捉えれば to the full と
言えるほど過酷なものだということを言いたいからです。

　次の例はどうでしょうか。**His answer is less complete than I
expected because it only covers materials I taught in the lesson.**
〔彼の答案は完全ではあるが、私が期待していた完全さのレベルには達して
いない。なぜなら私が授業で教えたことを書いているだけだからだ〕の場合、

話者の頭には「授業で習ったことを正確に書いている」答案は complete であるという基準と「授業で習ったことを正確に書くだけでなく、独自の見解を展開している」答案が complete であるという基準の 2 つがあるのです。そして、話者は彼の答案が後者の基準を満たすことを期待していたのです。ところが、彼の答案は前者の基準（＝緩やかな方の基準）は満たしていましたが、後者の基準（＝厳格な方の基準）は満たしていませんでした。そこで、His answer is less complete than I expected と言ったのです。もし厳格な方の基準だけで評価するなら、彼の答案は complete ではないことになるので、His answer is not complete though I expected it to be, because . . .〔彼の答案は、私は完全だろうと期待していたのだが、完全ではない。なぜなら…〕と言うはずなのです。それをわざわざ double standard で言った（＝less complete と言った）のは、「私は彼の答案を決して悪く評価しているのではない、別の基準（＝もっと緩やかな基準）で評価すれば『完全な答案』と呼べるのだ」ということを伝えたいからです。

　3 番目は**「意味」も「基準」も同じで「属性」に程度の差がある**場合です。属性というのは安定性、持続性、確実性、顕著性などです。たとえば、完全な状態が 1 時間続くもの（＝X）と、完全な状態が 1 分しか続かないもの（＝Y）があるとします。これを X is more complete than Y is. と言えます。完全な状態にあるときは、X も Y も同じ complete な状態で、状態の違いはありません。それなのに more complete と言っているのは、完全な状態の「安定性」が違うからです。同じように complete な状態であっても「安定性」が高い方（＝ complete な状態がより長く続く方）が more complete なのです。もう一つ例を挙げましょう。**The more deeply you go into a language, into the heart of its inner poetry and its metaphors, the more unique and untranslatable it becomes.**（英語基本形容詞・副詞辞典 / 研究社）〔ある言語の中に、すなわち言語の内なる詩情と隠喩の核心に深く入れば入るほど、その言語はますます無比で翻訳不能なものになる〕この unique は「唯一の、比類がない」という意味です。more がついているのは基準が変わった（＝どういう状態を「唯一」と呼ぶかという基準がより厳格になった）からではなく「唯一で比類がない状態」の「顕著性」が増大したからです。同じように「唯一で比類がない」状態であっても、その状態が不明瞭で察知しづらいことも

105

あれば、明瞭で一目でわかることもあります。これが顕著性（＝明瞭性）の差です。the more unique it becomes は「唯一で比類がない」状態は変わっていないのですが、「（核心に入るにつれて）唯一で比類がない状態がますます明瞭になる」と言っているのです。untranslatable も「程度の観念を入れられない形容詞」ですから unique と同じです。

▶ さて、以上の一般理論を踏まえて原文を考えてみましょう。**this** は 1-02-12 の the establishment of constitutional checks〔憲法上の制約の確立〕を指します。これは具体的な事柄としては「議会を設立すること」です。議会を実際に設立することが **to attain this**〔これ（＝憲法上の制約の確立）を達成すること〕です。すると、議会が実際に設立されれば、そのときは when (constitutional checks are) already possessed〔（憲法上の制約が）すでに保持されているとき〕と言ってよいはずです。ところがミルはそう言わず、in some degree をつけて **when** (constitutional checks are) **already in some degree possessed**〔（憲法上の制約が）すでにある程度保持されているとき〕と言っています。これは、いったん議会が実際に設立されると、今度は議会のチェック権限の範囲や強さが問題になるからです。when (constitutional checks are) already in some degree possessed は「議会が設立されているが、そのチェック権限が重要な問題に限られ、すべての問題をチェックする権限を議会が持っていない状態」を表しているのです。

　さて、この状態のときは「議会が無制限なチェック権限を獲得すること」が the lovers of liberty〔自由を愛する人たち〕の新たな目標になります。無制限なチェック権限の獲得によって憲法上の制約の確立が完全に達成されるのですから、これは to attain it completely〔それ（＝憲法上の制約の確立）を完全に達成すること〕と言うべきです。ところがミルはそう言わず、more をつけて **to attain it more completely**〔それ（＝憲法上の制約の確立）をより完全に達成すること〕と言っています。これは「私は議会の設立自体を決して軽く評価しているのではない、別の基準（＝もっと緩やかな基準）で評価すれば、議会の設立自体『憲法上の制約の確立を完全に達成すること』と呼べるくらい価値があることだと思っている」ということを伝えたいからです。くどいですが、ただ to attain it completely と言うと「議会を設立するだけではまだ憲法上の制約の完

全な達成ではない。議会が無制限なチェック権限を獲得して初めて完全と言えるのだ」という印象を読者に与えます。ところが to attain it more completely と言うと「議会を設立することは、それだけで憲法上の制約の完全な達成と言えるほど価値のあることだが、これに加えて議会が無制限なチェック権限を獲得すれば、より完全な達成と言えるのだ」という印象を読者に与えるのです（英文に即して言えば、to attain it more completely と言うことによって、先に出した to attain this 自体がすでに to attain this completely と言ってもいいほど価値があることなのだということを読者に伝えているのです）。ミルはこれを意図して、本来は「程度の観念を入れられない副詞」である completely にあえて more をつけたのです。したがって、この more completely は、completely の「基準」が 2 つあり、2 つの基準の間の程度の違いを比較級で表しているのです。

▶ **to attain it** の it は、**to attain this** の this を指しています（to attain this ＝ to attain it です）。"This" makes something into the topic. "It" refers to the topic.〔this は何かを話題に変え、it は話題を指示する〕つまり、今まで話題になっていなかったことを this で指示すると、今度はそれが話題になるのです。そして、it は現在の話題を指示しますから、this で新たに話題になったことを代名詞で指示するときは it で指示するのです。たとえば、次のような具合です。

This is a very interesting theory, although it cannot be entirely right. Nevertheless, we can learn a lot from it, so we will study it in these classes.

これは、完全に正しいというわけにはいかないが、非常に興味深い理論である。誤りを含んでいるにしても、ここから我々は多くを学ぶことができる。したがって、この授業ではこの理論を学ぶことにする。

なお、that にも、this と同じように、今まで話題になっていなかったことを話題にする働きがあります。しかし、that の場合は、this に比べて、話し手と話題の間に距離があります。したがって、しばしば、that で指示された話題は長続きせず、すぐに話題が変わってしまいます。たとえば、次のような具合です。

> That theory was popular ten years ago. However, few people believe it now. The current theory is . . .
> その理論は 10 年前は多くの人に支持されていた。しかし、今ではそれを信じている人はほとんどいない。現在多くの人に支持されている理論は……

　最初の That theory を This theory と言った場合、聞き手は「これからしばらくこの理論について話が続くな」と思いますから、The current theory is . . . を見てびっくりします。

（1-02-15）And so long as mankind were content to combat one enemy by another, and to be ruled by a master, on condition of being guaranteed more or less efficaciously against his tyranny, they did not carry their aspirations beyond this point.

訳　そして、人類が、敵の一方を利用することによって敵の他方と闘うという行き方で満足し、主人の圧制に対して多少なりとも有効な保障が得られるという条件付きで主人の支配を受けることに満足している限りは、彼らは自由への熱望をこの点以上に推し進めることはなかったのである。

構文　so long as mankind . . . against his tyranny は条件を表す副詞節です。so long as が 1 つの従属接続詞として機能しています。

研究　**to combat one enemy by another**〔別の敵によって一つの敵と戦う〕は「禿鷹の中でひときわ強い猛禽を王にして、他の禿鷹が社会の弱者を餌食にするのを鎮圧させる」というやり方を指しています。

▷ この **more or less**〔多かれ少なかれ〕は to some extent〔ある程度〕という意味です。

▷ **aspirations** は aspirations for liberty〔自由を熱望する気持ち〕です。

▷ **this point**＝being guaranteed more or less efficaciously against his tyranny です。

（1-03-01）A time, however, came, in the progress of human affairs, when men ceased to think it a necessity of nature that

> their governors should be an independent power, opposed in
> interest to themselves.

訳　しかしながら、人間に関わる様々な事柄が進歩するにつれて、統治者が利害の点で自分たちと対立する独立した権力であることは自然界の必然事なのだという考え方を人々がしなくなるときがきた。

構文　when men ceased . . . to themselves は形容詞節で A time を修飾しています。when は関係副詞です。■ it は仮目的語で、that . . . themselves が真目的語です。■ should は、It is natural that S should V. [S が V するのは当然だ] のように、感情を込めた判断を表す語に続く that 節の中で使う用法で、「べき」「はず」という意味はもっていません。■ a necessity of nature は「自然界において不可避なこと」という意味です。■ opposed は「反対する、対立する」という意味の形容詞で an independent power にかかります。

（1-03-02）It appeared to them much better that the various magistrates of the State should be their tenants or delegates, revocable at their pleasure.

訳　国家のいろいろな行政官は、人々の権力の借用者あるいは代理者であって、人々の意のままに解任されうるとする方がはるかに良いように人々に思われた。

構文　should は 1-03-01 の should と同じで「感情の should」です。e.g. It is a good thing that he should recognize his faults. [彼が自分の欠点を認めるのはよいことだ] ■ revocable は tenants or delegates にかかります。

研究　**tenant** [借家人・借地人] は、ここでは「人民が所有する権力の借用者」という意味です。

▷ **at their pleasure** は「彼らの好きなように」という意味です。pleasure は「好み、意向」という意味。

（1-03-03）In that way alone, it seemed, could they have complete security that the powers of government would never be abused to their disadvantage.

訳　政府の権力が彼らの不利になるように濫用されることは決してないという完全な保証は、この方法によってのみ、得ることができると思われたの

である。

構文　文頭に「否定の意味の副詞」または「Only＋副詞」がきたときは、後ろのS＋Vは疑問文と同じ形の倒置形にならなければいけません。In that way alone〔その方法だけで〕はOnly＋副詞と同じ意味ですから、could they haveという倒置形になっています。1-04-03もこの倒置形です。■ it seemedは挿入です。■ that the powers . . . disadvantageはcomplete securityと同格の名詞節です。■ wouldは単純未来のwillの時制の一致です。

（1-03-04）By degrees this new demand for elective and temporary rulers became the prominent object of the exertions of the popular party, wherever any such party existed; and superseded, to a considerable extent, the previous efforts to limit the power of rulers.

訳　次第に、選挙によって選ばれ、任期が限定されている統治者を求めるこの新たな要求は、かりにも民衆本位の政党が存在するところではどこでも、そのような政党の主要な努力目標となり、統治者の権力を制限しようとする従来の努力に、相当な程度までとって代わった。

構文　andはbecameとsupersededをつないでいます。

研究　**the popular party**〔民衆政党〕は「構成員が普通の民衆である政党」が中核の意味ですが、幹部が支配層であっても普通の民衆に支持基盤をもつ政党であれば、ここに含まれます。この**the**は総称のtheです。これは次にwherever any such party existed〔そのようなどんな政党でも存在しているところはどこでも〕とあることから明らかです。

（1-03-05）As the struggle proceeded for making the ruling power emanate from the periodical choice of the ruled, some persons began to think that too much importance had been attached to the limitation of the power itself.

訳　被統治者が統治者を定期的に選ぶことから統治権が生じる体制を目指す闘争が進行するにつれて、一部の人々は、これまで権力自体の制限があまりにも重視され過ぎていたと思い始めた。

研究　**the periodical choice of the ruled**〔被統治者の定期的選択〕

は名詞構文で、the ruled's periodically choosing the ruler〔被統治者が統治者を定期的に選ぶこと〕という意味です。

(1–03–06) *That* (**it might seem**) was a resource against rulers whose interests were habitually opposed to those of the people.

訳　彼らは次のように考えた。権力自体を制限することは、利害が庶民の利害と常習的に対立する統治者に対する方策である（今の人にもそう見えるかもしれないが、実はそうではないのだ）。

研究　*That* は直前の to limit the power of rulers〔統治者の力を制限すること〕を指しています。*That* がイタリックになっているのは民主主義のやり方との対比を強調するためです。統治権力の濫用を防ぐには「権力自体を制限するやり方」と「権力の担い手を人民が選ぶやり方」の2つがあります。*That* をイタリックにすることによって「（後者ではなく）前者は利害が庶民の利害と常習的に対立する統治者に対する方策である（ゆえに、今の民主主義の世には不要なのだ）」ということを強調しているのです（ただし、こう考えて、わざわざ That をイタリックにまでして強調しているのはミルではなく前文に出てきた some persons です）。

▶ (**it might seem**) は 1–02–05 で出てきた「文の一部だけを見ればあとは何がイイタイのかわかるという場合に、その「一部」だけを書いて、あとは書かないで済ませる」というミルの特徴が表れた書き方です。詳しく検討しましょう。It seems that S＋V. は「S＋V のように見える」という意味で、実際に S＋V であるかどうかは、この文からはわかりません（そう見えるだけでなく、実際に S＋V であることもあれば、たんにそう見えるだけで、実際には S＋V でないこともあります。実際にどうであるかについては、この文は何も言っていないのです）。それに対して、It might seem that S＋V. は「S＋V のように見えるかもしれない（が実際には S＋V ではないのだ）」という意味で、「実際には S＋V ではない」と話者が考えていることが含意されています。さらに言えば、話者は「S＋V のように見える」ことは認めているのですから、この文は「S＋V という捉え方は（間違いではあるが）それほどひどい間違いではない」と話者が見

111

ていることも含意しています。実例で考えてみましょう。

(1) It seems that he is an honest person.

(2) It might seem that he is an honest person.

(3) It certainly might seem that he is an honest person.

(1) は「彼は正直な人に見える」という意味で、実際に正直かどうかについては何も言っていません (1-03-03 では it seemed が挿入で使われています)。(2) は「彼は正直な人に見えるかもしれない (が実際には正直ではない)」という意味です (こういう意味になるメカニズムは後で詳しく説明します)。この場合、話者は、彼が正直な人に見えることは認めているので、「彼は正直な人だ」という意見を a stupid opinion とは思っていません。なお、含意を表に出して、It might seem that he is an honest person but actually he is a big liar. 〔彼は正直な人に見えるかもしれないが、実際には大嘘つきだ〕のように言うこともあります。(3) は「彼はたしかに正直な人に見えるかもしれない (が実際には正直ではない)」という意味です。これは (2) と基本的に同じですが、certainly がついたことにより、話者は「彼は正直な人だ」という意見を、たんに a stupid opinion と思わないのみならず、むしろ a plausible opinion (もっともな意見) だと認めていることがわかります。

ところで、話者が自分とは違う考えをもっている人を文中に登場させ、その人の考えを描出話法で紹介することがあります。その際、描出話法の第 1 文に (it might seem) を挿入すると、it might seem は描出話法で書かれたすべての文にかぶさり、次の 3 つのことを読者に伝えることができるのです。

① ここは話者の考えではない (つまり、ここは描出話法である)。

② 話者はこの考えは正しくないと思っている。

③ 話者はこの考えをそれほどひどい間違いだとは思っていない。

具体的に見てみましょう。

In those days some people said there was no need for constitutional restrictions on George Washington. He (it might seem) was an honest man. His exertion to promote the good of others was completely disinterested. Everyone had great respect for him.

その当時、ジョージ・ワシントンには憲法の制約は必要ないと言う人がいた。彼らは次のように考えたのだ。彼は正直な人であり、他人の幸福を増進しようとする彼の努力は完全に無私のものであって、誰もが彼を非常に尊敬している（今の人にもそう見えるかもしれないが、実は違うのだ）。

He was an honest man. His exertion to promote the good of others was completely disinterested. Everyone had great respect for him. は当時「ジョージ・ワシントンには憲法の制約は必要ない」と言った人たちが考えたことを描出話法で表したものです。その最初の文に (it might seem) を挿入すると、ここが描出話法であることがはっきりします (it might seem を挿入しなくても描出話法だとわかりますが、挿入すると一段とはっきりするのです)。It might seem that S＋V. [S＋V のように見えるかもしれない (が、実際には S＋V ではないのだ)] の場合、S＋V だと考えているのは第三者であって、話者ではありません (話者はむしろ「S＋V ではない」と考えています)。ですから、S (it might seem) V. と書くと、(it might seem) が挿入されていることから S＋V が話者の考えではない (＝ S＋V は描出話法だ) ということがわかるのです。そして it might seem は描出話法の全体にかぶさり「これはもっともな考えで、今の人にもそう見えるかもしれないが、実はこういう考え方は間違いなのだ」という話者の見解が示されるのです。

以上の分析を踏まえて原文を見ると、(**it might seem**) という挿入句から次の3つのことがわかります (特に2が重要です)。

That was a resource . . . those of the people. What was now . . . はミルの考えではない (つまり、ここは描出話法である)。

That was a resource . . . those of the people. What was now . . . という考えをミルは正しくないと思っている。

That was a resource . . . those of the people. What was now . . . という考えをミルはそれほどひどい間違いだとは思っていない。

(it might seem) が挿入されていることから *That* was a resource against

113

. . . は話者（＝ミル）の考えではないことがわかります。それでは誰の考えかというと、それは前文の some persons の考えです。このメカニズムによって、*That* was a resource against . . . が描出話法である（＝some persons began to think that . . . を受けて、some persons の考えを描出話法で表したものである）ことがはっきりわかるのです。そのこと（＝*That* was a resource against . . . が描出話法であること）は、(it might seem) がなくても推測できますが、(it might seem) があることによって、より読者にわかりやすくなるのです。(it might seem) は、挿入されている文だけでなく、描出話法の全体にかぶさります。原文では、この文を含めて、全部で 6 つの文が描出話法になっていて、このすべてに (it might seem) がかぶさっています。

　some persons は「権力自体を制限することは、利害が人民の利害と常習的に対立する統治者に対する方策である。今求められていることは、……」と考えていますが、ミルは「（これはそう見えるかもしれないが）実際にはそうではない。利害が人民の利害と対立しない統治者（＝民衆政府の統治者）に対しても権力の制限は必要なのだ」と考えています（これが (it might seem) からわかるのです）。

　ただし、ミルは some persons のこの考え方をそれほどひどい間違いだとは思っていません（これも (it might seem) からわかるのです）。なぜなら、そう見えることは認めているからです。

　最後に「誰にそう見えるのか？」を考えてみましょう。もし *That* (it might have seemed) was a resource against . . . となっていたら、これは it might have seemed to them (＝"some persons")〔彼ら（＝これまでは権力自体の制限があまりにも重視され過ぎていたと思い始めた一部の人々）にはそう見えたのかもしれないが、実はそうではなかったのだ〕という意味で、過去の事実についてミルが感想を述べたことになります。しかし原文は (it might seem)〔そう見えるかもしれない〕です。これは、過去の事実を一般化して「読者も含めた現在の人にもそう見えるかもしれない（が、実は違う）」と言っているのです。しいて補えば (it might seem even to educated people at present)〔現在の教養のある人にさえもそう見えるかもしれない（が、実は違うのである）〕となります。

　It seems that . . . と It might seem that . . . について補足説明をします。

「人は見かけによらない」という言葉があります。こういう言葉があることは、人は普通「見かけは実体と一致している」と考えていることを示しています。ですから、実体と見かけが一致しているときは、実体だけを言うのが普通です。He is honest, and he seems honest. と言ったら、あえて見かけに言及する特別な事情がない限り、very odd に聞こえます。逆に、実体と見かけが一致していないときは、実体と見かけの両方を言うのが普通です。He is honest, but for some reason he seems shifty.〔彼は正直だが、どういうわけかずるそうに見える〕は a quite natural sentence です。このように、実体がわかっているときは、どちらにしても実体を言うものなのです。ですから、実体を言わず、見かけだけを言った場合は実体がわかっていないことを強く示唆します。そこで It seems that he is honest.〔彼は正直に見える〕は The speaker does not know whether he is honest.〔話者は彼が正直かどうか知らない〕を含意するのです。

　ところが、同じ「見かけだけを言う表現」でも It might seem that . . .〔……のように見えるかもしれない〕と言うと、話者は「実体は…でない」と思っていることを強く示唆します。そのメカニズムを説明しましょう。It might seem that . . .〔……のように見えるかもしれない〕は It does not seem to the speaker that . . .〔話者には……のようには見えない〕ことを含意します。なぜなら話者に……のように見えているなら It seems that . . .〔……のように見える〕というはずで、他人事のように「……のように見えるかもしれない」などと言うわけがないからです（自分にどう見えるかは自分ではっきりわかるので might をつけて推量するはずがありません）。

　ところで、なぜ話者には…のように見えないかというと、人によって「ものの見方」が違うからだということもありえますが（この場合は、ものの見方が違うので、違って見えるだけで、話者も他者も実体がわかっていない点は同じです）、話者は実体が…でないことをわかっているので、…には見えないからだということもあります。そして「……のように見えるかもしれない」と言うときは後者の方がずっと多いのです。なぜなら、前者の場合は、自分も実体がわかっていないのですから、このような斜に構えた言い方はせず、「私には……には見えない」とか「私にはむしろ×××のように見える」と言うのが普通だからです。ですから It might seem that . . . .と言った場合は「…に見えるかもしれない（が、私には……

には見えない。なぜなら実体は……ではないからだ)」と言っているように聞こえるのです。このようなメカニズムで It might seem that he is honest. は「彼は正直な人に見えるかもしれない (が実際には正直ではない)」という意味になるのです。

　このような制限は、庶民の利害とは常に正反対の利害をもっていた統治者に対する方策であった (と考えてもよいかも知れない)。(岩波)

　その権力の制限ということは (と彼らには思われたにちがいない)、民衆とつねに利害が相反している支配者に対抗する手段であった。(名著)

　そのことは、利害関係において人民と対立するのがつねであった支配者たちに、対抗する一手段であった (とおもわれてももっともであった) (大思想)

　支配者の権力の制限を重視しすぎていたと考える人がでてきた。それは、こう思えたからだ。権力の制限が必要だったのは、支配者がそもそも国民とは利害が対立していたからだ。(日経 BP)

　権力を制限するのは、支配者と国民の利害がつねに対立していたとき、支配者に国民が対抗する方策であった (といえよう) (古典新訳)

　それは (こう考えられてもよいが)、全く、不断に人民と対立している利害の持主たる統治者たちに対する対抗手段であったのだ (柳田)

　それが利益が人民の利益と常に相反する支配者に對する手段であったと (おもはれたのであった) (市橋)

　斯くの如きは、(吾等が思ふに) 民衆の利害と常に相反する利害を有する支配者に對抗する手段ではあった (富田)

　權力の制限は常に (斯うも思はれよう) 人民と利害を異にする統治者に備へる一手段であつたのである (深澤)

　そのことは (かうも思はれようか) 統治者 (その利益は人民のそれに反するのが普通であつた) に不利なものであつた (高橋)

　それは (さう思はれるが) 彼等の利害が習慣上人民の利害に相反してゐる支配者達に抗する一手段であった (近江谷)

（1–03–07）What was now wanted was, that the rulers should be identified with the people; that their interest and will should be the interest and will of the nation.

訳　今求められていることは、統治者が人民と同一になるということである。即ち、国民の利益と意志が統治者の利益と意志になるということである。

構文　原文の that 節は主節の述語動詞である was の補語であって、what 節内の述語動詞である wanted とは構造上の関係はありません。しかし原文のベースには It is now wanted that the rulers should be identified with . . . ; It is now wanted that their interest and will should be the interest and will of the nation. があります。command, demand, propose, desire などの命令、要求、提案、願望を表す動詞の目的語になる that 節の中では原形動詞（この原形動詞は仮定法現在です）または should ＋原形動詞が使われます（イギリス英語では should ＋原形動詞が多いです）。この文で使われている 2 つの should はこの用法です。

研究　**What was now wanted was, that . . .** は描出話法で（これについては 1–03–11 の **研究** を見てください）some persons が実際に心の中で思った文は What is now wanted is, that . . . です。これはミルから見れば What was then wanted was, that . . . となるはずです。しかし原文は now を then に変えていません。これは何故かというと、then に変えると曖昧になるからです。この事情を詳しく説明しましょう。学校文法では、直接話法から間接話法への転換は次のようになると教えられています。

（1）　He said, "What is now wanted is that . . ."

→ He said that what was then wanted was that . . .

（2）　He said, "What was then wanted was that . . ."

→ He said that what had been then wanted was that . . .

（2）の had been wanted は「過去完了の大過去用法」です（なお . . . was that . . . の was を had been にすることはしません。He said that what had been then wanted had been that . . . はきわめて awkward です）。ところが実際には、特に時間の先後をはっきりさせたいとき以外は、過去完了の大過去用法は通常使わないのです。そこで、実際には次のようになります。

（2）　He said, "What was then wanted was that . . ."

→ He said that what was then wanted was that . . .

すると、He said that what was then wanted was that . . . を直接話法に
直すと次の2つの可能性があることになります。

He said that what was then wanted was that . . .
→ He said, "What is now wanted is that . . ."
→ He said, "What was then wanted was that . . ."

そこで、この曖昧さを回避するために、He said, "What is now wanted
is that . . ." を間接話法にするときは He said that what was <u>now</u> wanted
was that . . . とするのです（これは少しも珍しいことではありません。むし
ろこれが普通の転換の仕方なのです）。これなら、直接話法は He said,
"What is now wanted is that . . ." に決まるからです。テキストは間接話
法ではなく描出話法ですが、テキストで now が then に変わっていない
のは、間接話法の場合と同じで、曖昧さを回避するためなのです。

▷ **their interest and will should be the interest and will of the
nation** の元の形は their interest and will are the interest and will of the
nation〔統治者の利益と意思は国民の利益と意思だ〕です。これには2つの
可能性があります。1つは「統治者の利益と意思は（結局は）国民の利益
と意思（になるの）だ」という意味を表す場合です。これは「統治者の利
益と意思」が先にあって、その帰着先を示しています。もう1つは「統
治者の利益と意思（というの）は国民の利益と意思（のこと）だ」という意
味を表す場合です。これは「国民の利益と意思」が先にあって、それに
よって「統治者の利益と意思」を定義しているのです。本文は後者の意
味です。これは that the interest and will of the nation should be their
interest and will〔国民の利益と意志が統治者の利益と意志なのである〕と書
いた方がわかりやすいのですが、この that 節は前の that 節を言い換えた
もので、前の that 節の主語が the rulers なので、それに合わせて their
interest and will を主語にしたのです。くどいですが、たとえば「学校の
利益は生徒の利益だ」は文脈によって「学校の利益（を図れば、結局それ）
は生徒の利益（につながるの）だ」と「学校の利益（と）は生徒の利益（を
指すの）だ」の2つの場合があります。これと同じことです。

（1–03–08）The nation did not need to be protected against its own will.

訳　国民は、自分自身の意志に対して保護される必要はない。

研究　この文は描出話法です（これについては 1–03–11 の **研究** を見てください）。

（1–03–09）There was no fear of its tyrannizing over itself.

訳　国民が国民自身に対して圧制を行なう恐れはない。

研究　この文は描出話法です（これについては 1–03–11 の **研究** を見てください）。

▷ There was no fear of its tyrannizing over itself. の **its** は the nation〔国民〕を指しています。**of** は「同格の of」です。

（1–03–10）Let the rulers be effectually responsible to it, promptly removable by it, and it could afford to trust them with power of which it could itself dictate the use to be made.

訳　統治者が国民に対して有効に責任を負い、国民が迅速に統治者を解任できるなら、国民は、統治者に権力を委託し、権力行使のやり方を自ら指示できることになるであろう。

構文　make use of 〜は make A of B〔B を材料にして A を作る〕の A に use を入れ、B に〜を入れた表現で「〜を材料にして使用を作る → 〜を使う」という意味です。use を主語にして、この表現を受身にすると the use is made of 〜「〜を材料にして使用が作られる → 〜が使われる」となります。この is made of . . . を to be made of . . . という不定詞に変え、the use にかけると the use to be made of . . .〔……を材料にして作られる使用 → 〜の使われ方 → 〜の使い方〕という表現を作れます。これを用いると次のような文を作れます。It could itself dictate the use to be made of power.〔国民自身が、権力の使い方を指示できるだろう〕この文の power を関係代名詞の which に変え、of which を文頭に動かすと、全体は power を修飾する形容詞節になります。power of which it could itself dictate the use to be made〔国民自身が権力の使い方を指示できる、そういう権力〕となります。これが原文です。

119

研究　この文は描出話法です（これについては 1-03-11 の **研究** を見てください）。

▷この文は「命令文＋and . . . 〔～せよ。そうすれば…〕」の形で「命令文＋and」の部分が if 節と同じ内容を表す表現です（e.g. Let me catch those boys stealing my apples again, and I'll set the dog on them.〔今度あの子供たちがうちのリンゴを盗んでいるところを見つけたら、犬をけしかけてやる〕）。したがって、この文は If the rulers were effectually responsible to it, promptly removable by it, it could afford . . . と同じ内容を表しています。

▷ **effectually**〔有効に〕は so as adequately to answer the purpose〔目的を十分に果たすように〕(OED) という意味です。**be responsible to it**〔国民に対して責任を負う〕というのは「統治者が国民の意思に従う」ということで、具体的には大統領が国民投票の結果を実行するとか、首相が総選挙で示された民意に合わせて政策を変更するといったことです。これが **effectually**〔有効に〕というのは、大統領が大統領令を出して国民投票の結果を実質的に骨抜きにするとか、首相が人事をちらつかせて与党内をまとめ、従来の政策を強行する、といったことをしないということです。

▷ **be promptly removable by it**〔国民によって迅速に解任されうる〕というのは「統治者が国民に対して有効に責任を負わないときは国民が速やかに解任できる」ということです。

▷ **power of which it could itself dictate the use to be made** の power に the がついていないのは、こういう権力はいろいろあって、「国民自身が使い方を指示できる」と言っただけでは、どの権力か決まらないからです。

(1-03-11) Their power was but the nation's own power, concentrated, and in a form convenient for exercise.

訳　統治者の権力は、単に、国民自身の権力が集められ、行使に便利な形態をとったものに過ぎないのだ。

構文　but は only と同じ意味の副詞で the nation's own power にかかります。■ concentrated と in a form convenient for exercise は the nation's own power にかかります。concentrated は過去分詞形容詞用法です。■ and は concentrated と

in a form convenient for exercise をつないでいます。

研究　**the nation's own power, concentrated, and in a form convenient for exercise**〔集中され、行使に便利な形態をとった、国民自身の権力〕は、事柄を考えると、まず the nation's own power があり、それが concentrate され、その結果 in a form convenient for exercise になる、という関係になっています。そこで、原文を事柄がはっきりわかるように書き換えると、次の (1) か (2) になります。

(1)　Their power was but the nation's own power, after that power had been concentrated and changed into a form convenient for exercise.〔統治者の権力は、集中され、行使に便利な形態に変えられた後の国民自身の権力に過ぎないのだ〕 after は従属接続詞で、after that power . . . for exercise は、本来は副詞節ですが、時を表す副詞要素は直前の名詞を修飾できるので、the nation's own power を修飾しています。after の前のコンマは取ることもできます。

(2)　Their power was but the nation's own power, as it was concentrated and changed into a form convenient for exercise.〔統治者の権力は、集中され、行使に便利な形態に変えられた場合の国民自身の権力に過ぎないのだ〕 as は従属接続詞で、従属節内の it は the nation's own power を指しています。これは従属接続詞の as が直前の名詞を修飾する形容詞節を作る形です。as の前のコンマは取ることもできます。

▷ 1-03-06〜11 の 6 文は描出話法で書かれています。1-03-05 でまず some persons began to think that too much importance had been attached to the limitation of the power itself〔一部の人々は、これまでは権力自体の制限があまりにも重視され過ぎていたと思い始めた〕と言い、次に「その一部の人々が具体的にどのように考えたのか」を描出話法で紹介したのです。描出話法は、登場人物が心の中で思ったことを、伝達動詞（たとえば thought など）を使わず、いきなり地の文として書く書き方です。その際、時制や人称代名詞や時・場所を表す副詞は、間接話法と同じように、話者から見た形に変えます。原文は、登場人物（＝some persons）が心の中で思ったことを、時制を話者（＝ミル）から見た形（＝過去形）に変えて、

地の文として書いています。そこで、some persons が実際に心の中で思った文を復元してみましょう。次のようになります。

> *That* **is** a resource against rulers whose interests **are** habitually opposed to those of the people. What **is** now wanted **is**, that the rulers should be identified with the people; that their interest and will should be the interest and will of the nation. The nation **does** not need to be protected against its own will. There **is** no fear of its tyrannizing over itself. Let the rulers be effectually responsible to it, promptly removable by it, and it **can** afford to trust them with power of which it **can** itself dictate the use to be made. Their power **is** but the nation's own power, concentrated, and in a form convenient for exercise.

(1–03–12) This mode of thought, or rather perhaps of feeling, was common among the last generation of European liberalism, in the Continental section of which it still apparently predominates.

訳　この考え方、あるいは、むしろ感じ方と言った方がよいかもしれないが、これは、我々の一つ前の世代のヨーロッパ自由主義では普通のものであった。大陸の自由主義においては、今もなお有力であるように見える。

構文　in the Continental section of which it still apparently predominates は関係詞節で、which の先行詞は European liberalism です。in the Continental section は predominates にかかります。

研究　**This mode of thought, or rather perhaps of feeling** は直前の描出話法で書かれた some persons の考え方です。一言で言えば There is no fear of its tyrannizing over itself, so there need be no limit on the power of a democratic government.〔国民が国民自身に対して圧制を行なう恐れはない。したがって、民主政府の権力を制限する必要はない〕という考え方です。

▷ **was common among . . .**〔……の間で普通だった〕は was supported by the large majority of . . .〔……の大多数によって支持されていた〕ということです。

▷ the last は the most recent という意味で、**the last generation**＝the generation just before the present generation です。

▷ **European liberalism** の European には England も含まれます。これは、すぐ後で in the Continental section of which〔European liberalism の大陸部門においては〕と言っていることから明らかです。

▷ **the Continental section of which** は、which の先行詞が European liberalism ですから「ヨーロッパの自由主義の大陸部門 → 大陸の自由主義者」という意味です。**Continental** は England を除いたヨーロッパを指します。

▷ **it** は This mode of thought, or rather perhaps of feeling を指しています。

▷ **apparently** には evidently〔明らかに〕と seemingly〔見かけ上は〕という 2 つの意味がありますが、前者は稀です。ここも seemingly の意味です。

▷「国民が国民自身に対して圧制を行なう恐れはない」というナイーブかつ楽観的な考え方は、ミルの一つ前の世代では、イギリスでも大陸でも、自由主義者の間では普通だった（＝大多数を占めていた）のです。そして、現世代（＝ミルの世代）でも、大陸の自由主義者の間では依然として優勢であるように見えると言っています。このように言うことは、現世代のイギリスの自由主義者の間では common ではなくなっていることを示唆しています（このことは次の次の文で明示されます）。

▷ **was common** と **predominates** は違う語を使っていますが、事柄としては同じ（＝大多数を占めている）です。

(1–03–13) Those who admit any limit to what a government may do, except in the case of such governments as they think ought not to exist, stand out as brilliant exceptions among the political thinkers of the Continent.

訳　存在すべきでないと彼らが考えている政府の場合は別であるが、それ以外の場合は、政府がしてよいことに何らかの制限を認める人々は、大陸の政治思想家の間においては、輝かしい例外として異彩を放っている。

構文　except という前置詞は副詞要素を目的語にすることができます。in the

123

case は except の目的語で、except in the case of such governments as . . . は admit any limit を修飾しています。■ such governments as they think ought not to exist は関係詞連鎖です。They think that such governments ought not to exist.〔そういう政府は存在すべきでないと彼らは考える〕の such governments を関係代名詞の as に変えて先頭に動かし、従属接続詞の that を省略すると全体は形容詞節になります（as they think ought not to exist です）。これを先行詞（＝such governments）の後に置いています。関係詞連鎖は 1-02-11 の 構文 参照。

研究　この文は「存在すべきでないと政治思想家が考える政府の場合は、政府が出来ることに何らかの制限を（人民を守るために）認める政治思想家はたくさんいる。しかし、それ以外（＝存在すべきだと政治思想家が考える政府＝政治思想家が考える理想の政府）の場合は、政府が出来ることに何らかの制限を認める政治思想家は、大陸の政治思想家の間においては例外的な存在である」という意味です。逆に言うと、大陸の政治思想家の大多数は、存在すべきであると彼らが考える政府（＝彼らが考える理想的政府）の場合は、政府の権限を制約する必要はないと思っているのです。

▷ **the political thinkers**〔政治思想家〕は一般的には必ずしも自由主義者に限りませんが、ここでは前文の「自由主義者」を言い換えたもので、**the political thinkers of the Continent**＝the Continental section of European liberalism〔ヨーロッパの自由主義の大陸部門 ⇒ 大陸の自由主義者〕です。

▷ ところで、**such governments as they think ought not to exist**〔存在すべきでないと彼らが考える政府〕とはどのような政府でしょうか？これは前文の This mode of thought, or rather perhaps of feeling の内容から推測すると「民主政府ではない政府」すなわち「人民が統治者を自由に取り替えるのを許さない政府」です。つまり、such governments as they think ought not to exist の中身は the government which doesn't let the people freely remove their ruler〔人民が統治者を自由に取り替えるのを許さない政府〕です。具体的に言うと、monarchy、特に absolute monarchy〔絶対君主制〕のような政府です。それ以外の政府は民主政府です。したがって、この英文は「民主政府の権限を制限しようと考える政治思想家は大陸では少数派であり、それは輝かしい存在だ」と言っているのです。なお、大陸の政治思想家の間において、輝かしい例外として異彩を放っ

ている少数の人の代表として、ミルが念頭に置いたのは『アメリカの民主政治』(*De la démocratie en Amérique* / *On Democracy in America*) の著者 Alexis de Tocqueville (アレクシ・ド・トクヴィル: 仏の政治学者・歴史家 1805–1859) だと思われます。

> (1–03–14) **A similar tone of sentiment might by this time have been prevalent in our own country, if the circumstances which for a time encouraged it, had** continued unaltered.

訳　同様の感じ方は、一時これを助長していた諸事情が変わることなく継続していたとすれば、われわれ自身の国においても、今もなお広まっていたかもしれない。

構文　continue は、不完全自動詞で使うと、「引き続き〜のままである、ずっと〜のままである」という意味を表します。■ unaltered は補語です。

研究　この文の前でミルは民主政府について次の2つの考え方があることを指摘しています。

(理想論) 民主政府の権力は制限する必要はないとする考え方 ← (1–03–05〜12)

(現実論) 民主政府の権力も制限する必要があるとする考え方 ← (1–03–13)

A similar tone of sentiment [同様の感じ方] はこのどちらを指しているのでしょうか？ 直前の文は現実論ですから、これを受けて現実論を指しているとするのは自然な考え方です。直前の文 (＝1–03–13) は「現実論者は、大陸の政治思想家の間においては、輝かしい例外として異彩を放っている」と言っています。これを受けて「同様の感じ方 (＝現実論) は我が国においては……」と読むわけです。ところが、この読み方は主節と if 節の両方で文脈との矛盾が起こります。

主節の might have been は仮定法過去完了の帰結節の形で「過去の事実の反対」を表していますから「現実論は我が国においては今日までには広まっていたかもしれなかったのに (実際には広まらなかった)」とい

125

う意味になります。ところが、ミルは次の第 4 節で現実論が認識される
ようになってきたプロセスを説明し、最後の文（＝1–04–09）で、. . . in
political speculations "the tyranny of the majority" is now generally in-
cluded among the evils against which society requires to be on its guard.
〔今や、政治問題を考える際「多数者の圧制」は社会が警戒しなくてはなら
ない害悪の一つとして一般に挙げられるようになっている〕と述べています。
現実論は今日（＝ミルの時代）の我が国（＝イギリス）に広まっているとミ
ルは言っているのです。

▶ **if the circumstances which for a time encouraged it, had**
continued unaltered は「しばらくの間それを助長していた状況が変
わらずに続いていたとしたら」という意味です。これは「それを助長し
ていた状況は実際には長く続かず変わってしまった」という含みです。it
（＝A similar tone of sentiment）の中身を現実論と考えると、現実論を助長
する状況がしばらく続いて、やがて変わってしまった（＝その状況がなく
なってしまった）ことになります。いったいこれは歴史上のどの状況を指
しているのでしょうか？ ミルはこのあと（＝1–04–04）で In time, how-
ever, a democratic republic came to occupy a large portion of the earth's
surface, and made itself felt as one of the most powerful members of the
community of nations;〔しかし、やがて、一つの民主的共和国が地球の表面
の大きな部分を占めるようになり、国際社会の最も強力なメンバーの一員と
して存在感を示すに至った〕と言っています。これはアメリカ合衆国の誕
生と存続を指しています。おそらく the circumstances which for a time
encouraged it〔しばらくの間それを助長していた状況〕の具体的事柄はこの
「アメリカ合衆国の誕生と存続」なのです。しかし「アメリカ合衆国の誕
生と存続」は現実論をしばらく助長したのでしょうか？ むしろ、現実論
ではなく、理想論をしばらく助長したのではないでしょうか？ アメリカ
合衆国の建国からしばらくの間は民衆政治の悪い側面（＝多数者の専制の
弊害 ⇒ 多数者の圧制）がまだ明るみに出ていない時期で、この時期のア
メリカ合衆国の状況は民主政治の理想的考え方（＝「民主政府の権力を制
限する必要はない」という考え方）を助長したのです。

　以上のような次第で A similar tone of sentiment〔同じような感じ方〕の
内容を現実論（＝民主政府の権力も制限する必要があるとする考え方）にす

ると主節、if 節ともに前後の文の内容と矛盾するのです。したがって、**A similar tone of sentiment は理想論（＝民主政府の権力は制限する必要はないとする考え方）を指しているのです。**

　それでは A similar tone of sentiment は理想論を指していると解釈すれば万事うまくいくのでしょうか？　そうはいかないのです。この解釈には疑問が 3 つあります。これを順次検討していきましょう。第 1 の疑問は「この解釈だと A similar tone of sentiment が直前の文ではなく、前の前の文（のしかも前半）を受けることになるが、それは可能なのか？」ということです。そこで、この文と前の 2 文との論理関係を考えてみましょう。

　　（1-03-12）　This mode of thought, or rather . . .
　　（1-03-13）　Those who admit any limit to . . .
　　（1-03-14）　A similar tone of sentiment might . . .

　この 3 つの文の論理関係は「12 を受けて 13 があり、13 を受けて 14 がある」というものではありません。「14 は、直前の 13 ではなく、ひとつ前の 12 を受けている」のです。なぜなら、13 は 12 の後半部分（＝in the Continental section of which it still apparently predominates）を裏から再説したものであって「12 の後半＝13」だからです。まず 12 の後半で「民主政府の権力を制限する必要はないという考え方は大陸の自由主義者の間では現世代でも依然として優勢であるように見える」と言い、同じことを 13 で「民主政府の権力を制限しようとする政治思想家は大陸では例外だ」と裏から繰り返したのです。ですから、13 は削除しても論理展開には影響しません（13 は後から挿入的に加筆した可能性すらあります）。すると、ここは「12 の前半」→「12 の後半」→「14」という流れになります。したがって、12 の This mode of thought（＝理想論）を受けて 14 で A similar tone of sentiment［同様の感じ方］と言っていると解釈することは十分可能なのです。

　ここは、**まず** 12 の前半で「理想論は、前世代の自由主義者の間では、イギリスでも大陸でも、普通だった」と**一世代前のイギリスと大陸のことを言い、次に** 12 の後半で「この考え方（＝理想論）は現世代の大陸の自由主義者の間では依然として優勢であるように見える」と**現世代の大**

127

陸のことを言い、それを受けて 14 で「（それでは現世代のイギリスの自由主義者の間ではどうかというと）同様の感じ方（＝理想論）は我が国では…である」と**現世代のイギリスのことを言った**のです。

　まことにくどいですが、1–03–12 の後半と 1–03–14 を比べると次の 3 つのことがわかります。

> （1–03–12 の後半）. . . in the Continental section of which it still apparently predominates.
>
> （1–03–14）A similar tone of sentiment might by this time have been prevalent in our own country, . . .

[1] 12 の This mode of thought, or rather perhaps of feeling ［この考え方、あるいは、むしろ感じ方と言った方がよいかもしれない］と 14 の A similar tone of sentiment ［同様の感じ方］は同内容であり（a tone of sentiment は a mode of feeling ［感じ方］の単なる stylistic variation です）、その中身は理想論である。

[2] 14 の in our own country は in the English section of European liberalism ［ヨーロッパの自由主義のイギリス部門で ⇒ イギリスの自由主義者の間で］という意味であり、決して「英国人一般の間で」という意味ではない。

[3] 14 の in our own country は in our own country, too ［我々自身の国においても → 我が国の自由主義者の間においても］という意味である（12 の後半と 14 は、主部が同内容（＝理想論）であるだけでなく、述部、すなわち 12 の後半の predominates と 14 の been prevalent も基本的に同内容（＝優勢である）です。ですから「（大陸だけでなく）我々自身の国（＝イギリス）においても」という意味になります）。

▶ 第 2 の疑問（これが最大の疑問です）は **by this time** です。by this time は「今までには（〜が完了している）」という意味です。by は何かが完了する期限を表わします。14 を直訳すると「同じような感じ方（＝理想論）は、我々自身の国においても今日までには広まっていたかもしれなかったのに（実際にはまだ広まっていない）」となります。これは「理想論が、広まっていない状態から、広まった状態に移行するプロセス」に焦点を

当て「イギリスでは、今日でもなおこのプロセスが完了しておらず、理想論はまだ広まった状態になっていない」という事柄を表わしています。しかし、12の前半では「この感じ方（＝理想論）は前世代のヨーロッパの自由主義者の間では普通だった」と言っています。「ヨーロッパ」にはイギリスを含んでいるのですから、この感じ方（＝理想論）はイギリスでも既に前世代において広まっていたのです。それなのに、14で「理想論はイギリスでも今日までには広まっていたかもしれなかったのに（実際にはまだ広まっていない）」と言うのは完全に矛盾しています。それでは、どうであれば矛盾しないのでしょうか？　それは次のような内容です。

　　同じような感じ方（＝理想論）は（大陸だけでなく）我々自身の国においても（前世代から引き続き）今もなお広まっていたかもしれないのに（実際にはもう広まっていない）。

　これなら「前は広まっていた」という内容ですから12の前半と整合します。それでは 1-03-14 をこのように読むことはできるでしょうか？答えは Absolutely not.〔絶対にできない〕です。前述したように by は「完了の期限」を表す前置詞で、by ～は「～までには（完了している）」という意味です。by ～が「～になってもまだ依然として（続いている）」という意味を表すことは絶対にありません。この意味を表すためには still at ～と言わなければなりません。百歩譲って、文脈から still の意味がわかる場合には at ～だけでもこの意味を表せますが、それでも at ～が by ～になることはありえません。以上のような次第で、ちょっと信じられませんが、結論は「おそらくミルが書き間違えた」のです。1-03-14 は、本来は次のように書かなければいけなかったのです。

A similar tone of sentiment might <u>still at this time</u> have been prevalent in our own country, if the circumstances which for a time encouraged it, had continued unaltered.
同じような感じ方（＝理想論）は、一時これを助長していた諸事情が変わることなく継続していたとすれば、（大陸だけでなく）我々自身の国においても（前世代から引き続き）<u>今もなお</u>広まっていたかもしれないのに（実際にはもう広まっていない）。

129

　読者は先に 1-03-12 を読んでいますから、文脈から still の意味はわかります。そこで at this time だけでも十分成立します。**おそらくミルは at this time と書くところを、うっかり by this time と書いてしまったのでしょう。**ミルは、この論文は発表前に何度も文章を推敲したと言っています（しかも Taylor 夫人とともに）。ミルや Taylor 夫人ほどの人がなぜこのような単純なミスを見落としたのか、理解しがたいところです。1864年発行の第3版でも by this time になっています。先行訳は by this time〔今までには〕を still at this time〔今でもまだ、今でもなお〕に読み替えて、つじつまを合わせています。

同様な気持ちは……われわれ自身の国においても今日にいたるまでなお広く行なわれていたかも知れない（岩波）

これと似たような感情は……今日もなお支配的なものとなっていたであろう（名著）

われわれ自身の国においても、これに類似したある調子の感情は……いまごろは普及していたことであろう（大思想）

イギリスでも……いまでもこれが優勢になっていたかもしれない（日経BP）

われわれの国でも……いまでも似たような気分が蔓延していたかもしれない（古典新訳）

　第3の疑問は「原文で might have been が使われているのは by this time が完了の期限を表しているからで、by this time が (still) at this time の書き間違いだとしたら、動詞の形もそれに合わせて might have been ではなく might be にしなければいけないのではないか?」という疑問です。これについては条件節を検討した後で説明します。

▶ **similar** について一言しましょう。This mode of thought, or rather perhaps of feeling (1-03-12) と A similar tone of sentiment が同内容であるなら、なぜ similar と言ったのでしょうか?　similar は「似ている」という意味で、厳密には「同じではない」のです。まったく同じものを similar とは言いません（その場合は the same あるいは exactly the same と言います）。この理由（＝ミルが This tone of sentiment と言わずに A similar tone of sentiment と言った理由)は 2 つ考えられます。1 つは基本的な内容は同じだとしても、大陸とイギリスではニュアンスや力点の置き方(＝tone)が微妙に違っている可能性があるからです。つまり、A similar tone of sentiment＝A sentiment whose tone is similar to the one in the Continental section です。もう 1 つは、もし <u>This</u> tone of sentiment might still at this time have been prevalent in our own country 〔この感じ方は、我々自身の国においても、今もなお広まっていたかもしれなかったのに、実際にはもう広まっていない〕と言ったら、「それでは、この感じ方そのものではなく、これに似た感じ方はどうなんだ？　似た感じ方なら今でも多くの人がしているんじゃないか？」という反論的疑問をぶつけられる可能性があります。ところが <u>A similar</u> tone of sentiment might still at this time have been prevalent in our own country 〔これに似た感じ方は、我々自身の国においても、今もなお広まっていたかもしれなかったのに、実際にはもう広まっていない〕と言えば、「それでは、似た感じ方ではなく、この感じ方そのものはどうなんだ？　この感じ方そのものなら今でも多くの人がしているんじゃないか？」と反論する人はいません。つまり、<u>A similar tone of sentiment</u> と言えば「この感じ方そのものも、これに似た感じ方も、どちらも今では広まっていない」ことになるので、反論を封じられるのです。たとえば Would you please bring me a plate similar to this one? 〔これに似たお皿を持ってきてください〕と頼んで、これと同じ皿を持ってこられたとき、それに文句を言う人はいません。これと同じことです。

▶ <u>**the circumstances which . . . encouraged it**</u> 〔それを助長していた状況〕というのは「民主政府の権力を制限する必要はないという考え方(＝理想論)を助長していた状況」で、別の言い方をすれば「民衆政治の実態が明るみに出ていない状況」です。この状況は次の 3 つが考えられます。

　民衆政府が地球上でまだ実現していない状況
　民衆政府が地球上に出現して、まだそれほど長く続いていない状況
　民衆政府が地球上に出現したが、長く続かずにまた君主制に戻ってしまった状況

原文では encouraged に for a time がかかっています。for a time 〔しば

らくの間〕というフレーズは、この状況が一時的なもので、ミル自身はその時期を具体的に知っていることを強く示唆しています。さきほど紹介した 1–04–04 から考えると、ここは 2 番目の状況で、具体的に言えば「アメリカ合衆国が誕生した後、民衆政治の悪い側面 (＝多数者の専制の弊害 ⇒ 多数者の圧制) がまだ明るみに出ていない時期の状況」です。したがって、the circumstances は「アメリカ合衆国の建国後しばらくの状況」で、for a time encouraged it は「(それが) アメリカ、欧州大陸、英国で、民主政府の権力を制限する必要はないという考え方を一時的に助長したこと」を指しています。それが **had continued unaltered**〔変わらずに続いていたら〕というのは「そのままずっと民衆政治の悪い側面 (＝多数者の専制の弊害) が明るみに出ずに続いていたら」という意味です。

▶ さてそれでは、さきほど保留にしておいた第 3 の疑問について考えてみましょう。この if 節には仮定法過去完了が使われていて「それ (＝理想論) を助長していた状況 (＝アメリカ合衆国が誕生したのち民衆政治の悪い側面が明るみに出ていない状況) は実際には長く続かなかったのだが、仮に続いていたとしたら」という「過去の事実と反対の仮定」を表しています。それに対して主節は「同様の感じ方 (＝理想論) は、われわれ自身の国においても、今もなお広く行なわれていたかもしれない (実際にはこんな感じ方をする人は少なくなっているが)」という「現在の事実と反対の帰結」を表しています。「現在の事実と反対の帰結」は仮定法過去の帰結節の形 (＝助動詞の過去形＋動詞の原形) で表すはずです (すなわち might be になるはずです)。ところが原文は **might have been** です。これは「助動詞の過去形＋have p.p.」ですから、仮定法過去完了の帰結節の形で「過去の事実と反対の帰結」を表すはずです。by this time〔今までには〕が間違いで (still) at this time〔今でもまだ〕が正しいなら、主節は「現在の事実と反対の帰結」になるので、動詞の形も might have been ではなく might be にしなければいけないのではないか？ これが第 3 の疑問です。結論は might be は極めて不自然で、might have been が正しいのです。これについて詳しく説明しましょう。

　may には大きく分けて許可 (〜してよい) と推量 (〜するかもしれない) の 2 つの意味があります。ここでは推量の may に絞って考えることにし

ます。「may＋動詞の原形」は未来の動作・状態について言ったときは「～するかもしれない（するか否かは不明）」、現在の動作・状態について言ったときは「～しているかもしれない（しているか否かは不明）」という推量を表します。未来の動作・状態はまだ起こっていないのですから「～するか否か不明」なのは当たり前で、常に推量の対象になります。それに対して、現在の動作・状態は現に起こっているのですから、それを知っている人にとっては「～しているか否かは不明」ではありません。したがって推量の対象になりません。しかし、知らない人にとっては「～しているか否かは不明」なので推量の対象になります。たとえば、He may win.〔彼は勝つかもしれない〕は未来の動作について推量しています。He may be alive now.〔彼は今生きているかもしれない（生きているか否かは不明）〕は現在の状態について推量しています。

　さて、この may を might にすると婉曲な推量になります。**「might＋動詞の原形」は未来の動作・状態について言ったときは「ひょっとすると～するかもしれない（するか否かは不明）」、現在の動作・状態について言ったときは「ひょっとすると～しているかもしれない（しているか否かは不明）」という婉曲な推量を表します**。たとえば、He might win.〔彼はひょっとすると勝つかもしれない〕は未来の動作について婉曲に推量しています。He might be alive now.〔彼はひょっとすると今生きているかもしれない（生きているか否かは不明）〕は現在の状態について婉曲に推量しています。

　「推量の might＋動詞の原形」はこの使い方が基本です。これ以外で使うと間違いになるとまでは言いませんが、普通ではなく、極めて不自然な表現になります。ですから、(a) **If he had accepted the doctor's advice, he might be alive now.**〔彼は、もしその医者の忠告を受け入れていたら、今生きていたかもしれないのに（実際は忠告を受け入れなかったので、今生きていない）〕はきわめて不自然な文です。なぜなら、彼は今生きていないことがわかっているので「今～しているかもしれない（しているか否かは不明）」という「現在の動作・状態に関する推量」を表す「might＋動詞の原形」を使うことはできないからです。

　それでは仮定法過去の帰結節には「might＋動詞の原形」は絶対に使えないのかというと、そんなことはありません。たとえば、(b) **If he**

133

ran for governor, he might be elected.〔彼が知事選に出れば当選する かもしれない〕は正しい文です。なぜなら「当選する」は未来の動作・状 態ですから当選するか否かは現時点では不明なので「〜するかもしれな い（するか否かは不明）」という「未来の動作・状態に関する推量」を表 す「might＋動詞の原形」を使えるからです。

以上の説明でおわかりになったと思うのですが、原文で might be を 使って A similar tone of sentiment <u>might</u> still at this time <u>be</u> prevalent in our own country, if the circumstances which for a time encouraged it, had continued unaltered.〔同じような感じ方（＝理想論）は、しばらくの間それ を助長していた状況が変わらずに続いていたとしたら、（大陸だけでなく） 我々自身の国においても（前世代から引き続き）<u>今もなお広まっていたかも しれないのに</u>（実際にはもう広まっていない）〕とすると、きわめて不自然 な文になってしまうのです。「実際にはもう広まっていない」ことがわ かっているので「今もなお広まっているかもしれない（広まっているか否 かは不明）」という「現在の動作・状態に関する推量」を表す「might still at this time be prevalent」を使うことはできないからです。

それでは、<u>仮定法過去の文で「（今）〜していたかもしれないのに（実 際には〜していない）」という意味の「現在の事実に反する帰結」を表す にはどうしたらよいのでしょうか？ それは「might＋動詞の原形」で はなく「might have p.p.」にするのです。</u>たとえば次の文を見てくだ さい。(c) **If he had accepted the doctor's advice, he might have been alive now.** この文は「彼は、もしその医者の忠告を受け入れてい たら、今生きていたかもしれないのに（実際は忠告を受け入れなかったの で、今生きていない）」という意味です。might have been と言っていますが、now という副詞が使われているので、「過去の事実に反する帰結」で はなく「現在の事実に反する帰結」を表していることがわかるのです。 これと次の文を比べてみましょう。(d) **If he had accepted the doc-tor's advice, he might have been alive at the end of that year.** こ の文は「彼は、もしその医者の忠告を受け入れていたら、その年の年末 に生きていたかもしれなかったのに（実際は忠告を受け入れなかったので、 生きていなかった）」という意味です。(c) と同じく might have been が使 われていますが、今度は at the end of that year という過去の一時点を表

す副詞句が使われていますから「過去の事実に反する帰結」を表していることがわかります（might have p.p. は本来は仮定法過去完了の帰結節の形ですから「過去の事実に反する帰結」を表すのは当然のことです）。

原文の by this time を still at this time に変えた **A similar tone of sentiment might still at this time have been prevalent in our own country, if the circumstances which for a time encouraged it, had continued unaltered.** は上の (c) の形なのです。この文の might have been は、still at this time という副詞句が使われているので、「過去の事実に反する帰結」ではなく「現在の事実に反する帰結」を表していることがわかるのです。

ところで (c) の might have been alive は現在の事実に反する帰結なのに、和訳するときは「今生きているかもしれないのに」ではなく「今生きていたかもしれないのに」という日本語にします。これは「彼は今生きているかもしれない」という日本語だと、死んでいる可能性、生きている可能性、両方があるからです。それに対して「彼は今生きていたかもしれない」と言った場合は、すでに死んでいることを含意しています。日本語でも「現在の事実に反する帰結」を「(今) 〜したかもしれない」と過去形で言うのは、英語と同じで、興味深い現象です。

なお、条件節がついていても、次の (e) のように節内が仮定法でなければ（すなわち仮定法の条件節でなければ、別の言い方をすれば直説法の条件節であれば）he might be alive now. は「彼はひょっとすると今生きているかもしれない（今生きているか否かは不明）」という「現在の動作・状態に関する推量」を表すので正しい文になります。(e) **If he accepted the doctor's advice last year, he might be alive now.**〔もし彼が去年その医者の忠告を受け入れているとしたら、ひょっとすると今生きているかもしれない（医者の忠告を受け入れたか否か、および今生きているか否かは不明）〕last year と言っていますから、if 節の内容は過去のことです。したがって、過去の事実の反対を仮定するなら仮定法過去完了の条件節の形（＝had p.p.）を使って If he had accepted the doctor's advice last year〔もし彼が去年その医者の忠告を受け入れていたとしたら（実際には受け入れなかったのだが）〕と言わなければなりません。If he accepted the doctor's advice last year の accepted は直説法過去で、事実がはっきりしない過去

のことを単純に「(事実がどうだったのかよくわからないが、過去において)
もし受け入れているとしたら」と仮定しているのです。今度は先ほどと
は逆に、日本語では、事実がはっきりしない過去のことを仮定するとき
は「(過去において) ~しているとしたら」というように現在形で言うの
は興味深いことです。これを「もし彼が去年その医者の忠告を受け入れ
ていたとしたら」と訳したら「実際には受け入れなかった」ことを含意
してしまいます。

　まことにくどいですが **might have p.p.** が「**過去の動作・状態に関す
る婉曲な推量**」(← これは may have p.p. [~したかもしれない (したか否か
は不明)] の may を might にして婉曲にした形です。「ひょっとすると~
したかもしれない (したか否かは不明)」と訳します) と「**過去の事実に反
する帰結**」(「(過去において) ~したかもしれなかったのに (実際にはしな
かった)」という意味です) の他に「**現在の事実に反する帰結**」(「(今) ~
していたかもしれないのに (実際にはしていない)」という意味です) にも
使われることは通常の文法概説書には出ていないので、例文を挙げてお
きましょう。

(f)　Mr Holmes might have been there last week. He did not tell me
where he went.

ホームズさんはひょっとすると先週そこにいたかもしれない (いた
か否かは不明)。彼は私にどこに行くか言わなかったんです。

(g)　Mr Holms might have been there last week. His flight was only
cancelled at the last minute.

ホームズさんは先週そこにいたかもしれなかったのに (実際はいな
かった)。乗るはずだった飛行機がギリギリになって欠航になった
のです。

(h)　Mr Holms might have been there now. Unfortunately, he missed
the train.

ホームズさんは今そこにいたかもしれないのに (実際にはいない)。残
念なことに、列車に乗り遅れたんです。

> (1–04–01) But, in political and philosophical theories, as well as in persons, success discloses faults and infirmities which failure might have concealed from observation.

訳　しかし、個人の場合と同様に、政治理論、哲学理論の場合も、失敗したら気がつかれなかったかもしれない欠陥や脆弱性が、成功することによって露わになるものである。

研究　この文は「理論が現実化しなければ（＝理論の状態に留まっていれば）気がつかれなかったかもしれない（理論の）欠陥や脆弱性が、理論が現実化すると明るみに出て、気がつかれるようになる」と言っています。簡単に言えば「理論の段階では完璧だと思われたのに、いざやってみたら、思わぬ不備が見つかる」ということです。これは (1–04–04) In time, however, a democratic republic came to occupy a large portion of the earth's surface, ...〔しかし、やがて、一つの民主的共和国が地球の表面の大きな部分を占めるようになり……〕の前説（本題に入る前の説明）として書かれたものです。非常に抽象的に書かれていますが、1–04–04 以下の文を読むと具体的な内容がわかってきます。

　この文の内容自体は特定の理論に限って妥当する個別的なことではなく、いろいろな理論に妥当する一般的・普遍的なことです。しかし、ミルは具体的な特定の理論・出来事を念頭に置いてこの文を書いています。「もしアメリカ合衆国が、建国された後すぐに挫折して潰れてしまったら、人民は人民の一部を抑圧する可能性があるという民主主義の欠陥は人々に気がつかれずに終わってしまったかもしれない。ところが、アメリカ合衆国は建国後うまく軌道に乗ったので、建国当初のごたごたが落ち着いてくると、民主主義の理想通りにはいかない点がいろいろ露わになってきて、人民は人民の一部を抑圧しようと欲する可能性があるという欠陥が人々に気がつかれるようになった」というのが、この文を書いたときミルが念頭に置いていた事柄です。

▷ **success** は「理論の現実化が成功すること＝理論が実現すること」です。

▷ **failure** は「理論の現実化が失敗すること＝理論が実現しないで、思考の段階に止まること」です。

▷ **faults** は「想定上はうまく機能するはずだったことが実際にやってみるとうまくいかないこと」を指し、**infirmities** は「想定外の事態が生じたときにうまく対処できないこと」を指します。前者を「欠陥」と呼ぶなら、後者は「脆弱性」がよいでしょう。**faults and infirmities** は、民主政治に関して言えば、「人民は人民の一部を抑圧する可能性があること」です。

▷ might have p.p. は、前の文 (1–03–14) で説明したように、次の3つを表します。

①　過去についての不確実な推量 → ひょっとすると～したかもしれない（したか否かは不明）
②　過去の事実に反する帰結 →（過去において）～したかもしれなかったのに（実際にはしなかった）
③　現在の事実に反する帰結 →（今）～していたかもしれないのに（実際にはしていない）

might have concealed は「過去の事実に反する帰結」です。「失敗が観察から隠したかもしれなかったのに（実際には成功したので、そうはならなかった）」という意味です。

> (1–04–02) The notion, that the people have no need to limit their power over themselves, **might seem axiomatic**, when popular government was a thing only dreamed about, or read of as having existed at some distant period of the past.

訳　人民は自分自身に対する自らの権力を制限する必要はないという観念は、民主政治が単に夢想の対象であったり、あるいはどこか遠い過去の時代に存在していたものとして書物の中で読まれるものにすぎなかったときには、**まるで公理のごとく自明であるように見えたかもしれない。**

構文　that the people . . . themselves は The notion と同格の名詞節です。■ dream about a thing〔あることについて夢想する〕を受身にすると a thing is dreamed about〔あることが夢想される〕となります（これは dream about を1つの他動詞にして、受身にした「群動詞の受身」です）。ここから助動詞の is を取ると、dreamed about は過去分詞形容詞用法として a thing を修飾します（dreamed ではなく、

dreamed about が1つの動詞の過去分詞なのです）。a thing dreamed about〔夢想される（された）こと・もの〕です。これが原文です。■ read of a thing as ～〔あることを読んで～だと知る〕を受身にすると a thing is read of as ～〔あることが読まれて～だと知られる〕となります（read of を1つの他動詞にして、受身にした「群動詞の受身」です）。ここから助動詞の is を取ると、read of は過去分詞形容詞用法として a thing を修飾します（read ではなく、read of が1つの動詞の過去分詞なのです）。a thing read of as ～〔読まれて～だと知られる（られた）こと・もの〕です。これが原文です。as having existed . . . は read of にだけかかり、dreamed about にはかかりません。■ only は dreamed about と read of の両方にかかります。

研究　混乱するといけないので先に確認しておきます。1-03-14 で説明したのは次の下線部以外の部分です。ここでは下線部を説明します。

●現在または未来についての婉曲な推量
might＋動詞の原形（ひょっとすると～している、～するかもしれない、しているか否か、するか否かは不明）
●過去についての婉曲な推量
might ＋動詞の原形（ひょっとすると～したかもしれない、したか否かは不明）
might have p.p.（ひょっとすると～したかもしれない、したか否かは不明）
●現在の事実に反する帰結
might have p.p.（今～していたかもしれないのに、実際にはしていない）
●過去の事実に反する帰結
might have p.p.（過去において～したかもしれなかったのに、実際にはしなかった）

　過去についての推量は「may have p.p.（～したかもしれない、したか否かは不明）」または「might have p.p.（ひょっとすると～したかもしれない、したか否かは不明）」で表すのが原則です。しかし、**過去を明示する語・句・節が前後にあるときは「might ＋動詞の原形」で過去に対する推量を表す場合があります**。OED は In the 18th c. it was common to use *might be* or *do* in the sense of 'perhaps was' or 'did'. This is now rare.〔18世紀には might be あるいは might do を「ことによると～だったかもしれない」あるいは「ことによると～したかもしれない」という意味で使うのは普通だった。これは現在では稀である〕と説明し、1753年から1862年まで5つの

用例を挙げています。1834 年の用例は All along the whole length of the garden (which might be perhaps nearly one hundred yards) . . . he had fixed . . . stakes.〔庭の外周全部(ことによると 100 ヤード近くもあったかもしれない)に、彼は杭を打ち込んだ〕です。1862 年の用例は It might be about half-past two in the afternoon when I left Lampeter.〔私がラムパタを出たのはもしかしたら午後 2 時半頃だったかもしれない〕です。

　原文は when popular government was a thing . . . によって過去であることが明示されているので、**might seem axiomatic** で might have seemed axiomatic〔ひょっとすると公理のように見えたかもしれない〕と同じ意味を表しているのです。

　1-03-06 で説明したように、might seem は後ろに but . . . が続いていなくても「…に見えるかもしれない(が、実はそうではないのだ)」という含意を持っています。ここもそうで「ひょっとすると公理のように見えたかもしれないが、実は公理でもなんでもなかったのだ」という含意があります。

▷ **having existed at some distant period of the past**〔どこか遠い過去の時代に存在していた〕は古代ギリシャの都市国家のことを言っています。

(1-04-03) Neither was that notion necessarily disturbed by such temporary aberrations as those of the French Revolution, the worst of which were the work of a usurping few, and which, in any case, belonged, not to the permanent working of popular institutions, but to a sudden and convulsive outbreak against monarchical and aristocratic despotism.

訳　また、この観念は、フランス革命で起きたような一時的な常軌逸脱行動によって必ずしも揺らぐものでもなかった。なぜなら、フランス革命の場合、このような常軌を逸した行動の最悪のものは権力を奪取しようとする少数者の仕業だったし、そもそも、このような逸脱行動は民主的諸制度の通常の働きによって引き起こされたものではなく、君主と貴族の専制に対する突然の発作的な暴発によって引き起こされたものだったからである。

140

構文　the worst of which . . . few と which, in any case, . . . despotism は関係詞節で、those が先行詞です。and は 2 つの関係詞節をつないでいます。

研究　**that notion** は前文で出てきた「人民は自分自身に対する自らの権力を制限する必要をもたないという観念」です。

▷ such temporary aberrations as those of the French Revolution の **those** の中身は the aberrations です。those は複数で the French Revolution は単数ですから、of は「同格の of」ではありません。those of the French Revolution はフランス革命そのものではなく（すなわち「フランス革命という常軌逸脱行動」ではなく）、フランス革命の過程で発生した常軌逸脱行動です（すなわち「フランス革命の最中の常軌逸脱行動」です）。直訳すると「フランス革命の常軌逸脱行動のような、そういう一時的な常軌逸脱行動」となります。

　フランス革命の過程で発生した常軌逸脱行動は枚挙に暇ありませんが、革命初期で言えば、たとえば 1789 年 7 月のバスティーユ牢獄の襲撃をきっかけに全国的に発生した「大恐怖」と呼ばれる農民騒擾などが挙げられるでしょう。この大規模な蜂起は「貴族の陰謀」や「盗賊の来襲」などのうわさを信じて恐怖感にとらわれた農民が領主を襲ったものです。あるいは 1792 年 9 月パリ市内 9 か所の監獄で起きた虐殺事件も常軌を逸しています。監獄内の民衆法廷で即決裁判をおこない、王党派の貴族や聖職者など 1000 人以上の囚人を処刑しました。

　ところでミルはなぜ by the temporary aberrations of the French Revolution と言わず by **such temporary aberrations as** those of the French Revolution という言い方をしたのでしょうか？　これには 2 つの理由があります。次の (1) と (2) を比べてみましょう。

(1) **Neither was that notion necessarily disturbed by the temporary aberrations of the French Revolution, . . .** 〔また、この観念は、フランス革命で起きた一時的な常軌逸脱行動によっては必ずしも揺らぐものではなかった。〕

(2) **Neither was that notion necessarily disturbed by such temporary aberrations as those of the French Revolution, . . .** 〔また、この観念は、フランス革命で起きた常軌逸脱行動のよう

解説　1-04-03

　な一時的な常軌逸脱行動によっては必ずしも揺らぐものではなかっ
　た。〕

　(1) の場合 aberrations はフランス革命の常軌逸脱行動に限られます。
他の aberrations には言及していないからです。それに対して (2) の場合
「フランス革命の常軌逸脱行動」は aberrations の 1 つの例示にすぎず、
他にも同様の aberrations があったことを示唆しています。フランス革命
以外の市民革命の最中に起こった常軌逸脱行動というと、イギリスの清
教徒革命におけるオリバー・クロムウェルの残虐行為などが思い浮かび
ます。しかし「フランス革命の常軌逸脱行動」がここでの中心であるこ
とは疑いありません。そこで、「フランス革命の常軌逸脱行動」に焦点を
当てると、(1) は temporary が限定的な修飾要素になっている可能性が
あります。つまり、フランス革命の常軌逸脱行動には一時的なものと恒
常的なものとがあり「この観念は、一時的な方の常軌逸脱行動によって
は必ずしも揺らがなかった」と言っているようにも聞こえるのです。そ
れに対し、(2) の such temporary aberrations as ～〔～のような一時的な
常軌逸脱行動〕という表現は～（＝フランス革命の常軌逸脱行動）がすべて
「一時的」なものであったことを示しています。つまり (2) は「フラン
ス革命の常軌逸脱行動はすべて一時的なものであり、この観念はそれに
よっては必ずしも揺らがなかった」と言っているのです。
　以上の 2 つ、すなわち「民主制を現実化する過程では、フランス革命
の常軌逸脱行動の他にも同様の一時的な常軌逸脱行動があったこと」と
「フランス革命の常軌逸脱行動はすべて一時的なものであったこと」を表
すためにミルは such temporary aberrations as ～という表現を使ったの
です。

▷ **the worst of which were the work of a usurping few**〔常軌逸脱
行動の最悪のものは権力を奪取しようとする少数者の仕業だった〕がミルの
頭の中で具体的に何を指していたかは定かではありません。しいて挙げ
るならいわゆる「大恐怖政治」がこれにあたるでしょう。ロベスピエー
ルを中心とする一派が、1793 年 4 月に創設された公安委員会を乗っ取
り、同年 9 月可決の反革命容疑者法、翌年 4 月可決のプレリアル法（革
命の敵を根絶するために物的証拠なしで反革命容疑者を有罪にできるとした

142

法律で、刑は死刑のみでした）に依って、亡命貴族との共謀、穀物買占め、反乱参加などの容疑者および宣誓拒否聖職者、およそ 1 万 7 千人をギロチンにかけました。

▷ **which . . . belonged, not to A, but to B.** を検討しましょう。**which** の先行詞は those of the French Revolution です。もしこの which がないと、belonged の主語は the worst of which になり、常軌逸脱行動の最悪のものだけが belonged to B したことになります。ここに which を入れたことによって belonged の主語は which＝those of the French Revolution になるので、最悪のものに限らず、フランス革命の常軌逸脱行動はすべて belonged to B（＝君主と貴族の専制に対する突然の発作的な暴発に属していた）と言っているのです。S belong to ~〔S は~に属している〕は S is part of ~〔S は~の一部である〕と言っても同じです。そこでこの形容詞節は「which（＝それらの常軌逸脱行動）は A ではなくて B の一部だったのだ」という意味になります。

▷ **popular institutions**〔人民の諸制度〕は popular government〔民衆政府〕に必要な様々な仕組みを一般的に表した言葉です。議会とか警察のような特定の個別の制度を指しているのではありません。

▷ **the permanent working**〔恒久的な働き〕は「危機に際しての臨時の働き」ではなく「通常のルーティーンの働き」ということで、the usual working とか the normal working と言っても同じ内容です。「フランス革命で起きた一時的な常軌逸脱行動は、民主的諸制度の通常の働きの一部ではなかった（＝民主的諸制度の通常の働きによって引き起こされたものではなかった）」という意味です。

▷ **which . . . belonged . . . to a sudden and convulsive outbreak against monarchical and aristocratic despotism** は「フランス革命で起きた一時的な常軌逸脱行動は、君主と貴族の専制に対する突然の発作的な暴発の一部だった（＝君主と貴族の専制に対する突然の発作的な暴発によって引き起こされたものだった）」という意味です。monarchical and aristocratic despotism は despotism which is formed by monarch and aristocracy combined〔君主と貴族が結託した専制政治〕です。a sudden and convulsive outbreak against monarchical and aristocratic despotism〔君主と貴族の専制に対する突然の発作的な暴発〕はフランス革命そのものを指

143

しています。ここにつく冠詞は the と a の両方がありえます。the がつくのは「フランス革命は君主と貴族の専制に対する突然の発作的な暴発である」ということがミルと読者の共通の了解事項になっている場合です。「（フランス革命という）あの、例の君主と貴族の専制に対する突然の発作的な暴発」というニュアンスです。それに対し、a がつくのは、これがミルと読者の共通の了解事項にはなっておらず、ミルが読者に対して「フランス革命は君主と貴族の専制に対する突然の発作的な暴発である」ということをここで説明している場合です。「（フランス革命という）一つの君主と貴族の専制に対する突然の発作的な暴発」というニュアンスです。

▷ **in any case** について説明しましょう。「まず帰結を先に提示して、その後に、帰結に対する本質的な理由を 2 つ出し、間に in any case を入れる書き方」があります。次のような書き方です。

帰結．　理由 A．In any case 理由 B．

　この場合、理由 A と理由 B はどちらも本質的な理由（＝単独で帰結を生じさせる理由）です。そして、比べると、B の方が A よりももっと本質的な理由なのです。in any case はそのこと（＝ A に比べて B がより本質的な理由であること）を示しています。そこで、このように使われた in any case は「そもそも」という訳語がもっともシックリします（「いずれにせよ」という訳語もよく使われます）。次の例文を見てください。

　（例文 1）I'm not going to apply. I have little chance of success, and the application will take a long time to complete. I don't think it's worth the effort. In any case, the deadline is tomorrow, so I don't think I could complete it in time. 〔私は申し込みません。当選する可能性はほとんどありませんし、申込書に記入するのは大変な時間がかかります。それだけの労力を費やす価値があるとは思いません。それにそもそも、締め切りは明日です。今から申込書を作成して間に合うとは思いません。〕

　（例文 2）I can't stand as a candidate for the Japanese Diet because I don't have time or money for a campaign. And, in any case, I'm not a Japanese citizen. 〔私は日本の国政選挙に出ることはできない。候補

者になるための時間も資金もないからだ。それにそもそも私は日本国籍をもっていないし。〕

　原文では、主節が「帰結」で、後に続く 2 つの which 節が「理由 A」と「理由 B」で、「理由 B」の方に in any case を置くことによって、「理由 B」がより本質的な理由であることが示されています。

(1-04-04) In time, however, a democratic republic came to occupy a large portion of the earth's surface, and made itself felt as one of the most powerful members of the community of nations; and elective and responsible government became subject to the observations and criticisms which wait upon a great existing fact.

訳　しかし、やがて、一つの民主的共和国が地球の表面の大きな部分を占めるようになり、国際社会の最も強力なメンバーの一員として存在感を示すに至った。その結果、選挙による責任政治という観念は、大きな事実が存在すれば必然的に生じる観察と批判を受けることになった。

研究　この文は「(アメリカ合衆国の成立を契機として) 選挙による責任政治 (という観念) は、大きな事実が存在すれば必然的に生じる (ものである) 観察と批判を受けざるを得なくなった」という意味です。アメリカ合衆国が批判の対象になったのではなく **elective and responsible government** という観念が批判の対象になったのです。

▷ **a democratic republic** はアメリカ合衆国を指しています。

▷ **made itself felt** は直訳すると「自分自身が他から感じられる状態を生み出した」となります。この場合の itself は「自分の存在」あるいは「自分の力」を表していて、made itself felt は「自分の存在を他に感じさせた → 存在感を示した」とか「自分の力を他に感じさせた → 影響力を発揮した」という意味を表します。

▷ ここの **nations** は「国民」ではなく「国家」です。

▷ **responsible government** は今の英語では通常「責任内閣制」を指し、この場合の responsible は「議会に対して責任を負う」という意味です。しかし、これではアメリカの大統領制は含まれません。ここの

responsible は「選挙民に対して責任を負う」という意味で、**elective and responsible government** は「選挙によって権限を与えられ、選挙民に対して責任を負う統治形態」という意味です。なお、a democratic republic はアメリカ合衆国そのものを指していますが、elective and responsible government はアメリカ大統領制そのものを指しているのではありません。これは the idea of elective and responsible government〔選挙によって権限を与えられ、選挙民に対して責任を負う統治形態という観念〕を指していて（観念だから無冠詞なのです）、アメリカ大統領制はその観念が現実化した一例なのです。

▷ **wait upon . . .** は inevitably accompany . . .〔……に必然的に伴う〕という意味です。

▷ **a great existing fact**〔一つの大きな現存する事実〕の great は単に大きさが big であるという意味で、「偉大な」というような価値判断は含んでいません。観察や批判が必然的に伴うのは a small existing fact ではなく a big existing fact です（small では観察や批判が必然的に伴うとは言えません）。この big を great と言っただけです。

▷ wait が現在形で、fact についている冠詞が a であることに注意すべきです。**the observations and criticisms which wait upon a great existing fact** は「大きな事実が存在すれば、その事実は必ず観察と批判の対象になるものであるが、そういう観察と批判」という意味で、一般的なことを言っているのです（アメリカ合衆国のことを言っているのであれば waited upon the great existing fact になるはずです）。「（アメリカ合衆国という）この偉大な現存の事実にもとづいた観察と批判」という読み方は間違いです。

(1–04–05) It was now perceived that such phrases as 'self-government,' and 'the power of the people over themselves,' do not express the true state of the case.

訳　今や、「自治」とか「人民の人民自身に対する権力」というような言い回しは事の真相を現わさないことが感づかれて来た。

（1-04-06）The 'people' who exercise the power are not always the same people with those over whom it is exercised; and the 'self-government' spoken of is not the government of each by himself, but of each by all the rest.

訳　権力を行使する「人民」は、必ずしも、権力を行使される人民と同じではない。また、いわゆる「自治」なるものは、各人が自分自身によって統治されることではなく、各人が他のすべての人々によって統治されることである。

構文　the same ～ with ...〔……と同じ～〕は古い用法です。OED の 1842 年の用例は Words of the same nature with those he had heard were chanted at intervals.〔彼が以前に聞いたのと同趣旨の歌詞が間歇的に歌われた〕です。■ People in general speak of "self-government".〔一般の人は「自治」という言葉を用いる〕を受身にすると "Self-government" is spoken of by people in general.〔「自治」という言葉は一般の人に用いられている〕となります（speak of を 1 つの他動詞にして、受身にしたもので「群動詞の受身」です）。ここから助動詞の is を取ると、spoken of は過去分詞形容詞用法として "self-government" を修飾します（spoken ではなく、spoken of が 1 つの動詞の過去分詞なのです）。"self-government" spoken of by people in general〔一般の人に用いられている「自治」という言葉〕です。ここから by people in general を省略して、"self-government" に the をつけたのが原文です。the "self-government" spoken of は「言うところの『自治』→ いわゆる『自治』」です。

研究　**the government of each by himself** は、of を「主格の of」と捉えれば「各人が自分自身によって統治されること」となり、of を「目的格の of」と捉えれば「各人を自分自身が統治すること」となります。事柄は同じですから、どちらでもかまいません。これは「自分以外に自分を統治する者がいない＝他人の意志には一切従う必要はない」ということです。これでは、各人がてんでんばらばらのことができることになり、社会が成立しません。そこで、いわゆる「自治」というのは、こういうことではなく、**the government of each by all the rest**〔各人が自分以外の全ての人によって統治されること〕だと言っています。

　事柄を考えてみると、民主政治というのは、社会の全構成員の多数決によって社会の意志を決め、全構成員がそれに従うという仕組みです。多数決には自分も加われるのですから、厳密に言えば、「自治」とは the government of each by the whole population including himself〔各人が自

分を含めた全ての人によって統治されること] となるはずです。しかし実際には、the rest of the population [自分以外の人] の数は非常に多いので、自分の一票が多数決の結果に影響を及ぼす可能性は事実上ゼロです。したがって、現実的に言えば、「自治」とは the government of each by all the rest [各人が自分以外の全ての人によって統治されること] なのです。ただし、次の文に出てきますが、「自分以外の全ての人 (の意志)」とは言っても、実際には「自分以外の全ての人の中の多数派 (の意志)」なのです。「多数派 (の意志)」を「全ての人 (の意志)」と擬制している (=みなしている) のです。

(1–04–07) The will of the people, moreover, practically means **the will of the most numerous or the most active *part* of the people; the majority, or those who succeed in making themselves accepted as the majority;** the people, consequently, *may* desire to oppress a part of their number; and precautions are as much needed against this as against any other abuse of power.

訳　さらにまた、人々の意志は、実際上、最も数が多い部分あるいは最も活動的な部分の意志を意味するのであり、それは「自治」においては、過半数者、あるいは自己を過半数者として認めさせることに成功する人々の意志なのである。その結果、人民は人民の一部を抑圧したいと願う可能性がある。そして、この抑圧に対しては、他のいかなる権力の濫用にも劣らず、予防策が必要なのである。

研究　ミルは前文で the "self-government" spoken of is the government of each by all the rest [いわゆる「自治」なるものは各人が他のすべての人々によって統治されることである] と言いました。しかし、現実には all the rest [他のすべての人々] は「本当に自分以外のすべての人」ではなく「自分以外のすべての人の中の一部」なのです。「一部の人の意志」を「すべての人の意志」とみなしているわけです。そこでミルは「すべての人の意志」とみなされるのは実際に「どういう人の意志」なのかをこの文で説明したのです。まず、次の文を見てください。

The will of the people, moreover, practically means the will of A; the will of B;

　この文では、3つ出てくる the will of のうち、2番目と3番目がどちらも means の目的語でダブっています。そこで、3番目の the will of を省略すると、次のようになります。これが原文の形です。

The will of the people, moreover, practically means the will of A; B;
A＝the most numerous or the most active *part* of the people
B＝the majority, or those who succeed in making themselves accepted as the majority

　part がイタリックになっているのは not whole である（＝全体ではない）ことを強調するためです。

　次に、AとBの関係が問題になります。Aに出てくる **the most numerous** とBに出てくる **the majority** はどちらも数を表しています。また、Aに出てくる **the most active** とBに出てくる **succeed in making themselves accepted as the majority** はどちらも行動を表しています。そこで「BはAを単純に言い換えたものである。the most numerous *part* of the people を the majority で言い換え、the most active *part* of the people を those who succeed in making themselves accepted as the majority で言い換えたのだ」という解釈が出てきます。しかし、AとBを単純に「つまり」とか「すなわち」でつなぐわけにはいきません。なぜなら the most numerous *part* と the majority は表している数が違うからです。the most numerous *part* ≠ the majority なのです。ですから、BはAを単純に言い換えたものではないのです。

　まず「表している数の違い」を正確に認識しましょう。今仮に100人の人を対象に「ある法案を支持するか否か」というアンケートをとったとします。そのアンケート結果を4通り考えてみましょう。

	result 1	result 2	result 3	result 4
supporters	80	60	50	40
opponents	15	30	40	30
neutrals	5	10	10	30

	supporters	最多数	大多数	過半数
result 1	80	○	○	○
result 2	60	○	×	○
result 3	50	○	×	×
result 4	40	○	×	×

　「最多数」というのは「最も数が多い」ということで、どのアンケート結果でも supporters〔賛成派〕が最多数です。「最多数」は英語では the most numerous 〜とか the greatest number of 〜と言います。

　「大多数」というのは「対象者の大部分」ということで、結果1の80だけが該当します。結果2の60を大部分とは言いません。「大多数」は英語では the large majority of 〜とか the great majority of 〜とか most of 〜と言います。

　「過半数」というのは「半分を超えている」ということで、対象者が100人であれば、51人以上が過半数です。結果1の80と結果2の60が該当します。「過半数」は英語では more than half of 〜とか the majority of 〜と言います（辞書で majority を調べると「過半数」の他に「大多数」という意味も載っています。実際に majority という語を使う場合は、半数をほんの少し超えている状況よりも、半数を大幅に超えている状況の方が普通です。そこで、辞書には「大多数」の意味も載せているのです。あくまでも majority の本来の意味は「過半数」で、原文の the majority もたんなる「過半数」の意味です。Webster は majority を a number greater than half of a total〔全体の半数を超える数〕と定義しています）。

　これを見るとわかるように、結果3の50と結果4の40は「最多数」

ではありますが「過半数」ではありません。**「過半数」は必ず「最多数」ですが、「最多数」は「過半数」とは限らない**のです。ですから、the most numerous part of the people〔人民の最多数の部分〕と the majority (of the people)〔人民の過半数〕はイコールではないのです。

　そこで、数の違いを考慮して、これは「単純な言い換え」ではなく「訂正的な言い換え」であるとする解釈が考えられます。つまり、まず「最多数」と大雑把に言っておいて、次にそれを、もっと正確に言うと「過半数」だ、と訂正的に言い直したという解釈です。「過半数」は必ず「最多数」ですから、まず大きく「最多数」といい、次にそれを狭めて「過半数」と言い直すことはありえます。そこで、この解釈はうまくいくように思えます。しかし、よく考えると、この解釈も釈然としません。訂正的に言い直すくらいなら、最初から正しい数で言えばすむことです。まず「最多数」と言っておいて、直後に「過半数である（＝最多数ではあっても過半数でないものは除く）」というような回りくどい言い方を、ミルがするとは思えません。ミルが先に「最多数」と言い、次に「過半数」と言うのには、それぞれ何らかの意味があるに違いありません。

　また、those who succeed in making themselves accepted as the majority〔自己を過半数者として認めさせることに成功する人々〕というのもわかったようでわからない表現です。いったいこの人たちは過半数者なのでしょうか？　それとも過半数者ではないのでしょうか？　もし過半数者であれば、それはすなわち the majority ということです。したがって、最初の the majority に含まれますから、わざわざこのようなことを言う必要はありません。こう考えると **those who succeed in making themselves accepted as the majority** は本当は **the majority** ではないのです。「本当は the majority ではないのに、自己を the majority だと認めさせる（のに成功する人々）」と言っているのです。いったいこれはどういう事柄なのでしょうか？

　この２点、すなわち「わざわざ先に『最多数』と言い、次に『過半数』と言うのはなぜなのか？」と「本当は過半数ではないのに、過半数だと認めさせるというのは具体的にどういうことなのか？」について納得できる解釈を探らなければなりません。

　ミルはこの文の内容をさらに詳しく説明することはしていないので、

ここで確定的な解釈を提示するのは困難です。おそらくこれがミルの意図であろうと思われる解釈を説明しましょう。**ミルはまず人間一般の傾向をセミコロンの前で述べ、次にそれが民主制でどのように現れるかをセミコロンの後で述べた**のだと思われます。人間が大勢集まっている状況では、一般に「支持者の数が最も多い意見」または「最も声が大きい支持者の意見」が全体の意見になる傾向があります。たとえば、100 人の集団が「集団としてとるべき対応策」を討議しているとき、構成員がA 案支持者 B 案支持者 C 案支持者 D 案支持者に分かれたとします。

	A 案支持者	B 案支持者	C 案支持者	D 案支持者
状況 1	70 人	15 人	10 人	5 人
状況 2	40 人	30 人	20 人	10 人

状況 1 では A 案支持者の数が断トツで多いので、他の案の支持者から強い異論が出ても、A 案支持者は数で押し切って、A 案が「集団としてとるべき対応策」に決まるでしょう。これが **The will of the people practically means the will of the most numerous part of the people.**〔人々の意志は、実際上、人々の中で最も数が多い部分の意志を意味する〕です。それに対して、状況 2 では、A 案支持者が最も多いとはいえ、過半数に達していません。そのために、もし B 案支持者の中に強硬に B 案を主張して譲らない迫力のある人物がいて、討議をリードする展開になると、他の案の支持者の中の気弱な人は黙らざるをえなくなり、結局声の大きさに押し切られて、B 案が「集団としてとるべき対応策」に決まるということが往々にして起こります。**これが The will of the people practically means the will of the most active part of the people.**〔人々の意志は、実際上、人々の中で最も積極的な部分の意志を意味する〕です。

　英語でも、声高に強硬に自説を主張する人を the people who shout loudest と言います。次のような具合です。Once the issue was taken up by the popular press, the debate was dominated by those who shout loudest, and it became difficult to object to what they said.〔ひとたびその問題が大衆紙に取り上げられると、議論は一番声が大きい人たちに牛耳られ、彼

らの主張に反論するのはむずかしくなった〕これは人間一般に言えること
で、民主制下の社会に限られません。たとえば王制下の社会において、
臣民の代表者が臣民の総意であるとして、王権の制限を国王に要求する
場合、「臣民の総意」の形成過程ではこのようなことが起こっているはず
です。そこで Mill は、まず人間一般の傾向として「人々の意志は一番数
が多いか一番積極的な人の意志になるのだ」と言ったのです。

　ところで、ミルは今 self-government〔自治〕の実態について論じてい
ます。ミルが self-government として念頭に置いているのは democratic
government〔民主制の統治〕です。そこでは住民投票を行い the majority
decision〔多数決〕によって住民の意志が決定されます。ミルは最初に述
べた人間一般の傾向が democratic government の住民投票ではどのよう
に現れるかを次に（＝セミコロンの後で）説明したのです。Mill が the
majority と言ったのは「有権者の過半数」であり、succeed in making
themselves accepted as the majority〔（本当は過半数ではないのに）自己を
過半数者として認めさせることに成功する〕というのは「有権者の過半
数を得ていない意志が投票の結果、過半数の票を獲得すること」を指し
ています。具体的に説明しましょう。

投票結果 1	A 案支持者	B 案支持者	C 案支持者
有権者数	60000 人	30000 人	10000 人
投票率	40%	40%	40%
得票数	24000 票	12000 票	4000 票
得票率	60%	30%	10%

　10 万人の有権者がいる地方公共団体を想定します。ある公共事業に
A、B、C の 3 案があり、どれを採用するか住民投票で決めることになり
ました。A 案 B 案 C 案それぞれに支持者が 6 万人、3 万人、1 万人いて、
どの案の支持者も実際に投票に行った人は 40% でした。すると、A 案
を指示する票は投票総数の 60% で過半数を超えています。したがって、
住民投票の結果、この公共事業は A 案で行われることに決まりました。
A 案支持者は「本当に過半数であって（＝支持者数が有権者数の過半数で
あって）、自己を過半数だと認めさせるのに成功する（＝過半数の票を獲得

する）人々」です。これが原文の **the majority**〔過半数者〕です。

投票結果 2	A 案支持者	B 案支持者	C 案支持者
有権者数	60000 人	30000 人	10000 人
投票率	30%	95%	40%
得票数	18000 票	28500 票	4000 票
得票率	35.6%	56.4%	7.9%

　10 万人の有権者がいる地方公共団体を想定します。ある公共事業に
A、B、C の 3 案があり、どれを採用するか住民投票で決めることになり
ました。A 案 B 案 C 案それぞれに支持者が 6 万人、3 万人、1 万人いま
す。ここまでは投票結果 1 と同じです。違うのは投票率です。有権者数
で A 案支持者に 2 倍の差をつけられた B 案支持者は、このままでは A
案に決まってしまうという危機感から、猛烈に陣営内の引き締めをはか
ると同時に他陣営の切り崩しにかかりました。その結果、A 案支持者を
B 案支持に鞍替えさせることまではできませんでしたが、「投票に行くつ
もりだった A 案支持者（＝24000 人）」の 4 分の 1（＝6000 人＝A 案支持
の有権者の 10%）を棄権させることに成功しました（その結果、A 案支持
者の投票率は 30% に低下しました）。また、自陣営には絶対に投票に行く
ように激を飛ばして、B 案支持者の投票率はなんと 95% に達しました。
その結果、B 案支持者の得票率は 56.4% で過半数を超え、この公共事業
は B 案で行われることに決まりました。B 案支持者は「本当は過半数で
はないのに（＝支持者数が有権者数の過半数に満たないのに）、自己を過半
数だと認めさせるのに成功する（＝過半数の票を獲得する）人々」です。こ
れが原文の **those who succeed in making themselves accepted as
the majority**〔（本当は過半数でないのに）自己を過半数だと認めさせるの
に成功する人々〕です。これに対して、A 案支持者は「本当は過半数なの
に（＝支持者数が有権者数の過半数なのに）、自己を過半数だと認めさせる
のに失敗する（＝過半数の票を獲得できない）人々」です。単純化したモ
デルで説明しましたが、これがセミコロン以下でミルが言いたかったこ
とだと思います。

154

　ここでは特定の案件についての住民投票で説明しましたが、議員の選挙でも同性質のことが起こります。

選挙結果	A 党支持者	B 党支持者	C 党支持者	無党派層
有権者数	40000 人	20000 人	10000 人	30000 人
投票率	40%	70%	40%	40%
得票数 1	16000 票	14000 票	4000 票	12000 票
得票数 2	1000 票	10000 票	1000 票	
合計得票数	17000 票	24000 票	5000 票	
得票率	36.9%	52.1%	10.8%	
獲得議席数	37 議席	52 議席	11 議席	

　10 万人の有権者がいる地方公共団体を想定します。定数 100 議席の議会の選挙が行われることになり、A 党 B 党 C 党それぞれに支持者が 4 万人、2 万人、1 万人います。その他に無党派層が 3 万人います。B 党支持者は猛烈に陣営内の引き締めをはかると同時に無党派層への働きかけに力を入れ、B 党ブームが巻き起こりました。その結果、B 党支持者の投票率は 70% の高率に達し、無党派層の投票数 12000 票のうち 10000 票を獲得しました。得票数 1 はコアな支持者が投票した数で、得票数 2 は無党派層から獲得した得票数です。結果的に、B 党は投票総数の 52.1% を獲得し、過半数の 52 議席を獲得しました。B 党のコアな支持者は有権者の 2 割しかいないにもかかわらず、B 党は過半数の議席を獲得したのです。B 党支持者は「本当は過半数ではないのに（＝支持者数が有権者数の過半数に満たないのに）、自己を過半数だと認めさせるのに成功する（＝過半数の議席を獲得する）人々」です。これも原文の **those who succeed in making themselves accepted as the majority**〔（本当は過半数でないのに）自己を過半数だと認めさせるのに成功する人々〕に入るでしょう。
　さて、以上の解釈が正しいとすれば、最初のセミコロンの後には that is, in a democracy,〔すなわち民主制においては〕を挿入することができます。次のようになります。The will of the people, moreover, practically means the will of the most numerous or the most active *part* of the people;

that is, in a democracy, the majority, or those who succeed in making themselves accepted as the majority;〔さらにまた、人々の意志は、実際上、最も数が多い部分あるいは最も活動的な部分の意志、**すなわち、民主制においては**、過半数者、あるいは自己を過半数者として認めさせることに成功する人々の意志を意味するのである〕。

　なお **those who succeed in . . .** は、事柄としては those who <u>have succeeded</u> in . . . 〔自己を過半数者として認めさせることに成功した人々〕ですが、ここは単純な現在形を timeless present として使って表現しています。

▷ **the people, consequently,** *may* **desire to oppress a part of their number** 〔その結果、人民は人民の一部を抑圧したいと願う可能性がある〕の *may* がイタリックになっているのは「可能性がある」ことを強調するためです。この第 4 節は、第 3 節で紹介された (1–03–09) There was no fear of its tyrannizing over itself.〔国民が国民自身に対して圧制を行なう<u>恐れはない</u>〕という「民主政府の理想論」に対して反論をしているパラグラフです。ですから、この *may* がイタリックになっているのは「人民は人民の一部を抑圧したいと願う<u>可能性がある</u>＝国民が国民自身に対して圧制を行なう<u>恐れがある</u>」ことを強調しているのです。くどいですが、*may* desire〔desire するかもしれない〕と言って、*may* をイタリックにした場合は、「desire するかもしれないのであって、必ず desire するとは限らない」すなわち「desire するのは、あくまで可能性で・ある・」ということを強調していることもあります。しかし、この文の *may* desire〔desire するかもしれない〕は、そうではなくて、「desire <u>しないとは限らず</u>、desire するかもしれない」すなわち「desire する<u>可能性がある</u>」ということを強調しているのです。

▷ **number** は「(単数形で、普通は所有格を伴って、人や物の) 集団、仲間、グループ」という意味です (e.g. One of our number was selected.〔我々の仲間の一人が選ばれた〕)。

▷ **a part of their number** は「集団の中で the people とは違う意見を持っているメンバー」で、**oppress** は「そういう人たちを多数派にしないように抑え込む」ということです。

▷ precautions are as much needed against this as against any other abuse of power の **this** は to oppress a part of their number を指しています。

▷ **as ～ as any other . . .** は「同率最高位」を表します（1-02-08 の解説参照）。したがって「他のいかなる…にも劣らず～」という訳語が事柄を正確に表しています。

人民の意志は、実際には人民の最多数の部分または最も活動的な部分の意志だということになる。すなわち、大多数者、または自己を大多数者として認めさせることに成功した人々の意志を意味している（岩波）

民衆の意志とは、実際には、民衆の中でもっとも活動的な部分の意志、すなわち多数者あるいは自分たちを多数者として認めさせることに成功する人々の意志である。（名著）

人民の意志がじっさいに意味するのは、その人民のなかのもっとも数のおおい部分あるいはもっとも積極的な部分、つまり多数派あるいは、多数派として自分たちをみとめさせるのに成功する人びとの、意志なのであって、（大思想）

国民の意思とは現実には、国民のうち人数がもっとも多い部分の意思、またはもっとも活動的な部分の意思、つまり多数派か、みずからを多数派だと認めさせることに成功した人たちの意思である。（日経 BP）

人民の意志というのは、じっさいには人民のもっとも多数の部分の意思、あるいは、もっともアクティブな部分の意思を意味する。多数派とは、自分たちを多数派として認めさせることに成功したひとびとである（古典新訳）

（1-04-08）The limitation, therefore, of the power of government over individuals loses none of its importance when the holders of power are regularly accountable to the community, that is, to the strongest party therein.

訳　それゆえ、政府の個人に対する支配権力を制限することは、権力の保持者が社会——つまりは社会における最強の集団——に対して定期的に責任を負う場合でも、その重要性は少しも減ずるものではないのである。

研究　**therefore** は前文を受けています。簡単に言えば because the people may desire to oppress a part of their number〔人民は人民の一部を

抑圧したいと願う可能性があるのだから〕です。

▷ **over individuals** は the power を修飾しています。

▷ **when**＝even when です。

▷ **are regularly accountable to the community**〔社会に対して定期的に責任を負う〕は定期的に行われる選挙によって再任されたり失職したりすることです。regularly は「正規に」ではなく「定期的に」という意味です。

▷ **to the community, that is, to the strongest party therein**〔社会、つまりは社会における最強の集団に対して（責任を負う）〕は「選挙の結果が、実質的には、社会の中の最強集団の意志によって決まる」ことを指しています。なお **that is** について「the community と the strongest party therein は完全にイコールではない。それなのに that is〔すなわち〕と言うのはおかしいのではないか？　ここは actually〔実際には〕にすべきだ」という疑問をもつ人がいます。この考え方は杓子定規すぎます。S＋V A, that is, S＋V B.〔S＋V A、これはすなわち、S＋V Bということだ〕と言いたい場合に S＋V が同じであれば、繰り返すことをせずに、S＋V A, that is, B. にします。すると「A, that is, B」のところだけを見ると、イコールでないものを that is でつないだように見えるのです。たとえば次の文を見てください。This issue is decided by the World Bank, that is, the U.S.A.〔この問題は世界銀行によって決定される。これはすなわち、アメリカによって決定されるということだ。→ この問題は世界銀行、つまりはアメリカによって決定されるのだ。〕

▷ **party** は a number of persons united in maintaining a cause, policy, opinion, etc., in opposition to others who maintain a different one〔大義、政策、意見等を主張する点で結びついた人間の集団で、異なる大義等を主張する他の集団と対立するもの〕(OED) という意味で、「党派」はいいですが「政党」では狭すぎます。

（1–04–09）This view of things, recommending itself equally to the intelligence of thinkers and to the inclination of **those important classes in European society to whose real**

or supposed interests democracy is adverse, has had
no difficulty in establishing itself; and in political speculations
'the tyranny of the majority' is now generally included among
the evils against which society requires to be on its guard.

訳　このようなものの見方は、思想家の知性にも、**現実の利害あるいは想定される利害が民主制と相反する、ヨーロッパ社会の重要な諸階級**の思考傾向にも、等しく訴えるものであったために、なんの困難もなく確立された。今や、政治問題を考える際「多数者の圧制」は社会が警戒しなくてはならない害悪の一つとして一般に挙げられるようになっている。

研究　この文の前半は大雑把に言えば「民主制も圧制になる傾向があるという考え方は民主制に対する批判である。それ故、利害が民主制と対立する階級の人たちにアピールした」という内容です。

▷ **This view of things** は the view of democracy as prone to tyranny〔民主制も圧制になる傾向がある（したがって、民主政府であっても、政府の権力を制限することは必要だ）という見方〕です。

▷ **inclination** は、中核の意味は preferences ですが、preferences よりもっと広い概念で the way they normally think〔通常の考え方〕あるいは the tendency of thought〔考えの傾向〕という意味です。

▶ **those** は後に出てくる to whose 以下の形容詞節を指しています。「（to whose 以下の）それらの（重要な階級）」という意味です。いわゆる「先行詞を明示する印」の those です。

▶ **important classes** は単純に「重要な階級」という意味で、powerful〔有力な〕とか privileged〔特権的な〕という意味ではありません。別の英語で言えば classes that play a role in society that cannot be ignored〔社会において、無視できない役割を果たしている階級〕です。

▶ **to whose real or supposed interests democracy is adverse** は「民主制はそれらの階級の現実の利害あるいは想定される利害に相反している」という意味です。supposed interests〔想定される利害〕は what is supposed to be their interests by those classes or people in general〔それらの階級の利害であるとそれらの階級によって、あるいは一般の人によって想定されているもの〕です。**supposed interests はあくまでも想定されているだけで、現実の利害はこれとは違うことを示唆しています。**

　さて、ミルはなぜ real or supposed という語を使ったのでしょうか？
単純に to whose interests democracy is adverse〔民主制はそれらの階級の
利害に相反している〕→ those important classes in European society to
whose interests democracy is adverse〔利害が民主制と相反する、ヨーロッ
パ社会の重要な諸階級〕ではいけないのでしょうか？　これについては相
当突っ込んだ考察が必要です。当時のミルの読者は「利害が民主制と相
反する、ヨーロッパ社会の重要な諸階級」と言われれば、まず間違いな
く aristocracy〔貴族〕と the church〔教会〕を思い浮かべました。他にも
landlord 特に major landlord〔大地主〕も念頭に浮かんだと思われます。
まず貴族の場合を考えてみましょう。貴族はこれまで君主と結託して統
治権を独占し、自分たちの利益になる法律を自由に制定してきました。
ところが、民主制になると統治権の主体が人民に移るのですから、人民
が支持しなければ、どんな法律も成立しません。そして、貴族に有利な
法律を人民が支持するはずはありません。ですから、貴族は現実の利害
が民主制と相反します。したがって、貴族は that important class in Eu-
ropean society to whose real interests democracy is adverse〔現実の利害が
民主制と相反する、ヨーロッパ社会の重要な階級〕なのです。

　それに対して、教会＝聖職者の場合はそう簡単ではありません。聖職
者は、自分たちが決めた生活様式で信者たちが暮らすことを求めます。
たとえば、安息日には music hall や劇場には行かず、教会のミサに出席
し、信仰を告白しなければいけない、といった具合です。これを守らせ
るのに最も効果的な方法は、これらの生活様式を強制する法律を制定す
ることです。法制化のためには、君主制や貴族制の場合、君主や貴族の
同意が必要です。彼らは社会のごく少数であり、教育程度も高いので、
同意を取り付けることは比較的容易です。しかし、民主制の場合は、社
会の多数派の同意が必要になります。人民の多くは教育程度が低く、己
の欲望を優先する傾向が強いので、彼らの行動を制約する法律に同意を
取り付けるのは容易ではありません。したがって、聖職者の場合も、利
害が民主制と相反するように思われます。

　しかし、ここに一つ問題があります。それは、ミルが民主主義者だと
いうことです。ミルが民主制を支持していることは周知のことですし、
この論文を読んでも、そのことは明らかです。すると、「教会の利害は民

主制と相反する」と言い切ってしまうと、ミルは教会を批判したことになります。これでは、当時の社会情勢からして、ミルは社会の尊敬を失い、この論文も読んでもらえなくなります。これはどうしても避けなければなりません。また、このような政策的な理由以前に、**ミル自身は、キリスト教の教義と民主制の本質に関する深い理解から、民主制と教会の利害は本当は相反しない**と考えていたのです。ミルの考えはおそらくこうです。

> 決められた形式に外形的に従うのは単なる Pharisaism〔宗教的形式主義〕であり、真の信仰ではない。真のキリスト教徒になるためには、自分の心にのみ従い、自分で判断しなければならない。そのためには、特定の生活様式を法的に強制することは無意味であり、むしろ有害ですらある。民主制は、そのような法律の制定を難しくするという点で、教会の真の利害と一致するのであり、相反していないのだ。

　また、これは直接的には民主制というよりも自由の問題に関わることですが、ミルは、教義に対する疑義が自由に公表され、それに対して教義を支持する側が公然と反論することが、教義を生き生きとしたものに保ち、説得力を増す所以であると信じていました。このような考えに立つと、教会を that important class in European society to whose interests democracy is adverse〔利害が民主制と相反する、ヨーロッパ社会の重要な階級〕と呼ぶことは、ミルの真意に反するし、また読者の反感を買うという点でも不適切なのです。そこで、教会に関しては that important class in European society to whose <u>supposed</u> interests democracy is adverse と表現したのです。こうすれば、教会は「（真の利害は決して民主制と相反しないのだが）<u>想定される</u>利害が民主制と相反する、ヨーロッパ社会の重要な階級」となり、ミルの真意にもかない、読者から無用の反感を買うことも避けられるわけです。おそらくミルは自分が批判されることを恐れたというよりも、この論文がポイントがずれた形で議論の対象となることを恐れたのでしょう。

　なお、landlord 特に major landlord〔大地主〕の利害はどうかというと、それまでは地代の改定も小作人の解雇も自由にできたのが、民主制にな

ると、そのようなことを許す法律は廃止されるので、地主階級は、貴族と同様に、that important class in European society to whose real interests democracy is adverse〔現実の利害が民主制と相反する、ヨーロッパ社会の重要な階級〕です。さて、以上のような次第で、ヨーロッパ社会の重要な階級が貴族と地主だけであるなら、to whose interests と書けばよかったのです。しかし、ヨーロッパ社会の重要な階級と言えばだれでも貴族、地主と並んで教会を思い浮かべます。教会については to whose supposed interests と言わなければなりません。そこで、貴族、地主、教会の全てを包含するために to whose real or supposed interests という言い方をしたのです。

▷ **in political speculations** は「政治的考察の際に ⇒ 政治問題を考える際に」という意味です。

▷ **the tyranny of the majority**〔多数者の圧制〕は正確には「過半数者の圧制」ですが、一般には「多数者の専制」と呼ばれることが多いようです。この概念は『自由論』より 71 年前 The Federalist（アメリカ合衆国憲法の各州議会における批准を推進するために 1787 年から 1788 年にかけて、3 人の政治家によって書かれた 85 編の連作論文）の第 10 篇（筆者は後に第 4 代大統領に就任する James Madison）の中で、次のように明確に述べられています。

> . . . measures are too often decided, not according to the rules of justice, and the rights of the minor party; but by the superior force of an interested and over-bearing majority.〔……様々な方策が、正義の原則と少数派の権利の尊重に沿うのではなく、利害をもつ傲慢な多数派の優越的な力によって決まることがあまりにも多い〕

　また、アメリカ建国の父の一人で、独立宣言を起草した 5 人委員会に加わり、ワシントンの後を継いで第 2 代大統領になった John Adams が The Federalist と同年 1788 年に出版した A Defence of the Constitutions of Government of the United States of America の第 3 巻の中に the tyranny of the majority という表現が使われています。

There is in short, no possible way of defending the minority in such a government, from the tyranny of the majority, but by giving the former a negative on the latter, the most absurd institution that ever took place among men. 〔要するに、そのような政府においては、多数派の圧制から少数派を守る方法は、多数派に対する拒否権を少数派に与えるというこれまでに人間の間で行われた最も愚かな制度による以外にないのである〕

ついで、『自由論』の 19 年前、Alexis de Tocqueville は『アメリカの民主政治』(*De la démocratie en Amérique / On Democracy in America*) 第 2 巻を出版し、その中で the tyranny of the majority という表現を 4 回使い、第 15 章では表題にまでしています。最初に出てくるのは次の文です。

At the present time the liberty of association is become a necessary guarantee against the tyranny of the majority. 〔現在では、結社の自由は多数者の圧制に対する不可欠な保証になっている〕

そもそも民主制と相容れない現実の利害——もしくは利害と思い込んでいるもの——をもっているヨーロッパ社会の有力な諸階級 (岩波)
ヨーロッパ社会の主要な階級のうち民主主義とは利害が実際に対立するか、対立すると考えている階級の人たち (日経 BP)
現実であれ思い込みであれ民主主義と利害が対立するヨーロッパ社会の主要な階級 (古典新訳)
民政を以て自己の利益、または自己の利益と信ずる所と相反すとする欧州社会の有力階級 (深澤)

(1–05–01) Like other tyrannies, the tyranny of the majority was at first, and is still vulgarly, held in dread, chiefly as operating through the acts of the public authorities.

訳 多数者の圧制は、他の諸々の圧制と同様に、主として官憲の行為を通

して行なわれるものとして最初は恐れられた。今でも一般にはそのように恐れられている。

構 文　hold O C で「O を C の状態に保つ」という意味を表す用法があります。たとえば hold an audience in suspense〔観客をはらはらさせておく〕とか hold prices in check〔物価を抑制する〕といった表現です。この場合 in suspense は an audience の状態を表す形容詞句で、in check は prices の状態を表す形容詞句です。したがって An audience is in suspense. や Prices are in check. が成立します。これに対して Many people held him in contempt.〔多くの人が彼を軽蔑していた〕や The whole town held the priest in honor.〔町中がその聖職者を尊敬していた〕の場合は *He was in contempt. や *The priest was in honor. は成立しません。この場合の hold は「心に抱く」という意味の完全他動詞で、in contempt や in honor は held にかかる副詞句です。in contempt や in honor は、目的語の him や the priest の状態ではなく、主語の Many people や the whole town の状態を表しているのです。the tyranny of the majority was at first, and is still vulgarly, held in dread は後者と同じ表現です。in dread は was . . . and is . . . held にかかる副詞句で、補語ではありません（＝the tyranny of the majority の状態を表す形容詞句ではありません）。be held in dread は「怖れを持って心の中に抱かれる ⇒ 怖れられる」という意味です。■ as は前置詞で、as の目的語になっている operating は動名詞ではなく、現在分詞形容詞用法です。

研 究　**other tyrannies** は一人または少人数のグループが支配権を握り圧制を行うことを指します。ヒトラーやスターリンや、中国の四人組などをイメージすればよいでしょう（もちろん、これらはミルの時代の後のことですから、ミルがこれらを念頭に置いていたわけではありません）。

▷ **was at first** は was at first by everyone〔最初はあらゆる人によって〕という意味です。ただ by everyone を明示すると、揚げ足を取られる怖れがあるので、はっきり限定せず、例外を入れられる余地を残したのでしょう。

▷ **vulgarly**＝among the common people〔一般大衆の間で〕です。

▷ **the public authorities** は「国家の諸機関」です。

（1–05–02）But reflecting persons perceived that when society is itself the tyrant — **society collectively, over the separate individuals who compose it** — its means of tyrannizing are not restricted to the acts which it may do by the hands of its political functionaries.

訳　しかし、思慮深い人々は、社会それ自体が圧制者であるときは——ここで言う社会とは、一体となって機能し、構成員である個人の行動を左右する一つの統一体としての社会を指している——圧制の手段は行政官の手によってなしうる行為に限られない、ということに気がついた。

構文　2番目の society は最初の society と同格です。collectively と over the separate individuals は society にかかっています。

研究　先行訳はすべて **society is itself the tyrant** を **society collectively, over the separate individuals who compose it** で言い換えたという解釈をとっています。文法的に言えば、society と collectively の間、あるいは collectively と over の間に being を補って、society collectively over the separate individuals who compose it を「being が省略された分詞構文（表している意味は「言い換え」）」と捉えるのです。この解釈は誤りです、なぜなら over には be the tyrant〔暴君である〕という意味はまったくない（ので、同内容の言い換えにならない）からです。over は「上に立って、指示を出している」という意味であって、tyrant の本質的要素である「暴虐行為をしている」という意味はありません。ミルは価値判断をせずニュートラルな視点から over を使っているだけなのです（事柄を否定的に捉えているわけでもなく、肯定的に捉えているわけでもなく、ただたんに over で事実を描写したのです）。over の訳語として「君臨している」は可です。「君臨している」は「上に立って、指示を出している」という意味ですから、この訳語は正しいです。「君臨している」と「暴君である」はイコールではありません。君臨していても暴君ではなく慈悲深い名君であることはありえることです。

それでは正解は何でしょうか？　それは the definition of "society"〔society の定義〕です。当時の読者の平均的な認識は Society is a gathering of people.〔社会とは人の集まりである〕でした。『自由論』にはここまでに3回 society という語が出ていますが、直近2回の society はこの文（1–05–02）の前前文（1–04–09）に出てきて、まさに society as a gathering of people〔人の集まりとしての社会〕というニュアンスで使われています。このニュアンスは読者の平均的な認識と合致しています。ですから違和感なく読めます。ところが、ここでいきなり society is itself the tyrant と言われると読者にはピンとこないのです。How on earth can society be a tyrant over society? 〔いったい社会がどうやって社会に対して暴君になれるんだ?〕と疑問に思うのです（一人の個人が人の集まりに対して暴君になるのならわかるが、「人の集まり」が同じ「人の集まり」に対して暴君になるというのはどういうことだろうか？　という疑問です）。そこでミルは「is itself the tyrant の主語になる society とは、たんなる a gathering of people ではなく、こういうものなのだ」と定義する（＝説明する）ことによって、読者が感じるであろう疑問に答えたのです。これまでは society を定義して、事柄をはっきりさせる必要性を特に感じなかったのですが、ここではその必要性を感じるので、定義したのです。

　まず、これまでに出てきた 3 つの society のニュアンスを調べてみましょう。

(1–01–01) the nature and limits of the power which can be legitimately exercised by **society** over the individual 〔**社会**が個人の上に合法的に行使できる力の性質と限界〕

　この society は society is itself the tyrant の society と同じニュアンスで使われています。したがって、読者は「社会が個人の上に合法的に力を行使できるとはどういうことだ」という疑問を抱く可能性があります。しかし、この文は自由論の第 1 文で、この論文のテーマを冒頭で提示したものです。読者は「これから議論が進行していけば著者はこの疑問に答えてくれるだろう」と思いますから、ここで直ちに説明をする必要はありません。

(1–04–09) the inclination of those important classes in European **society** to whose real or supposed interests democracy is adverse 〔現実の利害あるいは想定される利害が民主制と相反する、ヨーロッパ**社会**の重要な諸階級の思考傾向〕

　この society は a structured group of individuals（＝a group of individuals with a structure）〔1 つの構造をもった人間の集団〕というニュアンスです。もう少し詳しく言うと This "society" is not just a group of individuals but a group of individuals related to each other in particular ways and following particular rules. 〔この society はたんなる個人の集団ではなく、特定の様態で互いに関係しあい、特定の規範に従っている個人の集団である〕となります。詳しく分析すればこうなりますが、ともかく「個人の集団」であることに変わりはありませんから、これだけでは、society が the tyrant になりうると言われてもピンときません（個人が暴君になるのはわかるが、個人の集団がどうやって暴君になるんだ？）。

(1–04–09) . . . included among the evils against which **society** requires to be on its guard. 〔……は**社会**が警戒しなくてはならない害悪の一つとして一般に挙げられるようになっている〕

この society は all the people who make up society 〔社会を構成するすべての人〕というニュアンスで、the evils against which all the people in any society require to be on its guard 〔どんな社会でもすべての人が警戒しなくてはならない害悪〕と言っても同じです。この society は圧制の被害者になる立場ですから、これだけでは、society が the tyrant になりうると言われてもピンときません。

　ミルは「1–05–02 の society は、1–04–09 で出てきた 2 つの society とは違うニュアンスの society だ」ということを挿入によって説明したのです。したがって、collectively over the separate individuals who compose it は直前の society を修飾しており、2 つの society（＝society is . . . の society と society collectively . . . の society）は同格なのです。同格ですから、2 つの society を並べて次のように書くこともできます。when society — society collectively over the separate individuals who compose it — is itself the tyrant . . .

　collective society と society collectively は、collective と collectively がどちらも直接 society を修飾する点では同じですが、ニュアンスにはかなりの違いがあります。collective society は society as a whole 〔一つの統一体としての社会〕という意味です。それに対して、collectively は副詞ですから、いくら直接（＝現在分詞を介さずに）society を修飾できるといっても、society と collectively の間にはなんらかの動詞の存在を感じさせる

のです。その動詞は working とか acting とか何かそれに類する意味の動詞です。その結果 society collectively＝collective society＋αなのです。その＋αは working　together あるいは acting　together です。**society collectively は「一体となって機能する一つの統一体としての社会」という意味です。**

　a person above me はたんに「私より地位が上の人」という意味ですが、a person over me は「私より地位が上で、私に指示を出している人」という意味です。**over the separate individuals who compose it** は、言い換えると which is ruling, controlling, and influencing the separate individuals who compose it〔**構成員である一人一人の個人の上に立って、命令したり、圧力を加えたり、影響したりしている**〕となります。社会が個人を縛る形態は大きく分けて 3 つあります。ruling は法規範によって縛ることです。たとえば同性愛者を罰する法律などがこれに当たります。controlling は社会的圧力によって特定の行動を許さないことです。たとえば、同性愛者を、罰しないまでも（就職差別などで）社会から排除するようなことです。influencing は社会的雰囲気によって特定の行動をしない方がいいと感じさせることです。たとえば、愛人を持つことを否定する社会的風潮のようなものです。influencing は controlling より弱く、違反者でも、その人の社会的な力が強ければ通ってしまいます。ただし、そういう人でも自分はそうしていると公然と言うことはできません。結局 **society collectively over the separate individuals who compose it は「一体となって機能し、構成員である個人に対して命令したり、圧力を加えたり、影響したりする一つの統一体としての社会」という意味です**。このように説明されれば「なるほど、こういう society なら the tyrant〔暴君〕になることはありえるな」と読者も納得するわけです。

　なお、society collectively のように、副詞が後ろから名詞を修飾し、間に何らかの動詞の存在を感じさせる書き方は珍しくありません。私も一つ例文を作ってみましょう。

　　At school, I was guided especially by two teachers: Miss Buss strictly as headmistress, and Miss Beale kindly as form mistress.
　　〔学校で私は特に二人の女性の先生にご指導を受けた。校長として厳し

168

く指導に当たられたバス先生と担任として親身にお世話してくださった
ビイル先生である。〕

しかしながら、考えの深い人々は、社会自らが暴君であるときには、
──社会を構成している個々人の上に集団としての社会が君臨している
ときには、──暴虐遂行の手段は、社会がその政治上の公務員の手に
よって行ないうる行為のみには限られていない、ということを覚知した。
（岩波）
しかし思慮ある人々は、社会それ自身が専制者であるときには、つまり
集団としての社会がそれを構成する個々の人間に対して専制者であると
きには、その手段は、行政官の手によってなしうる行為のみにかぎられ
ているのではないことに気がついた。（名著）
しかし、思慮ある人びとは、つぎのことを理解した。すなわち、社会が
それ自体で圧政者である──集団としての社会がそれを構成するばらば
らの諸個人にたいして──ばあいには、……。（大思想）
だが、思慮深い人たちの見方は違う。社会そのものが専制的になり、社
会がその一員である個人を抑圧するとき、抑圧の手段は……。（日経 BP）
しかし、深く考える人はちがった見方をする。社会それ自体が専制的に
なっているとき──すなわち、集団としての社会が個々の人間を抑圧す
るとき──その抑圧の手段は、……。（古典新訳）

（1–05–03）Society can and does execute its own mandates: and
if it issues wrong mandates instead of right, or any mandates
at all in things with which it ought not to meddle, it practises a
social tyranny more formidable than many kinds of political
oppression, since, though not usually upheld by such extreme
penalties, it leaves fewer means of escape, penetrating much
more deeply into the details of life, and enslaving the soul itself.

訳　社会は命令を自ら執行することができ、また現に執行しているのであ
る。そして、もしも社会が、正しい命令ではなく間違った命令を発したり、

あるいは、社会が干渉すべきでない事柄について、正しいか正しくないかを
問わず、どんな内容でも、なんらかの命令を発するならば、社会は圧制を行
なうことになり、その圧制は多くの種類の政治的圧制より恐ろしいものにな
る。なぜなら、社会的圧制は、通常政治的圧制のように非常に厳しい刑罰に
よって支えられてはいないが、はるかに深く生活の細部に惨透し、魂そのも
のを奴隷化するので、これを免れる方法は政治的圧制を免れる方法より少な
いからである。

構文　and は can と does をつないでいて、does は強調の助動詞です。■ though
not usually upheld by such extreme penalties＝though it is not usually upheld by
such extreme penalties as many kinds of political oppression have です。■ pene-
trating と enslaving は分詞構文です。

研究　execute its own mandates は直訳すると「それ自身の命令を執行
する」ですが、この own は「他の助けを借りずに、自ら」という意味を
表していて **execute its own mandates**＝execute its mandates by itself
〔命令を自ら執行する〕です。e.g. She makes all her own clothes. 〔彼女は自
分の着るものはすべて自分で作る〕

　ここは、前文の「圧制の手段は行政官の手によってなしうる行為に限
られない」を受けて、Society can and does execute its own mandates
〔社会は命令を自ら執行することができ、また現に執行している〕と言った
のです。行政官が執行するのは法律です。したがって社会が執行する
mandates は法律ではなく「社会的圧力ないし影響」です。法律ではあ
りませんが、事実上の拘束力が強いので mandates 〔命令〕と言ったので
す。

▷ **mandates . . . in things with which it ought not to meddle** 〔社
会が干渉すべきでない事柄についての命令〕は、たとえば服装についての
社会的圧力が挙げられます。ミルが生きていたビクトリア朝の社会には
服装についての厳しい決まりがありました。upper middle class 以上の階
級では、たとえ一人で夕食を食べるときでもスーツにネクタイ着用とい
うような formal wear でなければいけないということが決まっていて、
もしそれに違反すれば social ostracism 〔社会的排斥〕の対象になったので
す。しかし、ここでミルが主として念頭に置いたのは、おそらく思想信
条に干渉する社会的圧力でしょう。たとえば「聖書の記載は作り話であ
る」とか「同性者にも婚姻する権利がある」というようなことは、当時

は考えることさえ許されませんでした。

　こちらが any ～〔どんな～でも〕と言っても、聞いた方は自己判断で any ～になんらかの制限をつけて限定することがあります。そのようなときに、その制限を否定して「私が any ～と言ったのは literally any ～〔文字通り、どんな～でも〕という意味なんです」と言うために any ～ at all と言います（at all は any の意味を強調しています）。たとえば、次の会話を見てください。

　　A: Do you have any idea what I can do?
　　B: No. I can't think of anything.
　　A: Do you have <u>any</u> idea <u>at all</u>?
　　B: In theory, you can appeal to the Emperor.

　B に No. I can't think of anything.〔いいえ、何も思いつきません〕と言われて、A は「私が言った any idea を B は any practical idea that might be useful〔役に立つ実行可能な any idea〕のことだと考えて『そういう idea はない』という意味で can't think of anything と言っている可能性がある。でも B が an impractical idea that might be useless〔役に立たない実行不可能な idea〕だと思う idea でも、自分には a practical idea that might be useful かもしれないぞ」とおそらく思ったのです。そこで、「<u>本当にどんな idea でもいいんです。なにか idea はありませんか？</u>」という意味で Do you have any idea at all? と聞いたのです。そこで、B は「こんなこと言っても意味ない（絶対に実現不可能だから）」と思いながら In theory, you can appeal to the Emperor.〔理論上は、天皇に訴えるという手もあるけどね〕と答えたのです。もう一つ、次の会話はどうでしょう。

　　A: Do you have a chocolate cake?
　　B: No.
　　A: Do you have a fruit cake?
　　B: No, we don't have any cakes.
　　A: Do you have a cheesecake?
　　B: No, we don't have <u>any</u> cakes <u>at all</u>.

　B に No, we don't have any cakes.〔いいえ、ケーキは何もないわよ〕と

言われて、A は「僕がチョコレートケーキやフルーツケーキのことを聞いたので、B は僕がスポンジケーキ系のケーキを欲しがっていると考えて、スポンジケーキ系のケーキに限定して we don't have any cakes と言った可能性がある。だとしたら、別の系統のケーキ、たとえばチーズケーキ系ならあるのかもしれないぞ」とおそらく思ったのです。そこで Do you have a cheesecake? と聞きました。それを聞いて、B は「系統を問わず、本当にどんなケーキもないのよ」という意味で No, we don't have any cakes at all. と答えたのです。

　原文に戻りましょう。まず **if it issues wrong mandates instead of right**〔もしも社会が正しい命令ではなく間違った命令を発したら〕と言っているので、その後に or any mandates in things with which it ought not to meddle〔社会が干渉すべきでない事柄について、どんな命令でも、なんらかの命令を発するならば〕と言うと、読者は「any mandates と言っても、これは wrong mandates の中でのことだ（＝any mandates は any wrong mandates のことだ）」と考える可能性があります（つまり読者の方で any に制限をつけて限定するのです）。そこで、その制限を否定して「any mandates は literally any mandates〔文字通り、どんな命令でも〕という意味で、right mandates も含んでいるのだ」と言うために **any mandates at all** と言ったのです。

　くどいですが、any mandates at all 自体は「wrong か right かを問わず、どんな命令でも」という意味です。しかし、原文は直前で if it issues wrong mandates instead of right〔もしも社会が、正しい命令ではなく間違った命令を発したら〕と言っていますから、その後に付け加えた any mandates at all は right mandates の方に重点があるのです。したがって、ここは if it issues wrong mandates instead of right, or even right mandates in things with which it ought not to meddle〔もしも社会が、正しい命令ではなく間違った命令を発したり、あるいは正しい命令であっても、社会が干渉すべきでない事柄について命令を発するならば〕と言っても内容は同じなのです。

▷ **many kinds of political oppression**〔多くの種類の政治的圧制〕はたとえば「統治者を批判することを禁じる」「特定の政党に所属することを公職につく要件にする」「特定の宗教を信仰することを強制する」「あ

る歴史的事件についての特定の解釈に対する批判を許さない」といった
ことです。

▷ **not usually 〜** と usually not 〜 は、厳密には意味が違いますが、ほ
とんどの場合区別せずに使われ「通常は〜でない」という意味です。た
とえば I'm not usually so late. ＝I'm usually not so late. で「私は普通は
こんなに遅れることはない」という意味です。

▷ **such** は many kinds of political oppression を指しています。

▷ **extreme penalties** は very severe penalties, including, but not limited
to, death penalty〔非常に厳しい罰で、死刑を含むが死刑に限られない〕で
す。死刑（＝極刑）は the extreme penalty です。**extreme penalties** に
は禁固、懲役、流刑などが含まれます。

▷ it leaves fewer means of escape の **it** は a social tyranny〔社会的圧制〕
を指しています。もし <u>few</u> means of escape なら「免れる手段は極めて
少ない、ほとんどない」ですが、**fewer** は less in number〔より数が少な
い〕という意味です。

　ここの **escape** は「逃げること（＝そうなった後で、それから脱出する
こと）」ではなく「免れること（＝そうなる前に、そうならないようにする
こと）」です。**means of escape** は means of escaping the social tyranny
〔社会的圧制を免れる方法〕です。社会的圧制の手段は、通常は死刑、懲
役、禁固、流刑など（の政治的圧制の手段）ではなく「人が近づかなくな
る」「誰も口をきかなくなる」「解雇する」「新規に雇わない」「入場、入
店を拒否する」といった、いわゆる social sanctions〔社会的な制裁〕です
（これは次の文で other means than civil penalties〔法的刑罰以外の手段〕と表
現されています）。means of escape は要するに「penalties を受けずにや
りたいことをする方法」で、これが社会的圧制の場合は、政治的圧制に
比べて fewer〔数がより少ない〕と言っているのです。

▷ **penetrating much more deeply into the details of life, and
enslaving the soul itself** は it leaves fewer means of escape の理由を述
べた分詞構文です。法律で規制されていないことでも、社会的な決まり
によって制約を受けることがたくさんあります。たとえば、こういう状
況（たとえば葬式）ではこういう服（たとえば喪服）を着るとか、こういう
振る舞い（たとえば哄笑）をしてはいけないといったことです。たいてい

の人はこれを当たり前のように守って生活しています。これが **penetrating much more deeply into the details of life** 〔(社会的圧制は、政治的圧制より) はるかに深く生活の細部に惨透している〕です。また、人は社会通念に反することには本能的な嫌悪を感じ、正当な理由があっても、社会通念に反することは避けようとします。たとえば「黒人は白人より知能が勝る (あるいは劣る)」という社会通念があるとき、この通念に反する調査結果が出ると、その調査の間違いを探そうとしたり、その調査結果を発表することをためらったり、その調査をなかったことにしたりします。これが **enslaving the soul itself** 〔(社会的圧制は) 魂そのものを奴隷化する〕です。

▷ **tyranny** と **oppression** をともに「圧制」と訳していることについては 1–02–03 の解説を参照。

社会は自己の命令を自ら執行することができ、また実際に執行しているのである。(岩波)

社会はそれ自身の命令を通すことができるし、また現に通しているのである (名著)

社会は、それ自身の命令を、実行しうるし、じっさいに実行する (大思想)

社会はみずからの決定を実行できるし、実際にも実行している。(日経BP)

社会は、社会自身がくだした命令をみずから執行できるし、じっさい執行している (古典新訳)

社会はそれ自身の命令を執行しうるし、かつ実際執行する。(柳田)

社會は命令を自分で行ふことは出来ぬし、行ひもしない。(市橋)

(1–05–04) Protection, therefore, against the tyranny of the magistrate is not enough: there needs protection also against the tyranny of the prevailing opinion and feeling; against the tendency of society to impose, by other means than civil penalties, its own ideas and practices as rules of conduct on those

who dissent from them; to fetter the development, and, if pos-
sible, prevent the formation, of any individuality not in harmony
with its ways, and compel all characters to fashion themselves
upon the model of its own.

訳　それゆえ、官憲による圧制を防止するだけでは充分でない。支配的な
意見と支配的な感情による圧制を防止することも必要である。具体的に言え
ば、社会の思想と慣習を、反対者に対して、法的刑罰以外の方法によって、
行動規範として強制する社会の傾向、また、社会の風潮と調和しない個性は
どんな個性でも、その発達を妨害し、もし可能なら、そのような個性の形成
そのものを阻止し、すべての人の性格が社会の認める性格を模範として形成
されるように強制する社会の傾向、これらに対して対抗策を講じることが必
要なのである。

構文　この文は2つのS＋V（Protection . . . is not enough と there needs protection
. . .）がコロンでつながれています。この2つのS＋Vは同内容のことを否定文と
肯定文で言ったもので「言い換え」です。■ there needs protection は there が誘
導副詞、needs が be necessary という意味を表す完全自動詞、protection が主語で
す。■ also against 以下はすべて、最終的には、there needs protection の protec-
tion にかかる修飾要素です。■ against the tyranny of the prevailing opinion and
feeling を against the tendency of society to . . . で言い換えています。■ the ten-
dency を修飾する不定詞は「to impose」と「to fetter . . . and . . . prevent . . . and
compel」の2つで、この2つの不定詞は言い換えではなく、別の内容です。■
fetter の前の to は fetter と prevent と compel の3つの原形動詞に共通につきます。
to fetter . . . and . . . prevent . . . and compel . . . は不定詞形容詞用法で the tenden-
cy にかかります。■ to fetter the development, and, if possible, prevent the forma-
tion, of any individuality not in harmony with its ways は「頭と尻尾が共通で、胴
体が2つに分かれた共通関係」で書かれています。to が共通の頭で、胴体が fetter
the development と prevent the formation の2つに分かれ、of any individuality
not in harmony with its ways は共通の尻尾で the development と the formation の
両方にかかります。if の前の and は2つの胴体をつないでいます。この形の共通
関係では「胴体をつなぐ等位接続詞の前」と「尻尾の前」にコンマを置くのが定
石です。ここでは定石通り and の前と of any individuality の前にコンマが置かれ
ています。and の直後の if possible は「A and 修飾要素 B」の修飾要素の位置に
挿入されていますから、絶対に B（＝ prevent the formation）にかかります。■ and
compel の and は「fetter . . . and . . . prevent」と「compel」をつなぎます。

研究　**therefore** は（1–05–02）its means of tyrannizing are not restricted

175

to the acts which it may do by the hands of its political functionaries.〔社会の圧制の手段は行政官の手によってなしうる行為に限られない〕と (1–05–03) Society can and does execute its own mandates〔社会は命令を自ら執行することができ、また現に執行しているのである〕を受けて「それゆえ（官憲の圧制に対する予防だけでは充分でない）」と言ったのです。

▷ protection against X〔X に対する予防・保護〕は次の 2 つの事柄があります。

① 〔予防・防止〕X が起きないようにする（ことによって、X の害が発生しないようにする）場合。e.g. protection against eyestrain〔目の疲れ防止〕、protection against cancer〔ガン予防〕

② 〔保護・対抗策〕（X 自体には手をつけず）X から発生する害を避ける（ことによって害を受けないようにする）場合。e.g. protection against the frost〔霜よけ〕、protection against the effects of inflation〔インフレの影響に対する保護〕

原文の protection against the tyranny〔圧制に対する防止〕は前者で、protection against the tendency of society〔社会の傾向に対する保護〕は後者です。原文は前者を後者で言い換えています。すなわち protection against the tyranny of the prevailing opinion and feeling〔支配的な意見と感情の圧制に対する予防・防止〕を protection against the tendency of society〔社会の傾向に対する保護・対抗策〕で言い換えています。これはミルが「社会の傾向自体は変えられないが、その傾向から個人の自由を守るための対抗策は講じられる。そして、そうすることが支配的な意見と感情の圧制が起こらないようにすることなのだ」と考えているからです。

▷ **protection against the tyranny of the magistrate** は「官憲の圧制が起こらないようにすること（によって官憲の圧制から生じる害を防ぐこと）」、**protection against the tyranny of the prevailing opinion and feeling** は「支配的な意見と感情の圧制が起こらないようにすること（によって支配的な意見と感情の圧制から生じる害を防ぐこと）」という意味です。

▷ civil penalties の **civil** は by the state という意味で、**civil penalties** は penalties decided by laws of the state〔国法によって定められた罰〕です。

ここの laws of the state［国法］は criminal law［刑事法］と civil law［民事法］の両方を含みます（すなわち civil penalties は刑事罰と民事罰の両方です）。なお、中世とは異なり、ミルの時代には教会が国政の決定に参画することはなくなっていたので、教会法による罰は含まれません。1–05–02 の 研 究 で「社会が個人を縛る形態」は大きく分けて ruling（法規範によって縛る）と controlling（社会的圧力によって特定の行動を許さない）と influencing（社会的雰囲気によって特定の行動をしない方がいいと感じさせる）の 3 つであることを説明しました。このうち ruling が civil penalties で、controlling と influencing が **other means** です。

▷ **protection against the tendency of society to impose . . .**［……を課す社会の傾向に対する保護］は「（……を課す社会の傾向には手をつけず）……を課す社会の傾向から生じる害を避けるための対抗策を講じること（によって害を受けないようにすること）」です。

▷ **fetter the development of any individuality** は「個性が発達するのを邪魔する」ということであって、完全に止めることではありません。したがって、the tendency of society to fetter the development of any individuality［個性の発達を妨害する社会の傾向］があっても、依然として個性の発達は起こりえます。そこで、その場合には **if possible, prevent the formation of any individuality**［もし可能なら、個性の形成を阻止する］となるのです。prevent the formation は「形成されないようにする」ということですから、この場合は社会のやり方と調和しない個性は生まれないことになります。fetter the development は個性の発達を妨害することで、prevent the formation は個性が生じないようにすることです。

▷ to fashion themselves upon the model of its own の **upon the model of ～**は「～をお手本にして」という意味です。to fashion themselves［それら自身を形成する］の意味上の主語は all characters［すべての性格］ですから **themselves** の中身は characters［性格］です。したがって、その手本となる **its own**［それ自身のもの］も中身は character です（its は society を指します）。原文の its own は代名詞ですから、own の後には何も省略されていませんが、own の中身を表に出すと own は形容詞になり its own ＝its own character［社会自身の性格］となります。「社会自身の性格」とは the character that society supposes men should have［人間が持つべきだ

と社会が想定する性格〕です。実際には、1–04–07 の the majority, or those who succeed in making themselves accepted as the majority〔過半数者、あるいは自己を過半数者として認めさせることに成功する人々〕が持っている character が its own character〔社会自身の性格 ⇒ 人間が持つべきだと社会が想定する性格〕になるでしょう。結局 **compel all characters to fashion themselves upon the model of its own** は「すべての人の性格に（対して）人間が持つべきだと社会が想定する性格を手本にして自分自身（← 中身は性格）を形成するように強制する ⇒ すべての人の性格が社会の認める性格を模範として形成されるように強制する（社会の傾向）」という意味になります。

▷ **protection . . . against the tendency of society . . . to fetter the development, and, if possible, prevent the formation . . . and compel . . .**〔発達を妨害し、もし可能なら、形成を阻止し、……を強制する社会の傾向に対する保護〕は「（社会のこの傾向には手をつけず）社会のこの傾向から生じる害を避けるための対抗策を講じること（によって害を受けないようにすること）」です。

（1–05–05）There is a limit to the legitimate interference of collective opinion with individual independence: and to find that limit, and maintain it against encroachment, is as indispensable to a good condition of human affairs, as protection against political despotism.

訳　集団の意見が個人の独立に合法的に干渉することには限界がある。そして、この限界を見つけ、維持して越えさせないことは、人間に関わる諸々の事柄を良好な状態に保つために、政治的専制を防ぐのと同じくらい不可欠なのである。

構文　find の前の to は find と maintain の両方についています。maintain の前の and は find と maintain をつないでいて、to find . . . and maintain . . . は不定詞名詞用法で is の主語です。

研究　**protection against political despotism** は「政治的専制を防ぐこと ⇒ 政治的専制が起こらないようにすること」です。1–02–03 の解説で指摘しましたが、ミルは、少なくとも本書においては、tyranny と

despotism の違いを明確に意識せず、同じことを 1–05–04 では protection against the tyranny of the magistrate〔官憲の圧制を防ぐこと〕と言い、1–05–05 では protection against political despotism〔政治的専制を防ぐこと〕と言っています。

（1–06–01）But **though this proposition is not likely to be contested in general terms,** the practical question, where to place the limit — how to make the fitting adjustment between individual independence and social control — is a subject on which nearly everything remains to be done.

訳　しかし、**この命題自体に異議が唱えられることはないだろうが、**限界をどこに置くべきか――個人の独立と社会による統制との間をどのようにして適切に調整するか――という実地上の問題は、ほとんど何もかもが手つかずになっている。

研究　1–01–02 に A question seldom stated, and hardly ever discussed, in general terms〔一般的な形で述べられたことは稀であり、また一般的な形で論議されたことはほとんどない問題〕というフレーズがありました。この in general terms と 1–06–01 の in general terms はどちらも「一般的な観点から」という意味です。「一般的な観点から（論じる）」というのは「個別具体的な事例を取り上げて（論じる）」のではなく「いろいろな事例に通じる形で（論じる）」ということです。したがって、**contest this proposition in general terms**〔一般的な観点からこの命題に反対する〕は「個別具体的な事例を取り上げてこの命題に反対する」のではなく「いろいろ事例に通じる形でこの命題に反対する」のです。もし前者であれば「この事例では反対するが、別の事例では賛成する」ということが起こりえます。しかし後者の場合は「よほど特殊な例外的事例でない限り、どの事例でも反対する」ということですから、結局この命題そのものに反対するのと同じことになります。したがって、X がいろいろな事例にあてはまる概念（＝抽象度の高い、一般性がある概念）の場合には contest X in general terms〔一般的な観点から X に反対する〕は contest X in itself〔X そのものに反対する〕という意味なのです。そこで、**原文は though**

this proposition is not likely to be contested in itself〔この命題自体に異議が唱えられることはないだろうが〕と言っても同じ意味になります。

　以下の例も見てください。They oppose the death penalty in general terms. That is, they want the death penalty to be abolished completely.〔彼らは死刑そのものに反対している。すなわち、死刑が全面的に廃止されることを望んでいるのだ。〕oppose the death penalty in general terms〔一般的な観点から死刑に反対する〕というのは「個別具体的な事例を取り上げて死刑反対を唱える」のではなく「一般的に死刑制度そのものに反対する」という意味です。もう一つ例を挙げましょう。Wealth should be distributed fairly. No one would dispute this in general terms. But there is a lot of disagreement over what a fair distribution is like, that is, who has how much money.〔富は公平に分配されるべきである。このこと自体には誰も反対しないだろう。しかし、公平な分配がどのようなものであるか、すなわち誰がどれくらいのお金をもつかについては多くの意見の相違がある。〕

▷ **S remain to be p.p.** は「S は依然として p.p. されていない」という意味です。

　(1–06–02) **All that makes existence valuable to any one,** depends on the enforcement of restraints upon the actions of other people.

訳　生活を価値あるものにする諸々の要素の中で、誰にとっても共通なものは、他人の行為に制限を課さなければ維持できないものばかりである。
研究　「B は A の存在にとって不可欠で、B がないと A は存在できない」という意味で A depend on B.〔A は B に依存している〕と言う場合があります。たとえば The nation's existence depends on the force of arms.〔その国の存在は軍事力にかかっている〕は「軍事力がなければその国は存在できない」という意味です。原文もこれと同じで「他の人々の行為（たとえば騒音を出す、他人の物を無断で使用する、他人の土地を不法に占拠する、他人の物を盗む、他人に暴行を加えるなど）に制限を課さなければ、生活を価値あるものにする、誰にとっても共通な要素（たとえば、健康、安

眠、心の平安、財産の保全など）はどれも維持できない」という意味です。

▶ **makes existence valuable**［生存を価値あるものにする］は makes our everyday lives worth living［我々の日常生活を生きるに値するものにする］ということです。

　factors that make existence valuable［生活を価値あるものにする要素］は、人それぞれ違う場合と、誰にとっても共通な場合とがあります。たとえば、テレビは前者です。テレビがない生活は価値がないと感じる人もいれば、テレビがない生活こそ価値ある生活だと感じる人もいます。それに対して、健康、安眠、心の平安などは誰にとっても生活を価値あるものにする要素です。ミルは makes に to any one をかけることによって後者に限定したのです。

▶ **to any one** は valuable ではなく makes にかかっています。もし to any one を valuable にかけると「existence［生活］を valuable to anyone［誰にとっても価値がある］にするすべての要素」と読むことになります。existence が valuable to anyone になることは普通はありません。たとえば A さんの健康な生活は A さん本人および A さんの家族や A さんに関係がある人にとっては valuable です。しかし A さんとまったく関係がない赤の他人にとっては valuable ではありません。ですから、ある人の生活が誰にとっても価値があるということは普通は考えられないのです。「天皇陛下の健康な生活は日本人だれにとっても valuable である」ということはありえますが、これは極めて例外的な事柄です。くどいですが、ここは「誰にとっても価値がある」ではなく「誰に対しても（共通に）makes existence valuable する」という意味です。したがって All that makes existence valuable to any one［生活を価値あるものに、誰に対しても、するすべてのもの］は All of the factors that make existence valuable which are common to any one［生活を価値あるものにする要素の中で、誰にとっても共通な要素のすべて］と言えば、よりはっきりします。

　この文は All を単数扱いにしています（＝makes に三単現の s をつけています）。これは「生活を価値あるものにする、誰にとっても共通な要素」はどれもが共通な性質（＝「他人の行為を制約しないと維持できない」という性質）をもっていることを指摘するのがこの文の目的なので、一つ一つ別々に扱う必要がないからです。

(1–06–03) Some rules of conduct, therefore, must be imposed, by law in first place, and by opinion on many things which are not fit subjects for the operation of law.

訳　それゆえ、行動規範が、まずは法律によって、次いで法律の施行に適さない多くの問題については世論によって、ある程度課せられるのはやむをえないことなのである。

研　究　ミルは行動規範が法律や世論によって課せられることを全面的に認めているわけではなく、思想・信条に関わる行動を制限する規則、特に言論の自由を制限するような規則（たとえば意見の発表、議論、集会などを制限する規則）についてはなるべく認めたくないのです。そこで、rules of conduct に **Some**〔一部の〕をつけて、すべてを認めるわけではないことを断ったのです。

▷　これから推測すると、**must** も「ぜひ～しなければならない」という積極的なニュアンスではなく「～するのはやむをえない」という消極的なニュアンスに捉えるのが妥当です。

▷　Barbara is not a fit person to teach children,〔バーバラは子供たちを教えるのに向いた人ではない〕は Barbara is not fit to teach children.〔バーバラは子供たちを教えるのに向いていない〕と言っても同じです。したがって **many things which are not fit subjects for the operation of law**〔法律の施行に適した事案ではない多くの事柄〕＝many things which are not fit for the operation of law〔法律の施行に適していない多くの事柄〕です。このような事柄は大きくわけて 2 つのカテゴリーがあります。1 つは「他人への侵害が軽微な事柄」です。たとえば「写ってしまう人から同意を取らずに風景写真を撮影する」とか「混雑した電車内で一人で二人分のシートを占有して座る」とか「普通の人が聞いたら不快になる言葉を使用する」などといった例が挙げられます。もう 1 つは「構成要件を明確に規定できない事柄」です。たとえば「猥褻な文書を配布する」とか「公序良俗を乱すような服装をする」といった例が挙げられます。

(1–06–04) What these rules should be, is the principal question in human affairs; but **if we except a few of the most**

obvious cases, it is one of those which least progress has been made in resolving.

訳　これらの規範がどのようなものであるべきかということは、人間に関わる諸々の事柄において主要な問題である。しかし、**最も明白な事例の中の少数を除けば、これは解決に向けたプロセスが最も進展していない問題の一つである。**

研究　「これらの規則がどのようなものであるべきかは大きな問題だが、一部をのぞいて、解決に向けたプロセスはほとんど進展してない」という程度の理解で済ませるなら（← べつにこれが悪いとは思いません。大意はこういうことですから）、この文はたいして難しくありません。しかし、この英文をこれまで本書でやってきたレベルで細部まで正確に事柄を把握するとなると非常に難しいです。そのためにほとんどすべての先行訳が原文を別の表現に読み替えて訳しています。その「読み替え」の詳しい内容、および原文の正しい解釈は後でゆっくり手順を追って解説することにして、とりあえず先行訳がどのような「読み替え」をしているのかを先に説明しておきましょう。

　次の2つは違う表現です。

　　(1)　a few most obvious cases ［少数の最も明白な事例］
　　(2)　a few of the most obvious cases ［最も明白な事例の中の少数］

　(1) は (a) と (b) という2つの異なる事柄を表すことができます（つまり (1) には2つの解釈がありえるのです。(a) と (b) の具体的な中身は後述します）。それに対し (2) は (b) という事柄しか表せません（つまり (2) には1つの解釈しかないのです）。もし (1) を (b) という解釈で読んだら (1) と (2) は同じ事柄を表します。ところが (1) を (a) という解釈で読んだら (1) と (2) は違う事柄を表します。さて、原文は (2) です。ですから表している事柄は (b) であり、我々は (b) という事柄を受け入れて、その上で論理的に矛盾が起こらないようにこの英文を読まなければなりません（言うまでもないことですが）。ところが、(b) という事柄では、論理的に矛盾が起こらないようにこの英文を読むのが非常に難しいのです。それに対し、事柄を (a) にすると、論理的に矛盾が起こらないようにこの英文を読むのが非常に易しいのです。そこで、ほとんど

すべての先行訳が a few of the most obvious cases を a few most obvious cases に読み替えて、さらにそれを (a) で解釈してこの英文を訳しているのです。つまり原文の a few of the most obvious cases が表す事柄は (a) だということにして（そのようなことはできないのですが）、この英文を訳しているのです。万策尽きればそれも致し方ないかもしれませんが、原文は (2) なのですから、我々は事柄 (b) でなんとか読む努力をしなければなりません。このことを認識して、以下の解説を読んでください（できる限り丁寧に解説しますが、それでも一読しただけでは理解できないかもしれません。何度も繰り返し読んでください）。

But の後を正確に読むためには次の 2 点について考える必要があります（②が難しいです）。

①　it は What these rules should be を指していて、What these rules should be は the principal question であると言っています。ですから it の中身は question です。そして it is one of those〔it は those の 1 つである〕と言っているので、those の中身は the questions です。すると but 以下は if we except a few of the most obvious cases, it is one of the questions which ... と言っていることになります。この **case と question はそれぞれどういう事柄を表していて、どういう関係にあるのでしょうか？**

②　resolving の目的語は which で、which の先行詞は those で、those の中身は the questions ですから、resolving which のベースにあるのは resolving a question です。それでは **obvious と resolving a question はそれぞれどういう事柄を表していて、どういう関係にあるのでしょうか？**

まず①について考えてみましょう。human affairs は人事です。人事とは「人間に関わる様々な事柄の総称」です。その事柄の 1 つ 1 つが case〔事例〕です。つまり a human affair＝a case です。たとえば、教育とか就職とか結婚などが case です。これらをひっくるめて human affairs〔人事〕と言うのです。各 case には解決すべき様々な問題があります。これらの問題の 1 つ 1 つが question〔問題〕です。たとえば、教育という case〔事例〕であれば「義務教育を何歳から何歳までにするか」「教育内容の

決定に国家がどれくらい介入すべきか」「教員をどのように養成するか」
などが question〔問題〕です。case の中には他人が一切かかわらない純粋
に個人的な事例もあるでしょうが、大部分は多少なりとも他人との関わ
りを含む事例です。そういう case においては必ず what these rules should
be〔これらの規則がどのようなものであるべきか〕が問題になります（these
rules＝rules of conduct で、その中身は the enforcement of restraints upon the
actions of other people〔他の人たちの行動に制限を課すこと〕です。したがっ
て what these rules should be は「他の人たちの行動に制限を課す規則はどの
ようなものであるべきか」という question〔問題〕です）。くどいですが、こ
こまでを整理すると次のようになります。

　**人間に関わる様々な事柄の総称が human affairs〔人事〕で、人間に
関わる様々な事柄の１つ１つが case〔事例〕です。各 case には解決す
べき様々な questions〔問題〕があります。what these rules should
be は、各 case において、様々な questions の中の the principal
question〔主要な問題〕です。**

　さて、questions〔問題〕は「もう解決済の question」「解決に向けたプ
ロセスがかなり進展している question」「解決に向けたプロセスがほとん
ど進展してない question」（least progress has been made は「これまでに達
成された進展がもっとも少ない」が文字通りの意味ですが、実際に表してい
る意味は「ほとんど進展していない」です。すなわち least progress＝almost
no progress です）など様々です。ある case において what these rules should
be が「解決に向けたプロセスがほとんど進展してない question」だとし
たら In this case the question of what these rules should be is one of the
questions which least progress has been made in resolving.〔この事例にお
いては、これらの規則がどのようなものであるべきかという問題は、解決に
向けたプロセスがほとんど進展していない問題の一つである〕と言えます。
代名詞を使えば In this case it is one of those which least progress has been
made in resolving. です。

　ところで、実際には「すべての事例において what these rules should
be が『解決に向けたプロセスがほとんど進展していない問題』である」
というわけではないのです。すなわち、what these rules should be が「解
決に向けたプロセスがほとんど進展していない問題」ではない事例（＝

185

what these rules should be が「もう解決済の問題」あるいは「解決に向けた
プロセスがかなり進展している問題」になっている事例) が存在するので
す。そこで、それを除外したのが if we except a few of the most obvious
cases〔もし最も明白な事例の中の少数の事例を除けば〕です。a few of the
most obvious cases〔最も明白な事例の中の少数の事例〕は what these rules
should be が「もう解決済の問題」あるいは「解決に向けたプロセスがか
なり進展している問題」になっている事例であり、これを除外すれば、
残りの cases では what these rules should be が one of those which least
progress has been made in resolving〔解決に向けたプロセスがほとんど進
展していない問題の一つ〕なのです。そこで、原文は次のように言ってい
るのです(かっこの中は私が補いました)。

What these rules should be is the principal question in human affairs;
but if we except a few of the most obvious cases, (in the other cases)
it is one of those which least progress has been made in resolving.〔こ
れらの規範がどのようなものであるべきかということは、人事における主要
な問題である。しかし、最も明白な事例の中の少数の事例を除けば、(その
他の事例においては)これは解決に向けたプロセスがほとんど進展していな
い問題の一つである。〕

　これで case〔事例〕と question〔問題〕がそれぞれどういう事柄を表し
ていて、どういう関係にあるのかということがわかりました。
　それでは次に上記 2. について考えてみましょう。もし原文が if we
except a few most obvious cases〔少数の最も明白な事例を除けば〕となっ
ていたら次の 2 つの可能性があり、どちらであるかはっきりしません。

　　(a)　最も明白な事例が少数あり、それらをすべて除外すれば
　　(b)　最も明白な事例が複数あり、その中の少数を除外すれば

　しかし、原文は if we except a few of the most obvious cases〔最も明白
な事例の中の少数を除外すれば〕ですから、(b) であることがはっきり示
されています。これは、最も明白な事例の中に除外の対象にならないも
のが結構ある(＝**最も明白な事例であるにもかかわらず、what these rules**

should be が「解決に向けたプロセスがほとんど進展していない問題」である事例が結構ある）ことを示しています。このことは the most obvious と resolving a question がそれぞれどのような事柄を表しているのかを考える上で極めて重要です。どう考えるにしても the most obvious と resolving a question が同じ事柄を表していると考えることはできないのです。くどいですが「the most obvious であるにもかかわらず what these rules should be という問題が least progress has been made in resolving である事例」が結構ある（＝「**最も明白であるにもかかわらず『これらの規範がどのようなものであるべきかという問題』の解決に向けたプロセスがほとんど進展していない事例**」が結構ある）と言っている以上、**the most obvious**〔最も明白〕と **resolving a question**〔問題を解決する〕は違う事柄を表していると考えなければならないのです。この「違う事柄」を考えるのが難しいのです。

　いろいろ試行錯誤してみましょう。まず the most obvious cases を「what these rules should be に対する**解答が最も明白である事例**」と捉えたらどうでしょうか？ この場合、resolving a question [問題を解決する] が表す事柄を「問題の解答を得ること」にすることはできません。なぜなら「the most obvious であるにもかかわらず least progress has been made in resolving な事例（＝解答が最も明白であるにもかかわらず、解答を得ることに向けたプロセスがほとんど進展していない事例）」はあり得ないからです（解答を得ることに向けたプロセスがすでに完了しているか、あるいはほとんど完了しているから解答が最も明白になるのです）。したがって、この場合（＝the most obvious cases を「what these rules should be に対する解答が最も明白である事例」と捉えた場合）には resolving a question [問題を解決する] を「問題の解答を得ること」とは別の事柄にしなければなりません。

　そこで resolving a question [問題を解決する] を「**得られた解答を実行すること**（＝たんに解答が見つかるのではなく、解答を実行して、本当に問題を解決すること）」としたらどうでしょうか？ what these rules should be の解答が最も明白である事例には、その解答を実行することが容易な事例と難しい事例があります。たとえば、極端ですが「他人から危害を加えられることなく安全に生活する事例」を考えてみましょう。この場合「他人の阻害行為（＝加害行為）は、特別な事情（たとえば正当防衛とか

緊急避難とか）がない限り、全面的に禁止する」というのがルールであり、what these rules should be〔これらのルールがどうであるべきか〕の解答（＝正当防衛とか緊急避難のような特別な事情がない限り、他人の加害行為は全面的に禁止すべきである）は誰の目にも明らかであり、したがって「他人から危害を加えられることなく安全に生活する事例」は the most obvious case であると言ってよいでしょう。そして、この解答（＝このルール）を実行することに特に障害はありません。加害行為の全面禁止には賛成するが、実際に加害行為を目撃すると、つい許したくなって許してしまうなどという人は、普通の人であれば、まずいません。したがって、「他人から危害を加えられることなく安全に生活する事例」は「the most obvious〔what these rules should be に対する解答が最も明白〕であり、かつ the question is resolved or almost resolved〔その解答が実行されているか、またはほぼ実行されている〕という事例」ですから、if 節によって除外される a few of the most obvious cases に該当します。

　それでは「同性で愛し合う事例」はどうでしょうか？　この場合も「他人の阻害行為（＝同性愛者を排斥する行為）は全面的に禁止する」というのがルールであり、what these rules should be の解答（＝同性愛者を排斥する行為は全面的に禁止すべきである）は誰の目にも明らかであり（表だって反対する人はまずいないでしょう）、したがって「同性で愛し合う事例」は the most obvious case であると言ってよいでしょう。ところが、この解答（＝このルール）を実行するとなると抵抗を感じる人がたくさんいます。心理的にどうしても受け入れられないというわけです。同性愛者を排斥する行為の禁止には賛成するが、実際には守れない（＝どうしても排斥してしまう）のです。したがって「同性で愛し合う事例」は「the most obvious〔what these rules should be に対する解答が最も明白〕であるにもかかわらず least progress has been made in resolving the question〔その解答の実行がほとんど進展していない〕という事例」です。この解釈をとった場合、the most obvious case であるにもかかわらず除外対象にならないのはこのような事例です。いかがでしょう。このような解釈（＝**the most obvious cases を「他の人たちの行動に制限を課す規範はどのようなものであるべきかという問題に対する解答が最も明白である事例」、resolving a question を「得られた解答を実行すること」とする解釈**）をとれば、一応

表現と内容（＝事柄）のつじつまが合います。

　ところで、もう一つ、これとは違う解釈もあり得ます。resolving a question［問題を解決する］を「**問題の解答を得ること**」にします。すると、the most obvious case を「問題の解答が最も明白である事例」とは別の事柄にしなければなりません。そこで「**what these rules should be が問題になることが誰の目にも明らかな事例**」とするのです。what these rules should be が問題になることが誰の目にも明らかな事例には、それに対する確定的な解答がすでに得られているという事例もあるでしょうが、解答についていまだにコンセンサスが得られていない事例もあるでしょう。前者が a few of the most obvious cases であり、後者は「the most obvious［what these rules should be が問題になることが誰の目にも明らか］であるにもかかわらず least progress has been made in resolving［問題の解答がまだ得られていない］という事例」であって、if 節によって除外される a few of the most obvious cases には該当しません。たとえば、義務教育を考えてみましょう。子供の生活（ひいては大人になってからの生活）を価値あるものにするためには、各教師がてんでんばらばらに自由に教育するのを許すわけにはいかず、なんらかの規制が必要であることとは誰の目にも明らかです。しかし、その規制がどのようなものであるべきか（規制の内容・程度は？ 規制する主体は？ etc.）についてはいまだに確定的な解答は得られていません（だから教育改革が常に話題に上っているのです）。したがって義務教育は「what these rules should be（＝教育内容に対する国家の規制はどのようなものであるべきか）が問題になることが誰の目にも明らかな事例であるにもかかわらず、問題の解答を得ることがほとんど進展していない事例」です。この 2 番目の解釈をとった場合、the most obvious case であるにもかかわらず除外対象にならないのはこのような事例です。この解釈（＝**the most obvious cases を「他の人たちの行動に制限を課す規範はどのようなものであるべきかが問題になることが誰の目にも明らかな事例」、resolving a question を「問題の解答を得ること」とする解釈**）も一応表現と内容（＝事柄）のつじつまが合うので、正解の可能性があります。

　ところで、原文の a few of the most obvious cases［最も明白な事例の中の少数の事例］を a few most obvious cases［少数の最も明白な事例］と読み

替えて、その事柄を上記の (a)「最も明白な事例が少数あり、それらの
すべて」と捉えれば、obvious と resolving a question は同じ事柄を表し
ていることにできます。たとえば the most obvious cases を「解答が最も
明白である事例」と捉え、同時に resolving a question を「解答を得るこ
と」にすることができます。こうすると「解答が最も明白である事例」
は「解答がすでに得られているか、または得られているのに近い事例」
ですから、これらの事例をすべて除けば、他の事例では、この問題は one
of those which least progress has been made in resolving [解答を得るプロ
セスがほとんど進展していない問題の一つ] となって、完全に意味が通り
ます（＝事柄に矛盾が生じません）。ほとんどすべての先行訳が a few of
the most obvious cases を a few most obvious cases に読み替えて訳してい
るのは、おそらくこれが原因だろうと思います。

　さて、本書では 2 つの解釈を紹介しましたが、もしかすると別の解釈
もあるかもしれません。ミルが the most obvious と resolving の内容を詳
しく説明していないので、正解を確定的に決めるのは困難です。私とし
ては the most obvious cases の数がより少なくなる最初の解釈を採用した
いと思います。

　これらの規則がいかなるものでなくてはならないかということは、人間
　生活における主要な問題である。しかしながら、少数の最も明白な場合
　を別にするならば、それは、解決が最も捗らなかった問題の一つである。
　（岩波）

　これらの規則がどのようなものでなければならぬかということは、人間
　生活における主要な問題である。しかし、少数のもっとも明らかな場合
　をのぞけば、これは、その解決にこれまでほとんどなんの進歩もみられ
　なかった問題の一つである。（名著）

　これらの規則がどんなものであるべきか、ということは、人間生活にお
　ける主要問題なのだが、もしわれわれが、少数のもっとも明白なばあい
　をのぞいてしまうと、それは、解決にむかっての進歩が、これまでほと
　んどなにもされていないものの一つである。（大思想）

　その規則がどのようなものであるべきかは、人びとの生活にとって主要
　な問題である。しかしこの問題は、いくつかの目立った例外があるが、

全体としては理解がとくに遅れている。（日経BP）

その規則がどのようなものであるべきかは、人間の生活にとって大問題である。しかし同時に、この問題は、いくつかのごく簡単なケースを除けば、解決にむかっての進歩がほとんどない問題のひとつでもある。（古典新訳）

かかる規律が如何なるものである可きかは、人事の主要問題に属する。然しながら、その最も顕著な場合の些少を除けば、それはその解決に於て殆んど進歩を見ない事柄の中の一つである。（高橋）

（1–06–05）No two ages, and scarcely any two countries, have decided it alike; and the decision of one age or country is a wonder to another.

訳　この問題は時代が違えば異なる解決がなされたし、国が違えば、ほとんどの場合、解決も違っていた。そして、ある時代、ある国の決定は、他の時代、他の国にとっては驚きの的である。

研　究　**scarcely any** と hardly any は no を少し弱めた表現です。

▷ **it** は what these rules should be を指します。

▷ **wonder** は「驚きの念をかきたてるもの」という意味です。

（1–06–06）Yet the people of any given age and country no more suspect any difficulty in it, than if it were a subject on which mankind had always been agreed.

訳　しかし、また一方で、任意のどの時代、どの国の人も、この問題を解決するのに何か難しい点があるなどとは思いもせず、まるで人類の意見がこれまで常に一致してきた問題であるかのように考えているのである。

研　究　**suspect** は程度を考えることのできる動詞で、**more** は「程度を表す副詞 much の比較級」です。したがって、この **no more . . . than** は 1–02–06 で示した分類の type 5 に準じる形で、「同程度」と「100%否定」の2つを表します。than 以下には 100% 否定になる事例がきていますから「同程度」にしても 100% 否定の意味になります。

▷ **suspect any difficulty in it**＝suspect that there is any difficulty in deciding it〔それ（＝what these rules should be）を解決するのに何らかの困難があるだろうと思う〕を 100% 否定しているので「それを解決するのに困難があるとは思わない ⇒ この問題の解決は極めて容易であると思っている」という意味になります。

　私は先行訳から大変な恩恵を受けていますから、先行訳に敬意を払うのは当然のことですが、はっきりした誤りは指摘しなければなりません。岩波文庫の訳「いかなる時代いかなる国の人民も、この問題の難問であることに疑問をもたず、あたかも人類の意見の常に一致してきた問題であるかのように考えているのである」の下線部は内容が逆です。どうしても岩波文庫の訳が正しいと思う方は次の 2 点を検討してください。

① 　同じ「疑う」でも、doubt ～〔～を疑う＝～ではないだろうと思う〕と suspect ～〔～を疑う＝～だろうと思う〕は意味が違う（e.g. suspect pulmonary emphysema because of an abnormal chest X-ray〔胸部 X 線の所見が異常であることから肺気腫を疑う〕）。

② 　「この問題の難問であることに疑問をもたず＝この問題を間違いなく難問だと思い」と「（この問題を）あたかも人類の意見の常に一致してきた問題であるかのように考えている」は方向が逆である。

（1–06–07）The rules which obtain among themselves appear to them self-evident and self-justifying.

訳　彼ら自身の間に行なわれている規範は、彼らにとっては、正しいことが自明であり、規範自体が正しさを証明しているように見えるのである。

研究　**obtain** は自動詞で「（制度・習慣などが）一般に行われている」という意味です。次の 3 つを比べてみましょう。

(a) 　The rules which obtain among <u>them</u> appear to <u>them</u> . . .

(b) 　The rules which obtain among <u>them</u> appear to <u>themselves</u> . . .

(c) 　The rules which obtain among <u>themselves</u> appear to <u>them</u> . . .

(a)(b)(c) はどれも正しい英語ですが、ニュアンスに差があります。

(a) は最も neutral で、特別なニュアンスはありません。(b) は「(他の人たちにもそう見えるとまでは言えないが、少なくとも) 彼ら自身にはそう見える」というニュアンスです。(c=原文) は「(他の人たちの間では行われていないかもしれないが、少なくとも) 彼ら自身の間では行われている」というニュアンスです。

▷ 厳密に何が self-evident であり、self-justifying であるかは、今でも哲学上の問題として議論されていて、決着がついていません。しかし、通常はこういう意味で使われるという最大公約数的な意味はあり、ミルもここではその程度の意味で使っています。そこで、そのレベルを逸脱せずに考えてみましょう。一般に **self-evident** は clear enough to need no proof〔証明が必要ないほどに明らかである〕と定義されます (self-evident＝evident from itself です)。日本語の「自明な」に相当します。We hold these truths to be self-evident, that all men are created equal, that . . .〔我々は以下の真理を自明のものと考える。すべての人間は平等につくられている。……〕(アメリカ独立宣言) のように使われます。self-evident であるかどうかは経験や文化や科学の進歩によって左右されるので、self-evident とされる事柄が必ず真理であるとは限りません。たとえば、ガリレオ・ガリレイ以前は、重い物体は軽い物体より早く落下することは self-evident であると考えられていました。

▷ **self-justifying** は The proposition itself provides a proof of its truth.〔命題自体が、その命題が正しいことの証明になっている〕という性質を表します (self-justifying＝justifying itself です)。たとえば、考えることなしに I am thinking.〔私は今考えている〕と考えることはできません。したがって I am thinking. という思考は self-justifying です。あるいは、しゃべることなしに I am speaking.〔私は今しゃべっている〕と言うことはできません。したがって I am speaking. という発話は self-justifying です。私が I am speaking. と言ったとき、それを否定して、誰かが You are not speaking. と言ったら、私はそれに反論するためには I am speaking. と言うだけでいいのです。self-justifying の典型例は「語の定義」です。たとえば Why is the proposition that bachelor is unmarried man true?〔なぜ bachelor は独身男性であるという命題は正しいのか?〕という問いに対しては、Because a bachelor is an unmarried man.〔なぜなら bachelor は独身

男性だからである〕と言えば答えになります。もっと親切に答えれば Because "bachelor" is a word which is defined as "unmarried man". 〔なぜなら bachelor は「独身男性」と定義されている言葉だからです〕となります。

　ところで、a self-evident statement は必ず a self-justifying statement であるとは限りません。むしろ、a self-justifying statement ではないことの方が圧倒的に多いでしょう。たとえば、アメリカ独立宣言は All men are created equal. を a self-evident truth であると宣言していますが、もしもこれに対して誰かが It is not true that all men are created equal. と言ったら、ただ All men are created equal. と言うだけでは反証になりません。ですから All men are created equal. は、a self-evident truth ではありますが、a self-justifying truth ではありません。したがって、原文の self-evident and self-justifying は同じ事柄を違う言葉で繰り返したのではありません。まず self-evident であると言い、self-evident にもいろいろなタイプがありますから、次にどんなタイプの self-evident なのかを self-justifying で示したのです。

　この問題は深く考察すれば（たとえば a self-justifying statement は必ず a self-evident statement であると言えるか？ などを考え出すと）迷路にはまりこんで、収拾がつかなくなります。そもそもミルは「The rules which ... は self-evident and self-justifying である」と言っているのではありません。「（実際は違うが）彼らにはそう見えるのだ」と言っているだけです。ですから、おそらくミルもここでは「深く考察して厳密にこれらの語を使い分けている」のではないと思います。したがって、**appear to them self-evident and self-justifying** は「彼らにとっては、それが正しいことは証明がなくても明らかであり、しかも規則自体が正しさを証明しているように見える（それほどそれらの規則は疑問の余地なく正しい）のである」という程度の意味です。

彼ら自身の間に行なわれている規則は、彼らにとっては自明であるように見え、また自ら自身を容認できるもののようにみえる。（岩波）

彼らのあいだで行なわれている規則は、彼らには自明でそれ自体正しいものだと思われている。（名著）

自分たちの間で確立した規則は自明だし、根拠を示す必要すらないと思

えるのである。（日経 BP）

彼等自身の内に支配的である規律は、彼等にとっては自明のものであり、且つ自證のものであるとされてゐるのである。（高橋）

(1–06–08) **This all but universal illusion is one of the examples of the magical influence of custom, which is not only, as the proverb says, a second nature, but is continually mistaken for the first.**

訳　このほとんど普遍的な錯覚は習慣が及ぼす魔術的影響力の実例の一つである。これは、習慣が、諺に言うように第二の天性であるのみならず、絶えず第一の天性と誤解されているところからきている。

構文　all but＝almost です。■ which の先行詞は custom です。

研究　まず influence の意味を検討しましょう。influence には「影響（それ自体）」と「影響を及ぼす力」の 2 つの意味があります。The radiation leak has had a disastrous influence on the environment.〔放射線漏れは環境に破壊的な影響を及ぼしている〕は前者の意味で、He used his influence in getting her the job.〔彼は彼女がその職につけるように影響力を行使した〕は後者の意味です。原文の influence はどちらの意味にも解釈できます。主語の illusion は「力」ではなく「(心理) 現象」ですから、ここだけで考えると「影響（それ自体）」にとる方がよいように思われます。「この心理現象は習慣が及ぼす魔術的影響の実例の 1 つである」となります。しかし、次の文 (1–06–09) では the magical influence of custom を The effect of custom で言い換え、それに in preventing any misgiving をかけて「いかなる疑念も妨げることにおける習慣の effect（＝influence）」と言っています。この effect（＝influence）は明らかに「影響力」です（effect にも power to bring about a result: operative force〔結果を生み出す力：影響を及ぼす力〕(Webster) という意味があります）。したがって、この文 (1–06–08) の influence も「影響力」と捉えることにします。主節は「行動規範が self-evident and self-justifying に見えるという普遍的な錯覚は習慣が持っている魔術的影響力の (効果が現れた) 実例の 1 つである」という意味です。

195

　この文は、前文で述べたことがなぜ起こるのか（＝行動規範が self-evident and self-justifying に見えるのはなぜか）を説明したものです。しかし、読者は「このほとんど普遍的な錯覚（＝行動規範が self-evident and self-justifying に見えること）は習慣がもつ魔術的影響力の実例の一つである」と言われても、「習慣がもつ魔術的影響力とは何か？」「習慣はどのようなメカニズムで行動規範が self-evident and self-justifying に見えるようにするのか？」「習慣がもつ魔術的影響力の実例の一つと言っているが、他にどんな実例があるのか？」といった疑問がわいてきて、にわかに納得できません。そこで which 節でこれらの疑問に答えたのです。

　一定の行為が日常生活の中で繰り返し行われ、その行為を行うことが常習化すると、それがやがて習慣になります。習慣は人間の心理に様々な影響を及ぼします。その影響を及ぼす力をミルは **the magical influence of custom**〔習慣の魔術的影響力〕と呼んでいます。したがって the examples of the magical influence of custom〔習慣の魔術的影響力の（効果が現れた）実例〕の中身は「習慣の影響力によって生じる人間の心理状態」です。これはいろいろな心理状態があるので複数になっています。

　たとえば、ある状況である行為をする（e.g. 人と会ったらお辞儀する）ことが習慣になると、その状況で違う行為をする（e.g. 人と会ったら握手する、あるいは抱擁する、あるいはキスする）ことに違和感を抱いたり、ひどい場合には嫌悪を感じたりします。この心理が習慣の魔術的影響力の（効果が現れた）一例です。あるいは、ある行為を行うことが社会の規範とされると、その行為は日常生活の中で繰り返し行われ、その行為を行うことが常習化して、やがて習慣となります。すると、人びとはその行動規範を self-evident and self-justifying なものだと感じるようになります。この心理も習慣の魔術的影響力の（効果が現れた）一例です。

　ところで、なぜ習慣と違う行為をすると違和感や嫌悪感を抱くのでしょうか？　あるいは、行為が習慣になると、なぜその行動規範を self-evident and self-justifying なものだと感じるのでしょうか？　そのメカニズムを説明したのが which 節です。

　一定の行為を日常生活で繰り返し行うと、常習化して、それが習慣になります。習慣は本来後天的に獲得した性質ですが、あまりにも深く身についているために、まるで先天的に持っている性質であるかのように

感じられます (← これが第二の天性になるということで、この心理も習慣の魔術的影響力の一例です)。しかし、この段階では、どんなに当たり前に見えても、それが後天的に獲得された性質、すなわち習慣であることは意識されています。ところが、これがさらに進むと、やがて第一の天性 (=本当の天性) であると絶えず間違われる状態になります (← この心理も習慣の魔術的影響力の一例です)。この段階になると、それが後天的に獲得された性質であること、すなわち習慣であることは念頭から消え、生まれつきの性質であると感じられます (まるで先天的性質であるかのように感じられるのではありません。まさしく本当に先天的性質であると感じられるのです)。こうなると、もはや習慣とは異なる行動の仕方があることすら念頭に浮かばなくなります。別の言い方をすれば、人々は習慣によって自分がコントロールされていることにすら気がつかなくなります。これが which 節の内容です。

　膀胱に尿がたまると尿意を感じ、尿意を感じれば排尿するのは人間の生理作用で、先天的に備わっている性質 (=天性) です。ですから、膀胱に尿がたまると空腹を感じるとか、尿意を感じると水を大量に飲むという人がいたら非常な違和感を覚えます。人と会ったらお辞儀することが習慣になっている人が、人と会ったら握手したり抱擁したりキスしたりする行為に非常な違和感を抱くのは、これと同じで、人と会ったらお辞儀することが人間の先天的性質であると感じられているからです。

　先天的性質は人間にとって self-evident and self-justifying なものです。たとえば、尿意を感じれば排尿するのは先天的性質ですから「尿意を感じれば排尿する」という命題は、それが正しいことは証明不要で明らかです。社会の行動規範に従った行為 (e.g. 人と会ったらお辞儀する) は、それが習慣になると、その行為を行うことが先天的な性質であると感じられるようになります。すると、その行為を定めた規範 (e.g. 人と会ったらお辞儀すべしという規範) は、「尿意を感じれば排尿する」という命題と同じように、それが正しいことは証明不要で明らかであるように感じられるのです。ですから「このほとんど普遍的な錯覚 (=行動規範が self-evident and self-justifying に見えること) は習慣がもつ魔術的影響力の実例の一つだ」と言ったのです。

行動規範に定められた行為が習慣になる。①
→ 習慣は第二の天性になる。②
→ やがて習慣は本当の天性と絶えず間違われるようになる。③
→ その結果、行動規範の内容は本当の天性であると感じられる。④
→ ところで、本当の天性は self-evident and self-justifying である。⑤
→ そのため、行動規範は self-evident and self-justifying に見える。⑥

　この文は①と⑥を主節で言い、①と⑥をつなぐ中間命題のうち②と③を which 節で言い、例の「言わなくてもわかる（はずだとミルが思う）ことは言わないですます」というミル流の書き方で、④と⑤は明記せず、最後まで読むと① → ② → ③ → ④ → ⑤ → ⑥のメカニズムがわかるという仕組みになっています。

▶ **universal** はここでは「時間的にも場所的にも普遍的な（＝いつでもどこでもある）」という意味です。

▶ なぜ **one of the examples** と言ったかというと、習慣がもつ魔術的影響力の実例は他にもあるからです。それは which 以下で示されていますが、それ以外にも「行動規範は変更不可能であるように見えること」なども実例の一つに挙げてよいでしょう。

▶ この文では「**the magical influence of custom** の中身」は説明されていません。しかし、その力の（効果が現れた）実例を3つ挙げているので、これらから「どのような力」なのか推測できます。the magical influence of custom＝the power of custom to make any conduct or system, however strange, feel natural［どんなに奇妙な行動やしきたりであっても自然なものに感じられるようにする、習慣の力］です。

▶ **a second nature**［第二の天性］は「本当は生まれてから身につけた性質なのであるが、あまりにも深く心身に浸透しているために、あたかも生まれながらに持っている性質であるかのように感じられるもの」です。

▶ **as the proverb says**［諺が言うように］は Custom is a second nature.［習慣は第二の天性］という諺を指しています。この人口に膾炙_{かいしゃ}した諺を引き合いに出すことによって、習慣の魔術的影響力によって「習慣が第二の天性と感じられること」はミル独自の見解ではなく、多くの人が気がついていることを示したのです。

▶ **the first** は the first nature の省略形で、the first nature＝a real inborn nature［本当の生まれつきの性質＝本当の天性］です。

このようなほとんど普遍的な錯覚は、習慣の魔術的勢力の一つの実例であって、蓋し習慣は、諺に云うように、第二の天性であるのみならず、絶えず第一の天性と誤解されている。（岩波）

ほぼどの時代、どの国でもこのように錯覚されているのは、習慣というものの魔術を示す例の一つである。習慣は第二の天性だといわれるが、それだけでなく、つねに第一の天性だと誤解されているのだ（日経 BP）

この全然の、然しながら、普遍的な錯覚は、慣習の魔術的影響――それは、諺の語る如く、第二の天性であるのみならず、不断に第一のものと見謬られるところの―――事例である。（高橋）

（1-06-09）**The effect of custom, in preventing any misgiving respecting the rules of conduct which mankind impose on one another, is all the more complete because the subject is one on which it is not generally considered necessary that reasons should be given, either by one person to others, or by each to himself.**

訳 人類が互に課している行動規範は、他人に理屈を説明したり、自分で理屈を納得したりする必要があるとは一般に考えられていない。それゆえ、そのような行動規範についていかなる疑念も抱かせない上述した習慣の影響力はよりいっそう完全になるのである。

構文 preventing は動名詞です。■ misgiving は「疑念」という意味の純粋な名詞です。■ respecting は「〜に関して」という意味の前置詞です。■ it は仮主語で、that reasons . . . himself が真主語です。■ should be given の should は「命令、要求、提案などを表す動詞・形容詞に続く that 節の中で使われる should」です。ここでは necessary に続く that 節なので should が使われています（*cf.* 1-02-07）。

研究 この文の中心は「all the 比較級＋理由（〜なので、それだけいっそう比較級だ）」です。この表現は『自由論』ではここで初めて出てきました。all the more complete because . . . を完全に理解するためには、この表現の精密な分析が必要です。そこで、先に all the more complete because 以外の部分を確定し、最後に all the more complete because を検討することにしましょう。

▶ effect は「影響、効果」ではなく「影響力」の意味です。**The effect of custom**〔習慣の影響力〕は前文の the magical influence of custom〔習慣の魔術的影響力〕を言い換えたものです。習慣の影響力はいろいろな心理現象で働きます。そこで、the effect of custom を一般的にとらえると the effect of custom in various mental phenomena〔さまざまな心理現象における習慣の影響力〕となります。これは the effect of custom in general〔習慣の影響力一般〕と言っても同じです。それに対して、個別の特定の心理現象ごとに捉えると、the effect of custom in A, the effect of custom in B, the effect of custom in C, etc. となります。

　ところで、もしミルがここで「習慣の影響力」をテーマにして論じているなら、この文の主語である The effect of custom は、一般的に捉えた the effect of custom in various mental phenomena すなわち the effect of custom in general になります。しかし、ミルがここで論じているのは「習慣の影響力」ではなく、the rules of conduct which mankind impose on one another〔人類が互に課している行動規範〕です。「習慣の影響力」は、この行動規範が self-evident and self-justifying に見える原因として指摘されているにすぎません。したがって、この文の主語である The effect of custom は、一般的に捉えた the effect of custom in general ではなく、個別の特定の心理現象に特化して捉えた the effect of custom in A〔Aにおける習慣の影響力〕です。具体的に言うと the effect of custom in making the rules of conduct which mankind impose on one another seem self-evident and self-justifying〔人類が互に課している行動規範が self-evident and self-justifying に見えるようにすることにおける習慣の影響力〕です。これを別の言い方で表現すると the effect of custom in preventing any misgiving respecting the rules of conduct which mankind impose on one another〔人類が互に課している行動規範についていかなる疑念も抱かせないようにすることにおける習慣の影響力〕となります。

　しかし、これと原文の表現を比べると1つ違いがあります。原文には the effect of custom と in preventing の間にコンマがあります。これはなぜかというと、原文の **in preventing any misgiving respecting the**

rules of conduct which mankind impose on one another は、the effect of custom を限定的に修飾するというよりも、挿入句として付け加えられたものだからです。通常 the effect of custom だけであれば the effect of custom in general の意味を表します。しかし、この文の場合は文脈（＝前2文の内容および後ろの because 節の内容）から、the effect of custom は「個別の特定の心理現象における影響力 ⇒ 前文（の特に前半）で問題になっている影響力」を指していることが読者にわかります。ですから、この文は The effect of custom is all the more complete because . . . と書いてもよいのです（これで「習慣の、前文（の特に前半）で問題になっている影響力」について述べた文として通るのです）。しかし、これだと（＝主語が the effect of custom だけだと）、中には the effect of custom in general のことだと誤解する人がいないとは限りません。また、直前の部分（＝前文の後半の部分）だけを受けて the effect of custom in making custom continually mistaken for the first nature [習慣が絶えず第一の天性と間違えられるようにすることにおける習慣の影響力] のことだと受け取る人もいるかもしれません（実際 The effect of custom ではなく This effect of custom is all the more complete because . . . にしたら確実にこの意味になります。しかし、この受け取り方では狭すぎます）。そこでミルは念の為ちょっと注意を促す趣旨で in preventing . . . on one another を付加的に挿入したのです（だから前後にコンマがあるのです）。その際、in making the rules of conduct which mankind impose on one another seem self-evident and self-justifying では前2文と同じ表現ですから redundant [冗漫な] な印象を与えます。そこで in preventing any misgiving respecting the rules of conduct which mankind impose on one another に表現を変えたのです。「習慣の影響力、もちろんこれは影響力一般ではなく、前前文で指摘した影響力のことを言っているのですが、これは……」というニュアンスです。

　all the more complete because は最後に検討するので飛ばして、次に because 節の中を検討しましょう。ここの subject は「（行為あるいは影響の）対象」という意味です。たとえば the subject of investigation [調査の対象] あるいは He was frequently the subject of a ridicule. [彼はよく笑い者にされていた] というときの subject と同じです。**the subject は the**

subject of the effect of custom〔習慣の影響力が及ぶ対象〕です。具
体的には **the rules of conduct which mankind impose on one
another**〔人類が互に課している行動規範〕が **the subject** です。

　なお「the subject は custom を指している」と考える人がいます。こ
れは間違いです。ここでミルが論じているのは行動規範であり、習慣で
はないのです。それに、もし because 節が custom について述べている
なら（すなわち the subject＝custom なら）、主節の主語が The effect of
custom なのですから、わざわざ because the subject is one on which it is
not generally considered necessary that . . .〔（習慣という）the subject は……
が一般に必要だとは考えられていない subject なので〕などと言う必要はまっ
たくありません。because it is not generally considered necessary that
. . .〔……が一般に必要だとは考えられていないので〕と言えば十分です。ど
うしても custom について述べていることをはっきりさせたいなら、be-
cause on custom it is not generally considered necessary that . . .〔習慣に
おいては……が一般に必要だとは考えられていないので〕と言えばわかりま
す。ここは because the subject of the effect of custom, that is, the rules
of conduct which mankind impose on one another, is a subject on which
it is not generally considered necessary that . . .〔その、習慣の影響力が及
ぶ対象、すなわち人類が互に課している行動規範は…… が必要だとは一般的
に考えられていない対象なので〕という意味です。because 節が、習慣そ
のものではなく、習慣の影響力が及ぶ対象となる様々な事柄の中の、あ
る一つの特定の事柄について述べているので、自動的に主語の The effect
of custom はその特定の事柄（＝the subject すなわち the rules of conduct
which mankind impose on one another）に及ぼされる影響力に限定されま
す。ですから in preventing . . . on one another はますます言う必要はな
く、したがって挿入句として付加されているのです（これが in preventing
の前にコンマがある理由です）。

▶ one on which . . . の **one** の中身は a subject です。

▶ **reasons** は「そうした方がよい理屈」です。「理由」でもよいのです
が、次の文で feelings〔感情〕と対比されているので「理屈」の方がより
適切です。理屈の内容は明らかにされていません。これは「理屈が必要
だとは一般的に考えられていない」ので、明らかにする必要がないから

です。しかし、ミルが utilitarian［功利主義者］であることは周知のこと
ですから、ミルが想定しているであろう「理屈」の内容は推測できます。
それはおそらく「（その考え方・行動が）最大多数の最大幸福にかなうメカ
ニズム＝（その考え方・行動は）どういう理屈で最大多数の最大幸福にか
なうのか」です。

▶ **either A or B** は肯定文では「A か B かどちらか（一方）」という意味
ですが、否定文では「A も B もどちらも（…でない）」という意味になり
ます。

▶ **reasons should be given by one person to others** は「一人の人
が他の人たちに（それ、この場合は行動規範、すなわち「どのように考え、
行動すべきか」を話すときに）理屈（この場合は「その考え方・行動が最大
多数の最大幸福にかなうメカニズム」）を説明する」ことです。**reasons
should be given by each to himself** は「一人一人が自分で（行動規範
を考えるときに）理屈を納得する」ことです。the subject（＝行動規範）は
one on which it is not generally considered necessary（＝理屈を説明した
り、納得したりすることが必要だとは一般に考えられていない対象）なので
す。

▶ さてそれでは **all the more complete because** です。まず「all the
比較級＋理由（～なので、それだけいっそう比較級だ）」という表現を十分
に理解して、それから原文を検討することにしましょう。「all the 比較級
＋理由」の all は強調の副詞で、the 比較級を強調しています。the は「そ
れだけ」という意味の指示副詞で、比較級を修飾しています（この the は
定冠詞ではありません。The 比較級 ..., the 比較級 ...［……すればするほ
ど、ますます……だ］の後ろの the と同じです。ちなみに前の the は関係副
詞です）。理由は「for＋名詞」「because S＋V」「owing to 名詞」などい
ろいろな書き方がありますが、いずれも「all the 比較級」の理由を表わ
しています。これを全部合わせると「～なので、それだけ比較級だ」と
なります。しかし、これではまだ完全にはわかっていません。実はこの
表現は、主語が比較級の方向に変化すればいつでも使えるというわけで
はないのです。この表現には「主語はもともと相当（比較級になっている）
形容詞・副詞の程度が大きい状態にある」という前提条件があって、こ
の前提条件を満たしていないと使えないのです。したがって **「all the 比**

較級＋理由」は「もともと相当形容詞・副詞の状態にあったのが、〜の理由でそれだけ<u>いっそう</u>形容詞・副詞が比較級の方向に傾く」という<u>意味を表す</u>のです。次の英文を見てください。Indulged in to excess, reading also becomes a vice ── a vice all the more dangerous for not being generally recognized as such. この文は「読書も、過度に熱中すると、悪癖になる。悪癖というものはそもそも相当危険なものだが、この過度の読書という悪癖は、一般に悪癖と認められていないためにそれだけいっそう危険な悪癖なのである」という意味です。

　それでは原文を検討しましょう。原文の「all the 比較級＋理由」は次の2つの特徴があります。

　　①　**complete は程度の観念を入れられない形容詞である。**

　1-02-14 で説明したように、程度の観念を入れられない形容詞が比較級で用いられているときは3つの可能性があります。

　　(1)　「意味」が変わって「程度の観念を入れられる形容詞」になっている。
　　(2)　「意味」は同じだが「基準」が2つあり、2つの基準の間の程度の違いを比較級で表している。
　　(3)　「意味」も「基準」も同じで「属性」に程度の差がある。

　この文の more complete もこの3つの判断枠組みで事柄を考える必要があります。

　　②　**原因と結果の間に時差がなく同時である。**

　たとえば Because he lied, he was scolded severely. 〔彼はうそをついたので、厳しく叱責された〕の場合、原因と結果の間に「時間的に原因が先で、結果が後」という時差があります（これを時差的因果関係と呼ぶことにします）。それに対して、The vase is stable because the top of the table supporting it is completely horizontal. 〔テーブルの上が完全に水平なので、その花瓶は安定している〕の場合、原因と結果は同時に生じていて、その間に時差はありません（これを同時的因果関係と呼ぶことにします）。時差的因果関係の場合は、「新たに生じた原因によって変化が起きる」という

active なニュアンスが強いのに対して、同時的因果関係の場合は「もともと存在している状況を描写している」だけで static なニュアンスが強くなります。別の言い方をすると、時差的因果関係における結果は「（新たに生じた原因によって起きた）変化（change）」ですが、同時的因果関係における結果は「（原因が存在しない場合との）差異（difference）」です。この性質の違いが「all the 比較級＋理由」になるとはっきりと表に出てくるのです。

　それでは以上の 2 点をふまえて「all the 比較級＋理由」の例文を検討してみましょう。

　① 程度の観念を入れられる形容詞 / 時差的因果関係

Her love of him was all the more ardent because he got a divorce. 〔彼女の彼への愛情は、彼が離婚したのでいっそう強まった。〕

　時差的因果関係なので all the more ardent は「程度の変化」を表しています。彼女の彼への愛情はもともと相当強かったのですが、彼が離婚したことによって、それだけいっそう強まったのです。

　② 程度の観念を入れられる形容詞 / 同時的因果関係

Her love of him is all the more ardent thanks to their long-distance relationship. 〔彼女の彼への愛情は、長距離恋愛のせいでそれだけいっそう強い。〕

　同時的因果関係なので all the more ardent は「程度の差異」を表しています。彼女の彼への愛情は、長距離恋愛でないとしても相当強いものでしょうが、実際には長距離恋愛なのでそれだけいっそう強いのです。

　③ 程度の観念を入れられない形容詞 / 時差的因果関係

Her love of him was all the more complete because he supported her when she entered the hospital to be treated for a serious illness. 〔彼女の彼への愛情は、重病で入院したとき彼が支えてくれたことでいっそう完全なものになった。〕

　時差的因果関係なので「程度の変化」が生じているはずです。しかし

complete は程度の観念を入れられない形容詞です。したがって、complete の基準が double standard になっているか、または complete の基準は 1 つで「completeness の属性（この場合は安定性・確実性）」がより強くなったか、のどちらかです。時差的因果関係の場合には事柄が 2 つ実際に存在しています。「原因が生じる前の事柄」と「原因が生じた後の事柄」です。「原因が生じる前の事柄」は基準 A に照らして complete であり、「原因が生じた後の事柄」は基準 B に照らして complete である。どちらも complete なのだが、基準 B の方が厳格なので all the more complete であるというのが「double standard の解釈」です。原因が生じる前後で時間的な経過があるのですから、同一人の中で、新たな事柄の発生によって基準が変化するのは少しも不自然なことではありません。

　実際にこの文でやってみると、彼女の従来の complete love の基準は「誰が反対しても揺るがない愛情」というものであり（← たとえばの話です）、彼に対する愛情はこの基準を満たしていて complete でした。ところが、自分の入院時に彼が支えてくれたことで、彼に対する愛情がさらに強くなり「二人の間にどんなことがあっても揺るがない愛情」という complete love のより厳しい基準を満たすようになったのです（← たとえばの話です）。そこでどちらの愛情も complete なのですが、入院後の愛情の方がより厳しい基準を満たしているので all the more complete と言ったわけです。これが「double standard の解釈」です。

　それに対して、彼女の complete love の基準は終始一貫「誰が反対しても揺るがない愛情」というもので、この基準は入院の前後で変わっていません。この基準に照らして、彼女の彼に対する愛情は入院前も入院後も complete なのです。ところが、自分の入院時に彼が支えてくれたことで completeness の「安定性・確実性」がより強くなったのです。「もうどんなことがあっても自分の彼に対する愛情の completeness（＝誰が反対しても揺るがないこと）は変わらないわ」となったのです（← たとえばの話です）。これが「属性の程度の解釈」です。厳密に考えるとこの 2 つの解釈は違いますが、実際の事柄としてはほぼ同じですから、どちらの解釈でもよいでしょう。

　④　程度の観念を入れられない形容詞 / 同時的因果関係

Her love of him is all the more complete because he expects nothing of her in return for his love.〔彼女の彼への愛情は、彼が自分の愛情の見返りを何も求めないので、それだけいっそう完全なものである。〕

同時的因果関係なので all the more complete は「程度の差異」を表しているはずです。しかし complete は程度の観念を入れられない形容詞です。そこで、complete の基準が double standard になっているか、または complete の基準は 1 つで「completeness の属性（この場合は安定性・確実性）」がより強いか、のどちらかになるはずです。ところで、同時的因果関係の場合は「実際に存在している事柄」は 1 つだけです（「原因が存在している場合の事柄」だけです）。これを「想定される架空の事柄（＝原因が存在しないと想定した場合の事柄）」と比較して、程度に違いがあると言っているのです。仮に「想定される架空の事柄」を先に評価して、それから大分時間をおいて「実際に存在している事柄」を評価するのであれば、時間が経過する間に評価基準が変化するということはありえます。しかし、そうではありません。「想定される架空の事柄」と「実際に存在している事柄」は同時に（＝同じ時点で）評価するのです。したがって、「想定される架空の事柄」と「実際に存在している事柄」の評価基準を意識的に変えるということは、特別な事情がない限り、普通はしません（1–02–14 で説明した His answer is less complete . . . の場合は「彼の答案を悪く言いたくない」という特別な事情があるのです）。以上のことから、**同時的因果関係で、形容詞が程度の観念を入れられない形容詞の場合は、特別な事情がない限り「double standard の解釈」ではなく「属性の程度の解釈」を採るべきです。**

この文の場合は、彼女の彼への愛情は、彼が自分の愛情の見返りを求める場合も求めない場合も、同一の基準に照らして complete なのです。しかし、彼が自分の愛情の見返りを求めない場合は、愛情の completeness の「安定性・確実性」がそれだけ強いのです。そこで、彼女の彼への愛情は all the more complete であると言ったのです。この文を次の文と比べてみましょう。Her love of him is all the more stable because he expects nothing of her in return for his love.〔彼女の彼への愛情は、彼が自分の愛

情の見返りを何も求めないので、それだけいっそう安定している〕この文は、ただ「(愛情の) 安定性がより強い」と言っているだけで、愛情のレベルには言及していません。原文のように stable を complete にすると、愛情が「完全」のレベルに達していることが明示されるのです。

⑤　程度の観念を入れられる形容詞 / 時差的因果関係

My conviction is all the firmer for your explanation yesterday. 〔私の確信は、昨日のあなたの説明を聞いて、いっそう強まっている。〕

時差的因果関係なので all the firmer は「程度の変化」を表しています。私の確信はもともと相当強かったのですが、昨日あなたの説明を聞いたことによって、それだけいっそう強まっているのです。

⑥　程度の観念を入れられる形容詞 / 同時的因果関係

My conviction is all the firmer for your support. 〔私の確信は、あなたが支えてくれているので、それだけいっそう強い。〕

同時的因果関係なので all the firmer は「程度の差異」を表しています。私の確信は、あなたが支えてくれていなくても相当強いものでしょうが、実際にはあなたが支えてくれているのでそれだけいっそう強いのです。

⑦　程度の観念を入れられない形容詞 / 時差的因果関係

My conviction is all the more complete for your explanation yesterday. 〔私の確信は、昨日のあなたの説明を聞いて、いっそう完全なものになっている。〕

時差的因果関係なので「程度の変化」が生じているはずです。しかし complete は程度の観念を入れられない形容詞です。したがって、complete の基準が double standard になっているか、または complete の基準は 1 つで「completeness の属性 (この場合は安定性・確実性)」がより強くなったか、のどちらかです。私の従来の conviction は私の complete conviction の基準を満たしていて complete でした。ところが、昨日あなたの説明を聞いたことで、私の確信がさらに強くなり、complete conviction のより厳しい基準を満たすようになったのです。そこでどちらの確信も complete

なのですが、説明を聞いた後の確信の方がより厳しい基準を満たしているので all the more complete と言ったわけです。これが「double standardの解釈」です。

　それに対して、私の complete conviction の基準はあなたの説明を聞いた前後で変わっていません。この基準に照らして、私の確信はあなたの説明を聞く前も聞いた後も complete なのです。ところが、あなたの説明を聞いたことで completeness の「安定性・確実性」がより強くなったのです。「もうどんなことがあっても私の確信の completeness は揺らがないぞ」となったのです（← たとえばの話です）。これが「属性の程度の解釈」です。厳密に考えるとこの 2 つの解釈は違いますが、実際の事柄としてはほぼ同じですから、どちらの解釈でもよいでしょう。

　⑧　程度の観念を入れられない形容詞 / 同時的因果関係

My conviction is all the more complete for your support.
〔私の確信は、あなたが支えてくれているので、それだけいっそう完全である。〕

　同時的因果関係なので all the more complete は「程度の差異」を表しているはずです。しかし complete は程度の観念を入れられない形容詞です。そこで、complete の基準が double standard になっているか、または complete の基準は 1 つで「completeness の属性（この場合は安定性・確実性）」がより強いか、のどちらかになるはずです。ところで、同時的因果関係で、形容詞が程度の観念を入れられない形容詞の場合は、特別な事情がない限り、「double standard の解釈」ではなく「属性の程度の解釈」を採るべきです。この文の場合は、私の確信は、あなたが支えてくれている場合も支えてくれていない場合も、同一の基準に照らして complete なのです。しかし、あなたが支えてくれている場合は、確信の completeness の「安定性・確実性」がそれだけ強いのです。そこで、私の確信は all the more complete であると言ったのです。

　さて原文の because 節の内容（＝人類が互に課している行動規範は理屈が必要だとは一般的に考えられていない対象である）は主節と同時に存在する理由です。したがって、**原文の all the more complete because ... は、同時的因果関係で、形容詞が程度の観念を入れられない形容詞**

**ですから、特別な事情がない限り「属性の程度の（差異の）解釈」で読む
べきです。**この文の場合は、行動規範に及ぶ習慣の影響力は、「行動規範
は理屈を説明する必要がある事柄だ」と一般的に考えられている場合も
考えられていない場合も、同一の基準に照らして complete なのです。し
かし、理屈を説明することが必要だと一般的に考えられていない場合は、
習慣の影響力の completeness の「安定性・確実性」がそれだけ強いのです。行動規範によってそうするべきとされている行為について「その行
為をした方がよい理屈」を言える必要があると一般に思われていたら、
何も考えず機械的にその行為をすることはできません。行為の前にいっ
たん理屈を考えます。そのとき、理屈が説明できなかったら、その行為
をすることに対して疑念がわく可能性があります。それに対し、理屈を
言える必要があるとは一般に思われていないときは、機械的にその行為
をしてしまい、疑念を抱く余地はありません。

　たとえば「人と会ったら握手をする」という行為の場合、習慣の影響
力（＝人と会ったら握手するという行動規範が正しいことは自明かつ自証で
あると感じさせる力）は完全ですから、誰でも握手は人間同士のまったく
自然な挨拶の仕方だと感じています。ところが、もし握手をする際はそ
の理屈を（いちいち言わないまでも、少なくとも）言える必要があるとした
ら、理屈を聞かれたときは「握手することが最大多数の最大幸福にかな
うメカニズム」を説明できなければなりません（具体的には「握手によっ
て親密さを示せる」とか「握手によって相手に警戒心を抱いていないことを
示せる」とか言うことになるでしょう）。その理屈に対して「最大多数の最
大幸福にかなう挨拶のやり方なら他にもあるのではないか（たとえば、親
密さを示すためなら他にもやり方はあるのではないか？　東洋人は握手しな
いでお辞儀しているぞ）」などと反論されたら、言葉に詰まってしまいま
す。それでも習慣の影響力は依然として完全ですから、問題なく握手す
るでしょうが、心の片隅に「握手は絶対やらなければいけないものなの
か？（＝握手は最大多数の最大幸福を実現する挨拶の方法としてベストなの
か？）」という疑念が兆すかもしれません。

　それに対して、理屈を言える必要があると考える人が誰もいなければ、
みな何の疑問も抱かず握手して、この行動規範に対する確信が揺らぐよ
うなことは起こりえません。ですから、後者の場合は、前者に比べて、

習慣の影響力（＝行動規範が正しいことは自明かつ自証であると感じさせる力）の completeness の安定性・確実性がそれだけ強いのです。そこで、The effect of custom . . . is all the more <u>stable</u> because . . . と書いてもいいのですが、これだと「習慣の影響力の安定性がそれだけ強い」と言っているだけで、習慣の影響力自体がどれくらいのレベルなのかについては一言も言っていません。ところが、The effect of custom . . . is all the more <u>complete</u> because . . . にすると、習慣の影響力は「いずれにせよ（＝理屈を言える必要があってもなくても）完全である」ことが明示されるのです。

慣習は、人類が互に課している行為の規則については、いかなる疑念をも抱かせないようにする効力のあるものであるが、そもそも［強制せらるべき行為の規則はいかなるものでなくてはならないかという］この問題については、ある人から他の人々にむかつても己れ自身に向かつてもなんらその理由を説明する必要のないものと、一般に考えられているために、以上のような習慣の効力は、いよいよ完全なものとなる。（岩波）

習慣というものは、他人に対しても自分自身に対しても、なぜそうなのかを説明しなければならないものとは一般に考えられていない。そのため、人間が互いに課している行為の規則について、なんらかの疑念が生ずるのを防ぐ点で、習慣の果たす力はいっそう完全である。（名著）

以上のように、人びとが互いに課している行動の規則は、習慣になっているために疑問がもたれにくいのだが、それだけではない。行動の規則については一般に、他人に対しても自分に対しても理由を示す必要があるとは考えられていないので、習慣の影響がさらに強くなっているのである。（日経 BP）

習慣の効果は、人類が相互に課するそういう行為の準則についての何らかの不安の念を阻止すれば、ますます完全になる。何となれば、この問題は、或る一人が他の人々に対してにせよ、または各人が自分自身に対してにせよ、これこれという理由の与えられることがぜひ必要だと一般的には考えられていない問題だからである。（柳田）

1–06–07～09 は cohesion［密着性］がやや弱いように感じられます。そ

こで論理展開を簡単に追っておくことにしましょう。まず字面を見てみ
ましょう。

> （1-06-07）行動規範が正しいことは自明かつ自証であるように見え
> る。
> （1-06-08）この錯覚は習慣がもつ魔術的影響力の一例である。
> （1-06-08）習慣は絶えず第一の天性と誤解されている。
> （1-06-09）行動規範について疑念を抱かせないようにすることにおけ
> る習慣の影響力は、行動規範が理屈不要なので、それだけいっ
> そう完全性が増す。

次に字面に事柄を補ってみましょう。

① 社会の思想と慣行は社会における最強の集団すなわち過半数者、
あるいは自己を過半数者として認めさせることに成功する人々の
思想と慣行である。（1-04-07）（1-04-08）

② 社会（実は社会における最強の集団）は社会の思想と慣行（実は社
会における最強の集団の思想と慣行）を社会構成員に対し行動規範
として強制する傾向がある。（1-05-04）

③ 行動規範として強制されると、社会の思想と慣行（実は社会にお
ける最強の集団の思想と慣行）が繰り返し行われ、それらはやがて
習慣になる。

④ 習慣となった思想と慣行は第一の天性と誤解される。（1-06-08）

⑤ 思想と慣行が第一の天性であると誤解されると、思想と慣行を
定めた行動規範は自明かつ自証であるように見える。（1-06-07）
（1-06-08）

⑥ 社会の思想と慣行を定めた行動規範は理屈不要である。（1-06-
09）

⑦ そのため、行動規範についていかなる疑念も抱かせないように
する習慣の影響力は、それだけいっそう完全性が増す。（1-06-09）

⑧ すなわち、行動規範が正しいことは自明かつ自証であると感じ
させる習慣の影響力の完全性はそれだけいっそう安定的になる。
（1-06-09）

> （1-06-10）People are <u>accustomed to believe</u>, and have been encouraged in the belief by some who aspire to the character of philosophers, <u>that their feelings, on subjects of this nature, are better than reasons, and render reasons unnecessary.</u>

訳　なぜそのように一般に考えられているかというと、人々は、この種の事案に関して、感情は、人間のなすべき行動を決定する基準として、理屈に勝るものであり、感情がはっきりしていれば理屈は不要なのだ、と信じるのに慣れており、また、哲学者の地位にあこがれる一部の人々によって、これを信じるようにこれまで奨励されてきたからである。

構文　are accustomed to believe〔信じるのに慣れている〕は現在の英語では are accustomed to believing と言うのが標準です。■ that their . . . unnecessary は名詞節で、to believe に対しては「動詞の目的語」、in the belief に対しては「（the belief と）同格」の働きをしています。

研究　この文は、前文の後半を受けて「なぜ行動規範のような事案では理屈を説明する必要はないと一般に考えられているのか？」という疑問に答えた文です。したがって、awkward になるのを承知でこの文の先頭に前文との関係を表す語句を置くとしたら、The reason why no reason is generally considered necessary on the subject is that〔その対象では一般に理屈は必要ないと考えられている理由は…である〕くらいを置くことになるでしょう。

▷ **have been encouraged in the belief that . . .** ＝have been encouraged to believe that . . . です。

▷ **character** は position〔地位〕あるいは status〔身分〕という意味です（e.g. be in the character of a guardian〔後見人の地位にある〕）。

▷ **some who aspire to the character of philosophers**〔哲学者という地位に憧れている一部の人たち〕は婉曲表現です。ほぼまちがいなくミルの頭の中には何人かの特定の人物があったはずです。その人たちはミルと同時代の有名人で、Feelings, on subjects of this nature, are better than reasons.〔この種の事案に関して、感情は理屈に勝る〕という考えを強力に奨励してきたのです。具体的に言うと「あなたが正しいと信じる行動に対して、あれこれ理屈を言い立てて、反対する人がいるかもしれません。でも、その人たちの議論に惑わされてはいけません。あなたの良心が正

213

邪を弁別するのを信頼しなさい」というような趣旨のことを、これまでいろいろなところで言ってきたということです。ミルはこの考えに反対で、彼らは哲学者と呼ばれるに値しないと思っています。それで彼らのことを cynical に表現したのです。しかし、それが誰であるか容易に特定されて、彼らあるいはその一派との間に無用の軋轢を生むことは避けたかった。そこで、なるべく特定されにくい、あいまいな表現を使ったのです。もっと簡単に some who call themselves philosophers〔哲学者と自称する一部の人たち〕と言っても同じです。

▷ feelings は複数形で「(理性に対して) 感情・気分」という意味を表します。つまり、**their feelings** は A's feeling, B's feeling, C's feeling, . . . が集まったので複数形になっているのではなく、A's feelings, B's feelings, C's feelings, . . . が集まったものです。感情にも喜怒哀楽いろいろありますが、ここでは好悪の感情です。「自分および自分と意見を同じくする人たちが望んでいる行動を是とし、自分および自分と意見を同じくする人たちが望まない行動を否とする感情」が their feelings です。

▷ **nature** は sort, kind〔種類〕という意味です (e.g. Things of this nature do not interest me.〔この種のものは私の興味をひかない〕)。**this nature** が何を指しているかは明確ではありません。しかし、その中核が the rules of conduct which mankind impose on one another であることは間違いありません。the rules of conduct とはっきり言わず、わざと subjects of this nature〔この種の事案〕というようにぼかしているところを考慮すると「the rules of conduct になりかけているが、まだ完全には the rules of conduct になっていない事案」も含まれているように思われます。そこで **subjects of this nature** は「繰り返し教え込まれ、繰り返し実行されて、社会的行動規範になっている、あるいは社会的行動規範になりかけている行為やしきたり」と捉えるのが妥当だと思います。具体的に言えば「人を侮辱してはいけない」「人種差別をしない」「自分より弱いものをいたわる」「式典で国旗を掲揚し、国歌を歌う」「皇室の悪口を言わない (← 日本の例ですが)」といった事です。

▷ **better** は better as a standard by which they decide the conduct men should act〔人間のなすべき行動を決定する基準としてよりよい〕という意味です。

214

▷ **reasons** は、1-06-09 の解説で述べたように、「そうする方がよい理屈」です。理屈の内容はおそらく「(行動が) 最大多数の最大幸福にかなうメカニズム」です。したがって、**their feelings, on subjects of this nature, are better than reasons** は「この種の (繰り返し教え込まれ、繰り返し実行されて、行為規範になっている、あるいはなりかけている) 事案では (自分および自分と意見を同じくする人たちが望んでいる行動を是とする) 感情の方が (最大多数の最大幸福にかなう行動であるという) 理屈よりも (人間のなすべき行動を決定する基準として) よい」という意味です。

▷ **their feelings, on subjects of this nature, ... render reasons unnecessary** [この種の事案では感情は理屈を不要にする] は「(だから) この種の事案では、感情がはっきりしていれば、理屈は必要ない」という意味です。

ところで、なぜ人々は「理屈より感情の方が判断基準としてよい」と信じるのでしょうか？ なぜ哲学者の地位に憧れている一部の人たちはこれを信じるように奨励するのでしょうか？ ミルはそもそもこれを信じることに反対ですから、そのメカニズムには言及していません。この点を少し推測してみると、feelings (← これの根底にあるのは好悪の感情です) は「本能的直観」です。それに対して reasons (これの根底にあるのは最大多数の最大幸福にかなうか否かという判断です) は「理性的判断」です。本能的直観は大多数の人の反応が一致することが多く、時間の経過によってぶれる可能性も低いのに対して、理性的判断は大多数の人が一致するとは限らず、時間の経過によって変化します。また、本能的直観の方が正しくて理性的判断が間違っていたということは誰しも経験することです。それで、人々は「最大多数の最大幸福という理性的判断」より「好悪という本能的直観」に従った方が間違いが少ないと感じるのです。おそらくこれが、人々が their feelings, on subjects of this nature, are better than reasons だと信じるメカニズムでしょう。

(1-06-11) **The practical principle which guides them to their opinions on the regulation of human conduct, is the feeling in each person's mind that everybody**

> **should be required to act as he, and those with whom
> he sympathizes, would like them to act.**

訳　具体的に言うと、人間の行動規範について彼らに自分の意見を形成させる実際の原動力は「すべての人は、私および私と意見を同じくする人たちが好むように行動すべきであり、社会はそれを求めるべきだ」という各人の心の中にある感情なのである。

構文　everybody を them で受けています。everybody を they, them で受けることは珍しくありません。

研究　前文で「人々は、この種の事案（＝社会的行動規範に類する事案）に関して、彼らの感情（＝their feelings）は（人間のなすべき行動を決定する基準として）理屈（＝reasons）よりよくて、理屈を不要にする、と信じるのに慣れている」と言いました。それを受けて、この文は「人間の行動規範について彼らに自分の意見を形成させる The practical principle は、各人の心の中にある……という感情なのである」と言って「人間のなすべき行動を決定する基準となる感情」の中身を説明したのです。

▶ **practical** は actual〔実際の〕という意味です。practical は principle が次の①ではなく②であることを示しています。

① the principle which they think guides them to their opinions on the regulation of human conduct〔人間の行動規範について自分の意見を形成する元になっていると彼らが考える principle〕

② the principle which actually guides them to their opinions on the regulation of human conduct whatever their recognition〔彼らの認識がどうであろうとも、人間の行動規範について彼らが自分の意見を形成する元に実際になっている principle〕

先行訳は **principle** を「原理」と訳しています。もしこの文が The practical principle . . . is that S＋V.〔実際の principle は S＋V ということである〕なら、principle は「原理・原則」という意味です。しかし、原文は The practical principle . . . is the feeling . . . that S＋V.〔実際の principle は S＋V という感情である〕です。「原理・原則は感情である」は意味をなしません（＝事柄が成立しません）。**ここの principle は「原理・原則」という意味ではありません。principle には「内にひそむ原動力・本源」**

<u>という意味があります</u>。OED は principle の語義として Fundamental truth or law〔根本的真理あるいは法則〕(← これが「原理」です) を挙げていますが、これは 2 番目の語義で、1 番目には Origin, source; source of action〔起源、根源; 行動の根源〕を提示して Thales said that the first principle of all things was water.〔ターレスは万物の根源は水であると言った〕という 1871 年の用例を示しています。Webster は underlying or basic quality that motivates behavior or other activities〔態度あるいはその他の行動の動機となる潜在的あるいは基本的な性質〕という定義を挙げ such principles of human nature as greed and curiosity〔貪欲や好奇心のような人間の性質にひそむ原動力 (人間の性質の本源)〕という用例を示しています。これなら principle＝feeling が成立します。原文の principle はこの意味です。そこで、**The practical principle which guides them to their opinions on the regulation of human conduct, is the feeling in each person's mind that . . .** は「人間の行動規範について彼らが自分の意見を形成する元になっている実際の原動力 (根源) は、各人の心の中にある……という感情である」という意味です。なお先行訳はすべて principle を「原理、原則、指針」と訳しているので、上の解釈に不安を感じる人がいるかもしれません。そこで、他の実例を紹介しましょう。次はアダム・スミス (Adam Smith) の『国富論』(*An Inquiry into the Nature and Causes of the Wealth of Nations* 1776) の中の文です。

With regard to profusion, the <u>principle</u> which prompts to expense is the <u>passion</u> for present enjoyment; which, though sometimes violent and very difficult to be restrained, is in general only momentary and occasional.〔浪費に関して言えば、支出を促す原動力は目の前にある享楽を求める強い感情である。この感情は、非常に強力で抑えるのが極めて難しいときもあるが、概して瞬間的で散発的に起こるにすぎない〕

▶ **the regulation of human conduct**＝the rules of conduct which mankind impose on one another〔人類が互に課している行動規範〕(1-06-09) です。

▶ **the feeling in each person's mind that . . .** は「各人の心の中に

ある…という感情」です。この that 節の中が前文（1-06-10）の their feelings（＝人間のなすべき行動を決定する基準となる感情）です。

▶ **Everybody should be required to act**〔すべての人は行動するように求められるべきだ〕については、次の3つを比べてください。

① Everybody should act as S＋V.〔S が V するようにすべての人は行動するべきだ。〕

これは推奨ないし勧告の段階にとどまっていて、このように行動しなくても不利益を蒙るわけではありません。should が表す義務は everybody が負っています。①は「個人が行動する義務を負う」という内容です。

② Everybody is required to act as S＋V.〔S が V するように行動することを、すべての人は求められている。〕

require する主体（＝誰が require するのか）は明示されていません。文脈から判断すると society が適切でしょう。すると、②は everybody should act, and society requires everybody to act, as S＋V〔S が V するようにすべての人は行動するべきであり、社会はそう行動するようにすべての人に求めている〕という内容を表します。「社会は～するように求めている」という部分（＝is required to〔～するように求められている〕の部分）は、事柄としては、そのように行動しないときは社会が不利益を与えるということです（社会が与える不利益はたんに「相手にしないこと＝無視すること」から刑事罰まで様々です）。したがって、②は「個人が行動する義務を負う」＋「社会がそれを強制する」という内容です。

③ Everybody should be required to act as S＋V.〔S が V するように行動することを、すべての人は求められるべきだ。〕

③（＝原文）は everybody should act, and society should require everybody to act, as S＋V〔S が V するようにすべての人は行動するべきであり、社会はそのように行動するようにすべての人に求めるべきである〕という内容を表します。「社会は～するように求めるべきである」という部分（＝should be required to〔～するように求められるべきである〕の部分）は、事柄としては、そのように行動しないときは社会が不利益を与えるべきだという

ことです。should が表す義務は、act する主体である everybody が負っているのではなく、everybody に require する主体である社会が負っています（たとえば Women should be treated courteously.〔女性は丁重に扱われるべきだ〕は「男性は女性を丁重に扱うべきだ」という意味で、should が表す義務は women ではなく men が負うのです）。したがって、③ **（＝原文）は「個人が行動する義務を負う」＋「社会がそれを強制する」＋「社会が強制する義務を負う」という内容です。**

　as he, and those with whom he sympathizes, would like them to act は「私および私と意見を同じくする人たちが好むように」という意味です。**ここが「人間のなすべき行動を決定する基準となる感情」の中核です。**これを次の文 (1-06-12) は一言で his own liking〔自分自身の好き嫌い〕と言っています。

　もし人々が「すべての人は、私および私と意見を同じくする人たちが好むように行動するべきだ」とだけ感じていて、それに基づいて人間の行動規範についての自分の意見を形成しているならミルは the feeling in each person's mind that everybody <u>should act</u> as he, and those with whom he sympathizes, would like them to act〔「すべての人は、私および私と意見を同じくする人たちが好むように行動するべきだ」という各人の心の中にある感情〕と書いたでしょう。しかし、現実には、人々はそれだけでなく同時に「社会はすべての人にそのように行動するよう求めるべきだ」と感じています。そこでミルはこの２つを合わせて the feeling in each person's mind that everybody <u>should be required to act</u> as he, and those with whom he sympathizes, would like them to act.〔私および私と意見を同じくする人たちが好むように行動することをすべての人は求められるべきだ、という各人の心の中にある感情〕と書いたのです。

　ところで、この文を読むと疑問が生じます。この文は「行動規範についての人の意見は（理屈に基づいているようでいて、実態は）自分の好き嫌いで決定した行動を他人に押し付け、やらせたいという感情の表れなのだ」と言っています。これは行動規範について、人それぞれ意見が異なる可能性があることを示しています（行動を決定する基準となる「好き嫌い」は人によって違うからです）。ところが、1-06-06 では「任意のどの時代、どの国の人も、この問題を解決するのに何か難しいところが

あるなどとは思いもせず、まるで人類の意見がこれまで常に一致してき
た問題であるかのように考えている」と言い、1-06-07 では The rules
which obtain among themselves appear to them self-evident and self-jus-
tifying.〔彼ら自身の間に行なわれている規則は、彼らにとっては、正しいこ
とは自明であり、規則自体が正しさを証明しているように見えるのである〕
と言っています。これは、少なくとも時代と国が同じであれば、人々の
行動規範についての意見は一致しているという内容です。ここには（＝
好き嫌いは人それぞれのはずなのに、まるで人類の意見がこれまで常に一致
してきたかのように考えていることには）contradiction〔矛盾〕とまでは言
わないまでも、一種の tension〔緊張関係〕が存在します。これについて
考えてみましょう。
　行動を決定する基準は好悪の感情ですから、行動規範についての人の
意見は多種多様になる可能性があります。しかし、それはあくまでも可
能性であって、そうならないこともありえます。社会の重要な行動につ
いては、人々の好悪の感情はほぼ一致しており、それゆえ、その反映で
ある行動規範についての意見も社会全体でほぼ一致しているのです。た
とえば、ビクトリア朝の英国ではキリスト教が真理であることは自明の
こととされ、キリスト教会には特権的な地位が認められていました。し
たがって、たとえば責任ある地位に就く人がキリスト教信仰について宣
誓するのをよしとする感情はどの人にもあり、「公職に就任する際にキリ
スト教の信仰を宣誓すべし」という行動規範について人々の意見は一致
していたのです。あるいは「男が外で働き、女は家庭を守る」ことを好
ましいとする感情は男女を問わずほぼ一致していました。そこで、この
行動規範について意見の不一致はほとんど起こらなかったのです。しか
し、このような社会制度の根幹にかかわるような行動規範でないものに
ついては、人の好悪の感情が一致するとは限らず、意見も分かれていた
のです。たとえば、女子教育の年限をどれくらいにするかについては、
初等教育だけでいいという人もいれば、中等教育も受けさせるべきだと
いう考えの人もいて、それぞれが、自分の意見を社会の規範にするべき
だと主張していました。1-06-06, 07 は社会の重要かつ基本的な行動規
範について述べたのであり、1-06-11 は、重要であるか否かを問わず、
行動規範に関する意見形成のメカニズムについて一般的に述べたのです。

ですから矛盾していないのです。

人々をして、人間の行為の規制に関する自己の意見をもつに至らしめる実践的原理は、あらゆる人々は自己および自己の同感している人々の欲するような行為を要請されているはずであるという、各人の心裡に潜んでいるところの感じである。（岩波）

人間行為の規則について人々にそれぞれの意見をもたせている実際上の原理は、だれもの心の中にある次のような感情、つまり自分や自分の同感する人々が、彼らにそう望むようにすべての人々は行動しなければならないという感情である。（名著）

人が行動の規則に関する意見で実際に指針としているのは、各人の心のなかにある感情、つまり、自分や自分と同じ意見の人たちがそう行動してほしいと望むようにすべての人が行動すべきだという感情である。（日経BP）

じっさい、行動の規制について、ひとびとが意見を決めるさいの指針は、誰にも自分や自分の仲間が好ましく思うような行動を求めたがる感情である。（古典新訳）

(1–06–12) No one, indeed, acknowledges **to himself** that his standard of judgment is his own liking; but an opinion on a point of conduct, not supported by reasons, can only count as one person's preference; and **if the reasons, when given, are a mere appeal to a similar preference felt by other people,** it is still only many people's liking instead of one.

訳　なるほど、どんな人も、自分の判断基準は好き嫌いだと他人に対して認めないだけでなく、自分に対しても認めない。しかし、行動の問題に関する意見は、理屈に支えられていなければ、所詮一個人の好みでしかありえない。理屈が出されたときでも、それが単に同様の好みを感じる人が他にもいるということであるなら、それは一人の好みが多くの人の好みになっただけで、依然として、単なる好みであることに変わりはない。

構文　not supported by reasons は「an opinion on a point of conduct を修飾する過去分詞形容詞用法」でも「条件を表す分詞構文」でも、どちらも可能です。

221

事柄が変わりませんからどちらでも差し支えありません。■ when given＝even
when they are given〔理屈が説明されたときでさえ〕です。

研究　おそらく多くの読者は、前文を読んで「一般的にはそうかもし
れないが、自分は違う。こうではない！」と反発します。そこで、ミル
はまずそういう反発があることを認めた上で、「あなた方がどう思って
いようと、きちんとした理屈に支えられていない意見は、所詮は好き嫌い
にすぎない」と切り返したのです。**indeed . . . but ～**は「なるほど…
だ。しかし～である」です。

▶ **to himself** について、次の 2 つの文を比べてください。

(a)　No one, indeed, acknowledges to himself that his standard of
judgment is his own liking;〔なるほど、自分の判断基準が自分の好み
であることを、自分に対して認める人はいない。〕

(b)　No one, indeed, acknowledges that his standard of judgment is
his own liking;〔なるほど、自分の判断基準が自分の好みであること
を認める人はいない。〕

(a) と (b) は何が違うのでしょうか？　ここは (b) ではいけないので
しょうか。なぜミルは (a) で書いた (＝わざわざ to himself をつけた) ので
しょうか？　これは、that 節の内容が「自分 (＝acknowledge する人) に
とって不利なこと」であることと密接な関係があります。次の 4 つのパ
ターンを検討してみましょう。

①　S acknowledge to others, but do not acknowledge to oneself, that
S＋V (＝自分にとって不利なこと). ← very rare

S acknowledge to oneself that . . .〔S が……を自分に対して認める〕とい
うのは S oneself accept it as true that . . .〔S 自身が……を真実だと受け入
れる〕ということです。自分にとって不利なことを自分に対して認めて
いない (＝それを真実だと受け入れていない＝それは真実ではないと思って
いる) ときに、それを他人に対して認める (＝他人に対しては「それは真
実だ」と言う) ということは、よほど特殊な事情 (拷問にかけられ自白を強
要されるとか、誰かの身代わりになって罪をかぶるなど) がないかぎりあり
ません。したがって、①は very rare です。

②　S do not acknowledge to others, but acknowledge to oneself, that
S＋V（＝自分にとって不利なこと）. ← frequent

自分にとって不利なことを自分に対して認めている（＝それを真実だと
受け入れている＝「残念ながら、それは真実だ」と思っている）ときに、そ
れを他人に対して認めない（＝他人に対しては「それは真実ではない」と
言い張る）ということは、よくあることです。したがって、②は frequent
です。

③　S acknowledge to others and to oneself that S＋V（＝自分にとっ
て不利なこと）. ← not rare

自分にとって不利なことを自分に対しても、他人に対しても認める人
は正直な人で、こういう人は、たくさんいるとまでは言えませんが、珍
しくありません、したがって、③は not rare です。

④　S do not acknowledge to others or to oneself that S＋V（＝自分
にとって不利なこと）. ← very frequent

自分にとって不利なことを自分に対しても、他人に対しても認めない
ということは、きわめてよくあることです。したがって、④は very fre-
quent です。
　以上の分析に基づいて、次の2つを考えてみましょう。

S do not acknowledge that S＋V（＝自分にとって不利なこと）.

これはただ「認めない」と言っているだけで、誰に対して認めないの
かは言っていません。こういう場合は S do not publicly say that S＋V（＝
自分にとって不利なこと）. 〔Sは自分にとって不利なことを公然と言うことを
しない〕という意味です。つまり、S do not acknowledge that S＋V（＝
自分にとって不利なこと）. ＝S do not acknowledge to others that S＋V（＝
自分にとって不利なこと）. なのです。すると、これは②か④のどちらかで
す。④ is more frequent than ②. ですが、②も frequent であって、十分
に可能性があります。つまり、**to others も to oneself** もつけないと
「自分にとって不利なことを、他人に対しては認めていないが、自分に対

223

しては認めている」可能性が十分にあるのです。

> S do not acknowledge to oneself that S＋V（＝自分にとって不利なこ
> と）.

　これは①か④のどちらかです。しかし、①は very rare ですから、特殊
な事情がない限り④に読むのが自然な読み方です。つまり、**to oneself**
がついていると「他人に対して認めないのみならず、自分に対しても認
めない」という意味になるのです。

　以上の考察に基づいて原文を考えてみましょう。まず、that 節の中身
は「人間のなすべき行動を判断する自分の基準は好き嫌いだ」というの
ですから、これは自分にとって「不利な内容」です。そこで No one,
indeed, acknowledges that his standard of judgment is his own liking にす
ると（＝to himself をつけないと）他人に対しては「自分はそんなことはな
い」と否定していても、内心では「実はそうなんだよなあ」と認めてい
る可能性が残るのです。ところが、**原文のように to himself をつける
と「他人に対して認めないのみならず、自分に対しても認めない（＝自
分はそうではないと自分で思っている）人がすべてだ」という意味になる**
のです（原文を直訳すると「どんな人も自分の判断基準は好き嫌いだという
ことを（他人に対して認めないだけでなく）自分に対しても認めない」とな
ります）。これが、ここに to himself がついている理由です。同じ例を 1
つ出しましょう。

> No student acknowledges to himself that he is taking a course because
> he is interested in another student who is taking it. They will say that
> they are taking a course because they are interested in the content. 〔ど
> んな学生も、自分がある課程を履修しているのは、その課程を履修して
> いる別の学生に関心があるからだなどとは自分に対しても認めない。彼
> らは、内容に興味があるから履修していると言うものなのだ。〕

　第一文は「どんな学生も、他人に対して認めないのはもちろん、自分
に対しても認めない」という意味です。
　なお「自認する人はいない」という訳について一言します。「自認す
る」は「自分以外の人に対して、自分はこれこれだと自ら認める」場合

と「自分に対して、自分はこれこれだと認める」場合の両方があります。たとえば「自分はうそつきだと自認する人はいない」は「自分はうそつきだとわかっていても、他人に対して自分はうそつきだと言う人はいない」という場合と「自分に対して自分はうそつきだと認める人はいない ⇒ 自分のことをうそつきだと考える人はいない」という場合の両方があります。前者の事柄は原文とは違います。したがって、原文を「自認する人はいない」と和訳すると、事柄があいまいになります。

▷ **point**＝matter〔問題〕です（e.g. a point of conscience〔良心の問題〕）。

▷ count as . . . には「……とみなされる」という意味があります。「……とみなされる」は「本当は……ではないのだが（なんらかの事情で）……と同じ扱いを受ける」というニュアンスを含んでいます（e.g. A blank space will count as a mistake.〔空欄は誤答とみなされる〕）。しかし、理屈で支えられていない意見はまさしく「個人の好き嫌い」そのものです。したがって、原文の **count as . . .** はこの意味ではありません。ここは「……としてカウントされる（＝……の一つである）」という意味です。

▶ 原文の **appeal** は名詞ですが、先に動詞で考えてみましょう。動詞の appeal は「**あることを、誰か（＝認識主体）に認めさせるために、何か（＝手段・媒介・経路）に訴える（＝頼る）**」という事柄を表します。appeal to . . .〔……に訴える〕は上の事柄の中の「誰か（＝認識主体）に認めさせる」を表す場合と「何か（＝手段・媒介・経路）に訴える（＝頼る）」を表す場合の両方があります。appeal to many readers〔多くの読者に訴える〕, appeal to audience〔聴衆に訴える〕, appeal to the authorities〔当局に訴える〕, appeal to a new market〔新しい市場に訴える〕は「認識主体に認めさせる」の例です。appeal to reason〔理性に訴える〕, appeal to pity〔憐みに訴える〕, appeal to insecurity〔不安な感情に訴える〕, appeal to someone's pride〔人の自尊心に訴える〕は「手段・媒介・経路に頼る」の例です。後者の場合「手段・媒介・経路」は認識主体がもっているのが普通です。今の例の reason、pity、insecurity、pride はすべて、認識させる側ではなく、認識させられる側（＝認識主体）がもっているものです。たとえば appeal to reason は「（相手の）理性に訴える」という意味です。ところが、「手段・媒介・経路」を「認識させる側」がもっている場合があります。たとえば appeal to arms〔武力に訴える〕, appeal to violence〔腕力に

225

訴える〕, appeal to wealth〔財力に訴える〕, appeal to talent〔才能に訴える〕などの場合、武力 , 腕力、財力、才能は「認識させる側」の武力 , 腕力、財力、才能です。appeal to violence は「(自分の) 腕力に訴える」という意味です (ただし、appeal to violence の場合は threaten violence〔腕力を使うぞと脅す〕という意味であって、実際に使うわけではありません。実際に暴力をふるう場合は resort to violence と言います)。以上をまとめると次のようになります。

> appeal to . . .〔……に訴える〕
> ①　認識主体 に認めさせる
> ②　手段・媒介・経路に頼る
> 　②-a　手段・媒介・経路を認識させられる側がもっている
> 　②-b　手段・媒介・経路を認識させる側がもっている

▶ さて、原文の **if the reasons . . . are a mere appeal to a similar preference felt by other people**〔理屈が、他の人たちによって感じられる同様の好き嫌いへの単なる訴えであるならば〕は「理屈を唱える人が、自分の好き嫌いではなく、他の人たちの好き嫌いに訴える」と言っているのですから、「他の人たち」が認識主体 (＝認識させられる側) だと思ってしまいます。つまり「他の人たちの好き嫌いに訴えて、その人たち (＝同様の好き嫌いを持っている他の人たち) を説得する」と捉えるのです。これは② -a です。appeal to reason〔(相手の) 理性に訴える〕と同類型に捉えているのです。しかし、そうではありません。これは「手段・媒介・経路」を「認識させる側＝理屈を唱える人」がもっている場合で② -b です。appeal to violence〔(自分の) 腕力に訴える〕と同じ類型です。a similar preference felt by other people〔他の人たちによって感じられる同様の好き嫌い〕は理屈を唱える人がもっている手段なのです。

　「他人の好き嫌い」を「理屈を唱える人」が手段としてもっているというのはどういうことか、状況を具体的に説明しましょう。A. B. C. D. E という 5 人のグループがいて、全員が同じ行動規範を支持しているとします。A が、この行動規範に異議を唱える X, Y, Z という 3 人の人たちを、この行動規範に従うように説得します。そのとき、ただ「僕はこの行動がよいと思うんだ」とか「僕はこの行動が好きなんだ」と言っても

X, Y, Z は納得しません。そこで A はなんらかの理屈を説明しなければなりません。その理屈が「その行動が最大多数の最大幸福にかなうメカニズム」であり、それが筋の通った説得力のあるものであれば、X, Y, Z も納得するでしょう。しかし、こういうとき、往々にして A は「B. C. D. E もこの行動をよいと言っているよ」というようなことを言うのです。これが a mere appeal to a similar preference felt by other people［他の人たちによって感じられる同様の好みへの単なる訴え］です。**A は、この行動規範を X, Y, Z に認めさせるために、他の人たちによって感じられる同様の好き嫌い（＝B. C. D. E も同じようによいと言っていること）に訴えた（＝を説得手段として使った）のです。**ミルはこの説得の仕方を **it is still only many people's liking instead of one**［それ（＝その理屈なるもの）は一人の好みが多くの人の好みになっただけで、依然として、単なる好みであることに変わりはない］と言っています。

　最後に、さきほどの②-a すなわち「他の人たちの好き嫌いに訴えて、その人たち（＝同様の好き嫌いを持っている他の人たち）を説得する」と捉える解釈を考えてみましょう。これは are a mere appeal to a similar preference felt by other people＝appeal only to other people who have similar preferences to his［彼以外で、彼の好みと同様の好き嫌いを感じる人たちにだけ訴える（＝アピールする、説得力がある）］と捉える解釈です。この理屈は、彼の好き嫌いとは違う好き嫌いを持っている人たちにはアピールしないのですから、表面上は理屈の体裁を帯びていても、実質的には「好き嫌い」と変わりありません。そこで it is still only many people's liking instead of one［それは依然として一人の好き嫌いに代わる多数人の好き嫌いであるにすぎない］と言ったのだ、と解釈するわけです。この解釈はそれなりに筋が通っています。

　しかし、こう言いたければ、最初から are a mere appeal to other people who have similar preferences to his［彼以外で、彼の好みと同様の好き嫌いをもっている人たちにだけ訴える（＝アピールする、説得力がある）］と言えばいいのです。また、この解釈だと many people's liking が認識する側、one が認識させる側に分かれますが、正解だと many people's liking も one もどちらも認識させる側がもっていることになるので、it is still only many people's liking instead of one［それは依然として一人の好き嫌

227

いに代わる多くの人の好き嫌いにすぎない ⇒ それ (＝その理屈なるもの) は一人の好き嫌いが多くの人の好き嫌いになっただけで、依然として、単なる好き嫌いであることに変わりはない] がずっと理解しやすくなります。

いかなる人も、自己の判断の基準は自己自身の好みであるということを自認しようとはしない。(岩波)

かれの判断の規準が、かれ自身のこのみであることを、たしかにだれも、みずからみとめはしない。(大思想)

もちろん、判断の基準が自分の好みだとは、誰も認めようとしない。(日経BP)

たしかに、たんなる好き嫌いを判断の基準にしているなどと、自分から認める者はいない。(古典新訳)

實際誰にしても、自分の判断の標準は、自分の好みから来てゐるといふことを心中において承認するものはない。(市橋)

かりにもちだされた道理がただ仲間内で通用するだけのものなら、その意見は一人でなく多数の意見であっても、やはり好き嫌いでしかない。(古典新訳)

假令理由を與へてもそれが単に他の人々も同様の嗜好を有って居るからといふだけの事であるならばそれは一個人の代わりに多數者の嗜好を置換へたに過ぎないのである。(富田)

而して理由を示した時、若しそれが、唯、他人も斉しく之を好むと云ふに過ぎなければ、それは、依然として、一人の嗜好が多数人の嗜好に成つたに過ぎないのである。(深澤)

もし與へられた説明が他の人々によって感ぜられた同一の選擇に援助を與へるのみのものであるならば、それは依然として一人の嗜好に代ふるに多數者のそれを以てしたに過ぎない。(高橋)

(1–06–13) To an ordinary man, however, his own preference, thus supported, is not only a perfectly satisfactory reason, but

the only one he generally has for any of his notions of morality,
taste, or propriety, which are not expressly written in his religious
creed; and his chief guide in the interpretation even of that.

訳　しかし、道徳や嗜好や作法について自分の宗教の信条に明記されていない部分について自分なりの見解を立てる際、多くの人によって共有されている自分の好みは、普通の人にとっては、自分のどんな見解に対しても完全に満足のゆく理屈となるだけでなく、通常その人がもつ唯一の理屈になる。また、宗教の信条に明記されている部分についても、解釈が必要なときは、自分の好みが解釈の主要な指針となるのである。

構文　この文の「主節の述語動詞」は is です。is の主語は his own preference で、補語は a perfectly satisfactory reason と the only one と his chief guide の 3 つです。この文の骨格は S is not only A but B; and C〔S は A だけでなく B であり、そして C である〕です。■ he generally has は形容詞節で the only one を修飾します。■ for any of his notions は a perfectly satisfactory reason と the only one の両方にかかります。■ which are not expressly written in his religious creed は morality, taste, or propriety を修飾する、限定用法の形容詞節です。which の前にコンマがあるのは、もしコンマがないと propriety にだけかかるように見えるので、morality と taste にもかかることを示すためです。

研究　**thus supported**＝supported by many people having a similar preference〔同様の好き嫌いをもっている多くの人によって支持されている〕です。

▷ **generally**＝usually です。

▷ **morality** は「道徳」です。**taste**〔嗜好〕は音楽、美術、演劇などの芸術、あるいは服装、食べ物、など生活万般にわたる好み、見識、審美眼を指します。**propriety**〔礼儀作法〕は「社会における適切な振る舞い方」です。morality は正誤が問題になりますが、taste と propriety は正誤が問題になりません。

▷ **creed**〔信条〕は「宗教、特にキリスト教の教義を一定の形式の箇条にまとめたもの」です。

▷ **even of that** ＝ even of his religious creed です。**his chief guide in the interpretation even of that**〔宗教の信条についてさえも解釈における主要な指針〕は「宗教の信条についてさえも（解釈が必要になる場合があるが、その）解釈における主要な指針」という意味です。道徳や嗜好や作

法が宗教の信条に明記されていれば、それがその人の意見になり、「信条に明記されている」ということが「理屈」になります。それに対して、宗教の信条に明記されていない場合は、その人が自分なりの理屈に基づいて自分なりの意見を形成します。その際、彼が「理屈」だと思っているものは、実際には、その人自身の「好き嫌い」にすぎません。また、宗教の信条に明記されていても、実際に適用する際に解釈が必要になる場合があり、そのときは、自分の好き嫌いが主要な解釈指針となります。

(1–06–14) **Men's opinions, accordingly, on what is laudable or blameable, are affected by all the multifarious causes which influence their wishes in regard to the conduct of others,** and which are as numerous as those which determine their wishes on any other subject.

訳　したがって、何が賞賛される行動であり、何が非難される行動であるかについての人間の意見は、他人の行動に関する願望に影響する多種多様なすべての原因によって、左右されているのである。そして、これらの原因は、他のどんな対象についての願望を決定する原因と比べても、ひけをとらないほど数多いのである。

構文　関係代名詞の which が 3 つ使われています。最初と 2 番目の which の先行詞は causes です。3 番目の which の先行詞は those で、those の中身は the causes です。

研究　**what is laudable or blameable** は特に対象を限定せず一般的に「何が賞賛に値し、何が非難に値するか」と言っているのではありません。ここは what is laudable or blameable in human conduct〔人間の行動において何が賞賛に値し、何が非難に値するか〕という意味です。

▶ **Men's opinions on what is laudable or blameable**〔(人間の行動において) 何が賞賛に値し、何が非難に値するかに関する人間の意見〕は 1–06–11 の their opinions on the regulation of human conduct〔人間の行動規範についての彼らの意見〕を言い換えたものです。次の文 (1–06–15) では、これの実例として the morality of the country〔その国の道徳〕が挙げられています (the country〔その国〕は an ascendant class〔優勢な階級〕が存在している国を指します)。

▶ **their wishes in regard to the conduct of others**〔他人の行動に関する彼らの願望〕は「自分がよいと思う行動を他人にとらせ、自分が悪いと思う行動を他人にとらせたくないという願望」です。これは 1–06–11 の the feeling in each person's mind that everybody should be required to act as he, and those with whom he sympathizes, would like them to act〔「すべての人は、私および私と意見を同じくする人たちが望むように行動すべきであり、社会はそれを求めるべきである」という各人の心の中にある感情〕を言い換えたものです。

▶ 1–06–11 では The practical principle which guides them to X, is Y.〔彼らを X に導く実際の原動力は Y である〕と言っています。Y が原動力になって X が導かれるのですから、Y に影響をあたえる原因は、Y を通して、間接的に X に影響することになります。この関係を **X are affected by the causes which influence Y.**〔X は、Y に影響を与える原因によって左右されている〕と言ったのがこの文 (1–06–14) です。X が Men's opinions on what is laudable or blameable で、Y が their wishes in regard to the conduct of others で、the causes が **all the multifarious causes**〔多種多様なすべての原因〕なのです。簡単に言えば X が行動規範で、Y が好き嫌いですから「行動規範は好き嫌いに影響を与える様々な原因によって左右される」と言っているのです。

　これを、この後の 1–06–16 で出てくる実例に即して具体的な事柄で考えてみましょう。X (＝行動規範) は「優勢な階級が存在している国の道徳」です。Y (＝好き嫌い) は「他人の行動に関する優勢な階級の好き嫌い」です。the causes (＝多種多様なすべての原因) は「優勢な階級の階級的利益と階級的優越感」です。1–06–14 は次のように言っているのです。

> **人間の行動において何が賞賛に値し、何が非難に値するかに関する人間の意見 (e.g. 優勢な階級が存在している国の道徳) は他人の行動に関する彼らの願望 (e.g. 他人の行動に関する優勢な階級の好き嫌い) に影響を与える多種多様なすべての原因 (e.g. 優勢な階級の階級的利益と階級的優越感) によって左右されている。**

　これを 1–06–16 では、Y (＝好き嫌い) をとばして、X emanates from the causes.〔X は the causes から生じる＝(優勢な階級が存在しているとこ

ろはどこでも）その国の道徳の大半はその階級の階級的利益と階級的優越感から生じる］と言っています。

▷ **accordingly**［したがって］は 1–06–11 〜 13、特に 1–06–11 で述べられた their opinions on the regulation of human conduct と the feeling in each person's mind that . . . の関係を指しています。「したがって（＝彼らを X に導く実際の原動力は Y なのだから）Y に影響を与える原因によって X は（間接的に）影響されているのだ」という論理関係です。

▷ **as numerous as . . . any other subject** は「as 原級 as any other 〜」という形で同率最高位を表します（1–02–08 参照）。

▷ **those** の中身は the causes です。先に causes which <u>influence</u> their wishes と言い、次に **those which <u>determine</u> their wishes** と言っています。influence と determine はたんなる stylish variation で、ここではどちらも「影響を与える」という意味です。

▷ **other** は other than the conduct of others［他人の行動とは別の］という意味です。

▷ 2 番目の which 節は「他人の行動に関する願望に影響を与える原因は、それ以外のどんな事柄に関する願望を決定する原因と比べても、数において劣らない（それほどたくさんある）」という意味です。

> それ故に、何が称讃されることであり、何が非難されることであるかについての人々の意見は、他人の行為に対して彼らの抱く願望をいろいろに動かす、多種多様な原因によって左右せられる（岩波）

（1–06–15）Sometimes their reason — at other times their prejudices or superstitions: often their social affections, not seldom their antisocial ones, their envy or jealousy, their arrogance or contemptuousness: but most commonly, their desires or fears for themselves — their legitimate or illegitimate self-interest.

訳　それは理性のこともあれば、偏見や迷信のこともある。社会的な感情

のこともしばしばで、この場合は羨望や嫉妬、傲慢や軽蔑といった否定的感情も珍しくない。しかし、最も普通に見られるのは、自分の利益を求める願望あるいは自分の利益を求めることから生じる恐怖である。これは正当な私利心のこともあれば不当な私利心のこともある。

研究 この文は、前文の the multifarious causes which influence their wishes in regard to the conduct of others〔他人の行動に関する願望に影響する多種多様な原因（簡単に言えば、他人の行動を好きだ・嫌いだと感じさせる様々な原因）〕の内容を 4 つに分けて列挙しています。ミルはただ列挙するだけでなく、4 つのそれぞれが願望に影響する頻度を副詞で示し、さらに分析や例示を加えています。細かく検討する前に全体の見取り図を示しましょう。頻度については、ミルが使った副詞をおおまかな % で表してみました。

① （10% sometimes）— reason
② （10% at other times）— prejudices or superstitions
③ （20% often）— social affections
　　（10% not seldom）— antisocial ones
　　　　　　　　　　　— envy or jealousy
　　　　　　　　　　　— arrogance or contemptuousness
④ （50% most commonly）— desires for themselves or fears for themselves
　　　　　　　　　　　=legitimate self-interest or illegitimate self-interest

ここの affections は「愛情」ではなく「感情」です。OED には a mental state brought about by any influence; an emotion or feeling〔何らかの影響によって引き起こされる心の状態; 情動あるいは感情〕と出ています。1878 年の用例は It is simply impossible to reveal anything to a human being except through his reason, his conscience, or his affections.〔人間は理性、良心、感情による以外いかなる啓示も得ることはできない〕です。**social affections**〔社会的感情〕は feelings towards other people〔他者への感情〕のことで、prosocial affections〔肯定的社会感情〕と antisocial affections〔否定的社会感情〕があります。ミルは前者を **social affections**

と言い、後者を **antisocial ones** と言っています。先行訳は antisocial
を「反社会的な」と訳していますが、antisocial ones の具体例が **their
envy or jealousy, their arrogance or contemptuousness**〔羨望や
嫉妬、傲慢や軽蔑〕ですから、この antisocial は「反社会的な」という意
味ではありません。OED は antisocial に Opposed to sociality〔社交性に
反する〕と Opposed to the principles on which society is constituted〔社会
が構成される元になっている原理に反する〕という 2 つの語義を挙げ、前
者の用例として 1797 Fanatical prejudices, antisocial antipathies and hatred.
〔狂信的な偏見、非社交的な反感と憎悪〕を示しています。Webster は tend-
ing to interrupt or destroy social intercourse〔社交的交流を妨げたり破壊し
たりする性質がある〕と hostile to the well-being of society〔社会の福利に
反する〕という 2 つの定義を挙げています。ここは、両辞書で先に挙げ
られている方の意味です。

▷ **not seldom** は not usually happen but not rarely〔普通に起こるわけで
はないが、稀ではない〕という意味です。

▷ their desires or fears for themselves の their と for themselves は desires
と fears の両方にかかります。**for themselves** は「自分自身のため
の ⇒ 自分の利益のための」という意味です。**desires for themselves**
は「自分の利益のための願望 ⇒ 自分の利益を求める願望」で、**fears for
themselves** は「自分の利益のための恐怖 ⇒ 自分の利益が失われること
への恐怖」です。

▷ 自分の利益は「正当な利益」のこともあれば「正当でない利益」のこ
ともあります。それを示したのが **their legitimate or illegitimate
self-interest**〔彼らの正当な、あるいは不当な自利心〕です。interest には
「利益」という意味はありますが「利益を追究する心」という意味はあり
ません（interest が人間の心理を表すときは「興味、関心」という意味です）。
ところが self がついて self-interest となると「自己の利益」という意味の
他に「自己の利益を追求する心＝自利心」という意味も表します。

　OED の self-interest の語義は Personal benefit, advantage, or profit.〔個
人的な利益、有利、利得〕と Preoccupation with, or pursuit of, one's own
advantage or welfare, esp. to the exclusion of consideration for others;〔自
分の利益あるいは幸福に没頭すること、あるいは追求すること、特に、他人

への考慮をせずに〕です。Webster の定義は

①　one's own interest or advantage〔自分自身の利益あるいは優位性〕
②　a concern for one's own advantage and material well-being〔自分自身の優位性と物質的幸福を求める気持ち〕

となっています。原文の self-interst は②の意味、すなわち「自利心」です。ここは their desires or fears for themselves の全体を their legitimate or illegitimate self-interest で言い直したのです。したがって、組み合わせると次の 4 つの self-interest があります。

①　their legitimate self-interest which is their desires for themselves〔正当な自己利益を求める願望〕

たとえば「家族 4 人が安心して暮らせる収入を得たいという願望」です。

②　their illegitimate self-interest which is their desires for themselves〔不当な自己利益を求める願望〕

たとえば「ディズニーランドで並ばずに好きなアトラクションに入れるようにファストパスを 10 枚欲しいという願望」です。

③　their legitimate self-interest which is their fears for themselves〔正当な自己利益を失うことへの恐怖〕

たとえば「整備不良で路肩が崩れかけている国道を走行する恐怖」です。

④　their illegitimate self-interest which is their fears for themselves〔不当な自己利益を失うことへの恐怖〕

たとえば「金融ショックが起こって、遊びながら贅沢三昧の暮らしを続けていくための資産を失うかもしれない恐怖」です。

(1–06–16) Wherever there is an ascendant class, a large portion of the morality of the country emanates from its class interests, and its feelings of class superiority.

訳　たとえば、優勢な階級が存在しているところはどこでも、その国の道徳の大半はその階級の階級的利益と階級的優越感から生じる。

研究　この文から後は前2文の具体例を出したものです。men's opinions on what is laudable or blameable〔何が賞賛される行動であり、何が非難される行動であるかについての人間の意見〕の具体例として **the morality of the country**〔その国の道徳〕を取り上げ、the multifarious causes which influence their wishes in regard to the conduct of others〔他人の行動に関する願望に影響する多種多様な原因〕の具体例として **its class interests**〔優勢な階級がもつ階級的利益〕（これは前文の their legitimate or illegitimate self-interest〔彼らの正当な、あるいは不当な自利心〕に該当します）と **its feelings of class superiority**〔優勢な階級がもつ階級的優越感〕（これは前文の their social affections or their anti-social ones〔彼らの肯定的な、あるいは否定的な社会感情〕に該当します）を取り上げています。its class interests は利益そのものを指し、self-interest は自利心という心理状態ですから、厳密には its class interests は their legitimate or illegitimate self-interest の実例にはなりません。しかし、its class interests に基づいて their self-interest が生じるのですから、同一視することは可能です。

（1-06-17）The morality between Spartans and Helots, between planters and negroes, between princes and subjects, between nobles and roturiers, between men and women, has been for the most part the creation of these class interests and feelings: and the sentiments thus generated, react in turn upon the moral feelings of the members of the ascendant class, in their relations among themselves.

訳　スパルタ人と奴隷、農園主と黒人、君主と臣民、貴族と平民、男と女、それぞれの関係を律する道徳は、大部分がこれらの階級的利益および階級的感情の産物であった。この道徳によって生み出された感情が、今度は、優勢な階級の内部において、成員間の関係について彼らが抱く道徳感情に作用する。

構文　thus は generated にかかります。■ generated は過去分詞形容詞用法で sentiments にかかります。■ in their relations among themselves は、react upon ではなく、the moral feelings を修飾しています。

研究　**The morality between Spartans and Helots**〔スパルタ人と奴隷の間の道徳〕は「スパルタ人と奴隷の関係を律する道徳」です。

▷ **prince** は the ruler of a principality or state〔公国あるいは国家の統治者〕という意味です。 e.g. the Prince of Monaco〔モナコ大公〕

▷ **these class interests and feelings** は前文の its class interests, and its feelings of class superiority〔優勢な階級が持つ階級的利益と階級的優越感〕を指しています。したがって、class interests and feelings は Spartans, planters, princes, nobles, men が持っている階級的利益と階級的優越感です。

　ここで「道徳的判断力」と「道徳的判断」と「道徳感情」について整理しておきましょう。1-06-17 から 1-07-05 にかけて、次の言葉が出てきます。

　　　（1-06-17）the sentiments / the moral feelings
　　　（1-06-18）the prevailing moral sentiments
　　　（1-06-20）perfectly genuine sentiments
　　　（1-06-21）the moral sentiments
　　　（1-07-05）the moral sense / moral feeling

　1-07-05（← 第 7 節以降は本書には収録していません）に出てくる the moral sense が「道徳的判断力」です。これは「ある行為をすべきである」「ある行為をすべきでない」という判断をする能力です。この判断力に基づいて「ある行為をすべきである」「ある行為をすべきでない」という判断がなされます。この判断が moral judgment〔道徳的判断〕です（← moral judgment という言葉は『自由論』には出てきません）。いったん moral judgment がなされると、それに従わない行為者に対して「すべきであるのに、しないから嫌いだ、憎い」「すべきでないのに、するから嫌いだ、憎い」という感情が生まれます。あるいは、それに従わない行為者には「すべきなのだから、しなかったら酷い目に会うという恐怖」あるいは「すべきでないのだから、したら酷い目に会うという恐怖」が生まれます。これが moral sentiments、moral feelings〔道徳感情〕です。1-06-18 では the prevailing moral sentiments frequently bear the impress of an impatient dislike of superiority〔社会の支配的な道徳感情は優越性に対する強い性急な嫌悪のニュアンスをしばしば帯びる〕と言い、1-06-20 で

237

は perfectly genuine sentiments of abhorrence〔完全に純粋な憎悪の感情〕
と言い、1-07-05 では the *odium theologicum*, in a sincere bigot, is one of
the most unequivocal cases of moral feeling〔誠実な狂信者が懐く神学上の
憎悪は道徳感情の最も明白な実例の一つである〕と言っています（*odium
theologicum*〔神学上の憎悪〕はラテン語の成句で、OED には hatred of the kind
which proverbially characterizes theological disputes.〔神学論争を成句になる
ほどに特徴づけているような類の憎悪〕と説明されています）。これらから
わかるように moral sentiments、moral feelings は「すべきである」「す
べきでない」という感情（← これはむしろ道徳的判断です）も含むでしょ
うが、中核は「すべきであるのに、しないことに対する嫌悪・憎悪」「す
べきでないのに、することに対する嫌悪・憎悪」「すべきなのだから、し
なかったら酷い目に会うという恐怖」「すべきでないのだから、したら酷
い目に会うという恐怖」なのです。1-06-18, 1-06-20, 1-07-05 では、
この感情は dislike〔嫌悪〕、abhorrence〔憎悪〕、*odium*〔憎悪〕ですが、こ
の文（1-06-17）の the sentiments と the moral feelings はより広く「恐怖」
も含んでいると解釈すべきです。

　それでは原文に戻りましょう。**the sentiments thus generated**〔こ
のようにして生み出された感情〕は「優勢な階級と被抑圧階級の関係を律
する道徳によって生み出された（道徳）感情」です。

▷ **in turn**〔今度は〕は「それまではある動作の客体だったものが、今度
は同種の動作の主体に転換すること」を表す副詞句です。たとえば A
affects B. B in turn affects C.〔A が B に影響する。すると今度は B が C に
影響する〕のように使います。これを原文に当てはめると、次のようにな
ります。「優勢な階級の階級的利益と階級的優越感」が「優勢な階級と被
抑圧階級の関係を律する道徳（e.g. 被抑圧階級の者は優勢な階級の者に会っ
たら道を譲るべし）」を生み出す（1-06-16, 17）。すると「その道徳」に基
づいて「優勢な階級が被抑圧階級に対して抱く道徳感情（e.g. 被抑圧階級
の者は優勢な階級の者に会ったら道を譲るべきなのに、道を譲らないのは憎
い）、被抑圧階級が優勢な階級に対して抱く道徳感情（e.g. 被抑圧階級の者
は優勢な階級の者に会ったら道を譲るべきなのだから、道を譲らなかったら
酷い目に会うという恐怖）」が生まれる。この道徳感情が今度は「優勢な
階級の成員同士の間で、上位の者が下位の者に対して抱く道徳感情（e.g.

優勢な階級の成員であっても、下位の者が上位の者に会って道を譲らないのは憎い）、下位の者が上位の者に対して抱く道徳感情（e.g. 優勢な階級の成員であっても、下位の者が上位の者に会って道を譲らなかったら酷い目に会うという恐怖）」に作用する（1-06-18）。これが優勢な階級の構成員の間にヒエラルキーを生み出し「優勢な階級内でも下位の者は上位の者の言うことに従うべし」というような道徳が醸成される。これがこの文で言っていることです。

▷ **sentiments** と **feelings** はどちらも「感情」です。feelings の方がより具体性が強いので、後ろに of ～〔誰それの〕をつけるときは feelings を用いています。

▷ **react upon . . .** は「……に影響を及ぼす、作用する」という意味です。

(1–06–18) Where, on the other hand, a class, formerly ascendant, has lost its ascendancy, or where its ascendancy is unpopular, **the prevailing moral sentiments frequently bear the impress of an impatient dislike of superiority**.

訳　他方、かつて優勢を誇った階級が力を失ったところ、あるいは、優勢ではあるが、優勢さに対する評判が悪くなっているところでは、社会の支配的な道徳感情が優越性に対する強い嫌悪という特徴を帯びていて、優越性の表出に敏感に反発することがしばしばである。

構文　formerly ascendant は a class にかかります。

研究　1-06-16 に ascendant と superiority、1-6-17 に ascendant、この文（1-06-18）には ascendant と ascendancy と superiority という語が出ています。この2つは違う概念です。ascendant〔優勢な〕は「今現在、他より強い地位にいる」ことで、誰でも ascendant になる可能性をもっています。逆に言えば ascendant でなくなることもあるわけです。superior〔より優れた〕は「生得的、本質的に他より優れている」ことで、誰でも superior になれるわけではありません。

▶ **the . . . moral sentiments . . . bear the impress of an . . . dislike of superiority**〔道徳感情が優越性に対する嫌悪という特徴を帯びている〕は「優勢な階級の人間は『自分たちは他に対して優越している』という主張、態度を控えるべきであるという道徳（＝行動規範）があ

り、それを破る人間に対して嫌悪の感情が生じる」ということです。

▶ **prevailing** は「社会に広まっている」という意味です。

▶ **impress** は元々「刻印」ですが「特徴」という意味でも使われます。OED には次のように説明されています。

> **2.** *fig.* **a.** Characteristic or distinctive mark; special character or quality stamped upon anything.　〔2.*比喩的* a. 特徴的あるいは弁別的な印；あるものに刻まれた特別な性格ないし特質〕

▶ **of** は「同格の of」で the impress of …は「…という特徴」です。

▶ **an impatient dislike** 〔性急な嫌悪〕については、「はじめに」で紹介した次の2つの違いを考えてみましょう。

> an intolerable dislike of smoking
> an intolerant dislike of smoking

　an intolerable dislike of smoking 〔喫煙への耐えられない嫌悪〕のベースにあるのは The dislike of smoking is intolerable. 〔喫煙へのその嫌悪は耐えられない〕です。周りの人が the dislike 〔その嫌悪〕を intolerable 〔耐えられない〕と感じているのです。「喫煙に対する、周りの人間には耐えられない嫌悪」と訳せば事柄がわかりやすくなります。

　それに対して、an intolerant dislike of smoking 〔喫煙への耐えられない嫌悪〕のベースにあるのは The dislike is intolerant of smoking. 〔その嫌悪は喫煙を耐えられない〕です。dislike 〔嫌悪〕をもっている人が smoking に対して intolerant 〔耐えられない〕なのです。「嫌悪という感情が何かを耐えられない」というのは厳密には意味をなしません。したがって、この場合の（＝The dislike is intolerant of smoking. の）The dislike は、一種の synecdoche 〔提喩〕で、dislike を持っている人を表します。an intolerant dislike of smoking 〔喫煙への耐えられない嫌悪〕は「喫煙を耐えられないと感じて嫌う気持ち」とか、intolerant を「耐えられない」ではなく「許せない ⇒ 不寛容な」と捉えて「喫煙への不寛容な嫌悪」と訳せば事柄がわかりやすくなります。

▶ さて原文の **an impatient dislike of superiority** 〔優越性への性急な嫌悪〕は an intolerant dislike of smoking 〔喫煙への不寛容な嫌悪〕と同

じ意味構造です。ベースにあるのは The dislike is impatient of superiority.〔その嫌悪は優越性に対して性急である〕です。dislike をもっている人が superiority に対して impatient〔性急〕なのです。a dislike of superiority〔優越性への嫌悪〕は「自分たちは他に対して優越している」という主張、態度を嫌う感情です。この**嫌悪感が impatient〔性急〕であるというのは、その嫌悪感をもっている人が、そういう観念、主張、態度に接すると、すぐにイライラする、あるいは性急に排斥したくなる、ということです。**これは an intolerant dislike of superiority〔優越性への不寛容な嫌悪〕に非常に近い意味です。

　Webster には an impatient honesty〔性急な正直〕という用例が出ています。これは、その honesty をもっている人が「何か」に対して impatient〔性急〕なのです。「何か」は「本当のことを話すこと」です。つまり an impatient honesty〔性急な正直〕は「結果を考えず、すぐに本当のことを話してしまう（人が持っている）正直さ」です。

> そこで優勢な道徳的感情は、優越をいらいらして嫌悪するという刻印をもっていることがしばしばである。（岩波）
> 世間一般の道徳的感情は、しばしば優越に対する堪えがたい嫌悪感を帯びるようになる。（名著）
> そこでおこなわれている道徳感情はしばしば、優越性にたいするたえがたい嫌悪のしるしをもつ。（大思想）
> 支配に対する強い嫌悪がその社会で一般的な道徳感の特徴になっていることが多い。（日経 BP）

(1–06–19) Another grand determining principle of the rules of conduct, both in act and forbearance, which have been enforced by law or opinion, has been the servility of mankind towards the supposed preferences or aversions of their temporal masters, or of their gods.

訳　なすべき行動、慎むべき行動の両面において、これまで法や世論によって強制されてきた行動規範を決定するもう一つの大きな原動力は、世俗の支

配者や自分が信じる神が好むと想定されるもの、あるいは嫌うと想定される
ものに迎合しようとする奴隷根性であった。

研究　行動規範は法や世論によって強制されてきました。それでは、
行動規範は何によって決定されてきたか（＝行動規範について人に自分の
意見を形成させる principle〔原動力〕は何か）というと、一つは 1-06-16 で
指摘された the feeling in each person's mind that everybody should be
required to act as he, and those with whom he sympathizes, would like
them to act〔「すべての人は、私および私と意見を同じくする人たちが好む
ように行動すべきであり、社会はそれを求めるべきだ」という各人の心の中
にある感情〕です。一言で言えば、「行動に対する好き嫌い」です。1-06-
16 〜 18 はこの「行動に対する好き嫌い」および「好き嫌いに影響する
様々な原因」について論じました。この文 (1-06-19) は「好き嫌い」と
並ぶもう一つの principle〔原動力〕を指摘しています。それは the servil-
ity of mankind towards the supposed preferences or aversions of their
temporal masters or of their gods〔世俗の支配者や神の、想定される好みや
嫌悪に対する人間の隷属性〕です。

▷ grand は having more importance than others〔他よりも大きな重要性
をもっている〕と principal〔主要な〕と very good〔非常によい〕という 3 つ
の意味を含むのが基本です。Epigraph の The grand, leading principle〔1
つの重要な指導原理〕の grand はこの 3 つの意味を含んでいました。し
かし、この文の **grand** には very good の意味は含まれていません。やや
例外的な使い方です。

▷ **determining** は完全他動詞の現在分詞を、目的語をつけずに形容詞
用法として使ったもので、principle にかかります。determining の意味
上の目的語は the rules of conduct です。**principle** は 1-06-11 の prin-
ciple と同じで「内にひそむ原動力・本源」という意味です。**determin-
ing principle of the rules of conduct** は「行動規範を決定する（よ
うな性質をもっている）原動力」という意味です。

▷ **act**〔行為〕は「なすべき行動」を指し、**forbearance**〔自制〕は「慎
むべき行動」を指します。

▷ **the supposed preferences or aversions**〔想定される好みや嫌悪〕
を想定する人は、初めは世俗の支配者や聖職者です（世俗の支配者が自ら

の好みや嫌悪を「想定」するのは、実際には「決定」ですが)。それが、やがては一般の人もそのように想定するようになるのです。

▷ **temporal**＝of this world〔現世の、世俗の〕です。

（1-06-20）This servility, though essentially selfish, is not hypocrisy; it gives rise to perfectly genuine sentiments of abhorrence; it made men burn magicians and heretics.

訳 この隷属性は、本質的に利己的なものであるが、偽善ではない。それゆえ、これは完全に純粋な憎悪の感情を生み出す。憎悪が完全に純粋なればこそ、かつてこの隷属性は人々を駆り立てて魔術者と異端者を焚殺させたのである。

構文 though it is essentially selfish から it is が省略されています。■ rise は「出現、発生」という意味の名詞で gives の目的語です。

研究 ここの **selfish**〔利己的な〕は「社会からよく思われたい」とか「罰せられたり迫害されたりするのを避けたい」ということです。

▷ hypocrisy〔偽善〕は「本心からではない、うわべだけの善行」（大辞林）です。ここでは「世俗の支配者や自分が信じる神が好むあるいは厭うと思われているものを本心から正しいと信じて従うのではなく、正しいと信じているふりをして従うこと」です。したがって **not hypocrisy**〔偽善ではない〕は「本心から正しいと信じて従うこと」で、具体的に言えば「人前でそうするだけでなく、誰もいないところでもそうする」ということです。

ここでこれを指摘したのは2つの狙いがあります。1つは「利己的な動機に発する行動は通常は偽善になるものだが、ここはそうではない」ということを指摘すること。もう1つは「この隷属性が生み出す嫌悪の感情がうわべだけではなく完全に純粋なものになる」理由を述べることです。「世俗の支配者や自分が信じる神が好むあるいは厭うと思われているもの」を本心から正しいと信じて従っている人は、これを正しいと思わず従わない人に対しては **perfectly genuine sentiments of abhorrence**〔完全に純粋な憎悪の感情〕を抱きます。憎悪の感情が完全に純粋だからこそ、従わない者を火あぶりにするような残酷なことが平気で出来たのです。

▷ **is** と **gives** が現在形なのは、一般的なことを言っているからです。

▷ it made . . . の **it** は This servility を指します。perfectly genuine sentiments of abhorrence を指すのであれば it ではなく they です。

(1–06–21) Among so many baser influences, the general and obvious interests of society have of course had a share, and a large one, in the direction of the moral sentiments: **less, however, as a matter of reason, and on their own account, than as a consequence of the sympathies and antipathies which grew out of them: and sympathies and antipathies which had little or nothing to do with the interests of society, have made themselves felt in the establishment of moralities with quite as great force.**

訳　多くの低級な影響要因と並んで、もちろん、社会の一般的で明白な利害も道徳感情の方向を規定することに影響、それも大きな影響を及ぼしてきた。しかし、それは、これらの利害を理性の問題として考察し、それが社会の一般的で明白な利害だからという理由で、そうなった、というよりはむしろ、これらの利害から生じる共感と反感の結果としてそうなったのである。そして、社会の利害とほとんど、あるいは全然、関係が無い共感と反感も、社会の利害から生じる共感や反感とまったく同じくらい大きな力で道徳の確立に影響を与えてきたのである。

研究　ミルのここまでの所論に対しては「しかし、好き嫌いだけでなく、社会の一般的で明白な利害も道徳に大きな影響を及ぼしてきたのではないか」という反論が予想されます。そこで、ミルはこの文で「それはもちろんそうだが、そのメカニズムはやはり好悪の感情なのだ」と指摘したのです。

　ミル自身は「階級的優越感とか奴隷根性のような低級な影響要因に基づく好悪の感情」より「社会の一般的で明白な利害」によって道徳感情の方向が規定される方がよいと思っているのです。そして、その利害はあくまでも理性の問題として扱われる（＝理性的に判断される）べきだと考えています。しかし、現実には「社会の一般的で明白な利害」によって道徳感情の方向が規定される場合でも、理性的判断ではなく、その利

害から生じる好悪によって道徳感情が方向づけられてきたのがこれまで
の実情だったし、それどころか、社会の利害とは無関係な好悪もそれ（＝
社会の利害から生じる好悪）と同じくらい大きな影響を与えてきたのだ、
と言っています。

▷ **influences** は「影響（を与える）要因」です。OED では A thing (or
person) that exercises action or power of a non-material or unexpressed
kind. 〔非物質的あるいは言葉で表されない種類の作用ないし力を及ぼす
もの（あるいは人）〕と定義されています。ここまでミルは道徳（＝行動規
範）を決定する要因として「好き嫌い」と「隷属性」という 2 つの prin-
ciple〔原動力〕を挙げ、「好き嫌い」については、これに影響する様々な
要因を指摘しました。この文（1-06-21）の **so many baser influences**
はこれらの中で「どちらかというと低級な方の影響要因」です。1-06-15
の prejudices〔偏見〕, superstitions〔迷信〕, envy〔羨望〕, jealousy〔嫉妬〕,
arrogance〔傲慢〕, contemptuousness〔軽蔑〕, 1-06-16 の its class interests
〔階級的利益〕, its feelings of class superiority〔階級的優越感〕, 1-06-20 の
the servility of mankind〔隷属性〕などを指しています。so many baser
influences の **so** は「非常に」という意味です。**baser** は絶対比較級で
「どちらかというと低級な方の」という意味です。

▷ Among so many baser influences の **Among** は「〜（の中）にまじっ
て、〜と並んで」という意味で Among all the men at the meeting, she
was the only woman. 〔男ばかりの会合出席者の中で、彼女は紅一点だった〕
と同じ用法です。**the general and obvious interests of society**〔社
会の一般的で明白な利害〕は so many baser influences と並んでいるだけ
で、so many baser influences の中に含まれているのではありません。

▷ **the general interests of society**〔社会の一般的な利害〕は「社会全
体に関わる利害」と「個人に関わる利害であるが、特定の個人だけに関
わるのではなく、すべての個人に共通に関わる利害」の両方を含みます。
たとえば「国家の安全保障」は社会全体に関わる利害です。それに対し
て、「今日の食べ物が手に入るかどうか」は、社会全体ではなく、個人に
関わる利害ですが、すべての人に共通の利害です。

▷ share は role〔役割〕という意味で **have of course had a share, and
a large one** は「もちろん役割、それも大きな役割を果たしてきた」と

いう意味です（a large one ＝ a large share です）。この場合の「大きな役割を果たしてきた」は「大きな影響を及ぼしてきた」ということです。

▷ **the direction of the moral sentiments** は direct the moral sentiments〔道徳感情を方向づける〕を名詞化した表現です。道徳感情は「すべきであるのに、しないことに対する憎悪」「すべきでないのに、することに対する憎悪」「すべきであるのに、しなかったら酷い目に会うという恐怖」「すべきでないのに、したら酷い目に会うという恐怖」です。これを「方向づける」ということは憎悪や恐怖を引き起こす元になる行動を規定するということです。したがって「道徳感情を方向づける」というのは「道徳の内容を決めること」であり、これはすなわち determining the rules of conduct which mankind impose on one another〔人類が互に課している行動規範を決定する〕ことに他なりません。

　ここまで読むと、the general and obvious interests of society〔社会の一般的で明白な利害〕は、「好き嫌い」でもなければ「隷属性」でもないので、これらと並ぶ3番目の principle〔（行動規範を決定する）原動力〕ではないかと思います。しかし、コロンの後でミルはこれを否定して、結局はこれも「好き嫌い」に影響する様々な要因の一つなのだと言っています。

▶ **less A than B** は「A よりはむしろ B」という意味で、A の可能性も少しあります（この点で not A but B〔A ではなくて B〕と異なります）。

▶ **as a matter of reason**〔理性の問題として〕は dealt with as a matter of reason〔（社会の一般的で明白な利害は）理性の問題として扱われ（道徳感情の方向を規定することに大きな役割を果たしてきた）〕という意味です。これはその利害に好悪の感情を交えず「社会にとって一般的で明白な利益になるからそういう行動をとるべきだ」とか「社会にとって一般的で明白な害になるからそういう行動をとるべきでない」という判断をすることです。

▶ 通常 on one's own account は「自分のために、自己責任で、独力で」という意味を表します（この「自分のために」は「自分の利益のために」という意味です）。しかし、原文はこのいずれでもありません。ここの account は「理由」という意味です。Webster には account: a reason giving rise to an action, decision, opinion, or any other result〔行動、決定、意見、その他の結果を生み出す理由〕という定義が出ています。On that account he refused the offer. 〔その理由で彼はその申し出を断った〕のように使います。**on their own account**〔それら自体の所為で〕は「それら自体が理由となって(=それらが社会の一般的で明白な利害であるということ自体が理由となって)」という意味です。これは「それらの利害が道徳感情の方向を規定することに大きな影響を及ぼしてきたのは、それらが『利害』であるからで、それらが『利害』であること以外に何か『別の要素』をもっていて、その『別の要素』が理由になっているのではない」ということです(ただし、この部分は less A than B の A の部分ですから、このパターンは比較的少ないとミルは言っています。逆に言えば『別の要素(これは実際には「利害に基づく好悪の感情」です)』が道徳感情の方向を規定することに大きな影響を及ぼしてきたと言っているのです)。on their own account を書き換えると because those interests are the general and obvious interests of society 〔それらの利害が社会の一般的かつ明白な利害だから〕となります。

　「利害が理性の問題として扱われる」ということは「利害に好悪の感情を交えず判断する」ということです。これはすなわち「利害が社会に関わり一般的で明白であること」が判断の理由になるということです。したがって as a matter of reason と on their own account は 1 つの同じプロセスを違う角度から表現したものです(同じプロセスの 2 つの aspect 〔側面〕を表していると言ってもいいです)。ですから **and** でつながれているのです(これは一つの動詞(=had a share, and a large one の had)にかかる 2 つの副詞句ですから、異なる 2 つのプロセスを表しているなら and ではなくコンマでつなぎます)。

▶ the sympathies and antipathies which grew out of them 〔それらから生じた共感と反感〕の **them** は the general and obvious interests of society 〔社会の一般的で明白な利害〕を指します。

　さて、ここには「社会の一般的で明白な利害」が「道徳感情の方向を規定すること」に大きな影響を及ぼしてきたメカニズムとして次の 2 つが挙げられています。

　(1)　社会の一般的で明白な利害を理性的に考察し、それが社会の一般的で明白な利害だからという理由で、その利害を促進したり

　　　抑制したりする方向に道徳感情が方向づけられる。
　（2）　社会の一般的で明白な利害から生じる共感や反感の結果とし
　　　て、その利害を促進したり抑制したりする方向に道徳感情が方向
　　　づけられる。

　（1）は、社会の一般的で明白な利害を理性に基づいて考察し、社会の
一般的で明白な利益は奨励し、社会の一般的で明白な害悪は抑制すると
いう方向に道徳感情（中身は憎悪と恐怖です）が向けられるというメカニ
ズムです。このメカニズムの場合は、社会の一般的で明白な利益に共感
が生じていなくても（何らかの事情から利益に共感が生じないということは
ありえます）、その行為が社会の一般的で明白な利益に寄与するときは、
その行為を right とする方向に道徳感情が向けられることになります。お
そらくミルはこのメカニズムを最も望ましいと考えています。
　（2）は、社会の一般的で明白な利害から生じる共感あるいは反感の結
果として、共感が生じる利害は奨励し、反感が生じる利害は抑制すると
いう方向に道徳感情が向けられるというメカニズムです。このメカニズ
ムの場合は、理性に基づいた考察の結果、社会の一般的で明白な利益に
寄与するという結論が出ても、その行為に共感が生じないときは、その
行為を right とする方向に道徳感情は向けられないことになります。ミ
ルはこのメカニズムをよいとは思っていません。しかし、おそらく、ベー
スに社会の一般的で明白な利害があるだけ、多くの低級な影響要因によっ
て規定されるよりはましだと考えているでしょう。
　ミルは「社会の一般的で明白な利害は道徳感情の方向を規定すること
に大きな影響を及ぼしてきたが、そのメカニズムは（1）よりもむしろ（2）
であった」と言っています。具体例で示しましょう。「お互いに困ってい
るときは助け合う」のは社会の一般的で明白な利益です。「自分の思い通
りにいかないと暴力をふるう」のは社会の一般的で明白な害悪です。こ
の2つの利害は「道徳感情の方向を規定すること」に大きな影響を及ぼ
してきました（これは前者の行為を right とし、後者の行為を wrong とする
方向に道徳感情が向けられたということです）。ただし、それは「この2つ
の利害を理性の問題として考察した結果、前者が社会の一般的で明白な
利益に寄与し、後者が社会の一般的で明白な害悪を生むから」というよ

りはむしろ、「困っている人を助ける行為には共感（＝好意）が生じ、自分の思い通りにいかないと暴力をふるう行為には反感（＝嫌悪）が生じる結果として」だったのです。ということは「**社会の一般的で明白な利益であっても、そこに共感が生じなければ、その行為をなすべしという方向に道徳感情は向けられません。逆に、そこに反感が生じれば、その行為は wrong とされ、その行為をなさざるべしという方向に道徳感情が向けられることもありえます。また、社会の一般的で明白な害悪であっても、そこに反感が生じなければ、その行為をなさざるべしという方向に道徳感情は向けられません。逆に、そこに共感が生じれば、その行為は right とされ、その行為をなすべしという方向に道徳感情が向けられることもありえます。**」こういう次第で、社会の一般的で明白な利害が道徳感情に大きな影響を及ぼしてきたといっても、それは、好悪の感情を介して影響してきたという点で、「好き嫌い」に影響する様々な要因の一つにすぎないのです。

　ミルがここで暗に指摘した「利害と道徳の乖離（＝社会の一般的で明白な利害であるのに、それがそのまま道徳に反映されないこと）」は、利害が間接的であればあるほど起こりやすくなります。たとえば、9大地球環境問題の一つである酸性雨を考えてみましょう。酸性雨が社会の一般的で明白な害悪であることにはほぼ異論がありません。しかし、だからといって、酸性雨の原因物質である窒素酸化物、硫黄酸化物を排出する火力発電所の操業や自動車の運転を不道徳であるとして憎悪する道徳感情はほとんどありません。それは、酸性雨の害が森林減少とか河川汚染のように人間の身体に間接的であって、たとえば、酸性雨に濡れると髪の毛が抜けるといった直接的な害ではないので、強い反感が生じにくいからです。

　ここまではいくら「共感・反感（＝好悪の感情）の結果として（道徳感情の方向が規定されてきた）」とはいっても、ベースには「社会の一般的で明白な利害」がありました。ミルはさらに言葉を継いで「社会の利害とほとんど、あるいはまったく、関係がない共感・反感も（社会の一般的で明白な利害から生じる共感・反感と）同じくらい大きな力で道徳の確立に影響を与えてきた」と言っています。

▶ **make oneself felt** [自分自身を感じさせる] は文脈に応じて様々な事

柄を表します。ここは with quite as great force〔まったく同じくらいの大きさの力で（自分自身を感じさせる）〕と言っているので「自分自身を感じさせる＝影響を与える」です。

▶ **the establishment of moralities**〔道徳の確立〕は前半に出ている the direction of the moral sentiments〔道徳感情の方向を規定すること〕の言い換えです。

▶ **with quite as great force＝with quite as great force as the sympathies and antipathies** which grew out of them〔社会の一般的で明白な利害から生じる共感・反感がもっているのとまったく同じくらい大きい力を伴って〕です。ここには「社会の一般的で明白な利害から生じる共感・反感」と「社会の利害とほとんど、あるいはまったく、関係が無い共感と反感」という2種類の共感・反感があって、このフレーズはそれぞれの影響力の大きさを比べているのです。決して **with quite as great force** as the general and obvious interests of society〔社会の一般的かつ明白な利害がもっているのとまったく同じくらい大きい力を伴って〕ではありません。この文の前半で「社会の利害自体の影響力は、社会の利害から生じる共感・反感の影響力より小さい」と言っています。それなのに、後半で「社会の利害とまったく同じくらい大きな力で影響を与えてきた」と言ったら矛盾します。ここは「社会の利害自体の影響力より社会の利害から生じる共感・反感の影響力の方が大きく、それと社会の利害と無関係な共感・反感の影響力はまったく同じくらい大きい」と言っているのです。

「社会の利害とほとんど、あるいはまったく、関係がない共感・反感」の例としては「礼儀・作法や宗教的しきたりに関する共感・反感」が挙げられます。たとえば、ホテルのメインダイニングルームにTシャツにジーンズという服装でディナーを食べに行く人は強い反感をかうでしょう。この反感が服装に関する道徳の確立に影響を与えます。また、日曜日には飲酒せず必ず教会に行く人は好感をもたれます。この好感が安息日の過ごし方に関する道徳に影響を与えます。しかし、ディナーにどんな服装で行くかとか、日曜日に飲酒するとかしないとかは、社会の利害とほとんど、あるいはまったく、関係がありません。

250

しかし、その役割はこの場合においても、理性上のこととして<u>社会全体の利益また自身のためである</u>ことよりは少なく、むしろ、社会全体の利益から生じたさまざまな同情と反感の結果としてであった。（岩波）

だが、社会全体の利益に関する理性的な判断や、<u>社会全体の利益そのものよりも</u>、そこから生じた好悪の感情の方が、大きな影響を与えている。（日経 BP）

然しながら理論的にまた<u>それ丈けでは</u>、それ即ち社會の利害から生じた同情と反感との結果としてよりは少なかった。（高橋）

社会の利益とはほとんど、または全く無関係であった同情もしくは反感が、いろいろの道徳の確立に際して<u>社会の利害と全く同じ力</u>をもって感ぜられて来たのである。（岩波）

社会の利益とは無関係な好悪の感情が、道徳の確立にあたって<u>社会の利益と変わらないほど大きな影響</u>を与えているのである。（日経 BP）

ON
LIBERTY

全　訳

　本論文で展開されたすべての議論は 1 つの重要な指導原　Epigraph
理に直接的に収斂する。その原理とは、人間の発達形態が
できる限り多様であることが絶対的かつ本質的に重要であ
るということである。──ヴィルヘルム・フォン・フンボ
ルト『政府の権限と義務』

　私の著作の中で最も良い部分のすべてについて着想を得　Dedication-01
るきっかけを与えてくれ、一部はその執筆者でもあった彼
女──真理と正義を解するその崇高な心は私にとって最も
強い刺激であり、その賞賛は私にとって主要な報償となっ
た、友でもあり妻でもあった彼女──その彼女の愛しく悲
しい思い出に対して、この書物を捧げる。
多年にわたり私が書いてきたすべての著作と同じように、　Dedication-02
本書は私の著作であると同時に彼女の著作でもある。しか
し、現状の本書は、計り知れないほどの価値を有する彼女
の校閲をはなはだ不十分にしか受けていない。最も重要な
部分のいくつかは彼女のより綿密な再検討を受けるために
保留されていたのであるが、今やその再検討は永久に受け
られない運命となってしまった。
彼女の墓に埋もれている傑出した思想と気高い感情のたと　Dedication-03
え半分でも世に紹介することができさえすれば、私は大き
な利益を世間に与える仲介者となるであろう。そしてその
利益の大きさたるや、今後私が書くことができる著作、そ
れはほとんど比類ないと言えるほどの彼女の叡智による刺
激も助力も受けずに書くしかないのであるが、そのどの著
作から生じ得る利益にも勝っているのである。

自由論
第1章　序論

(1-01) いわゆる「意思の自由」は「哲学的必然」論と対立 (1-01-01)
するものとされている。しかし、これは実に不幸なことで
ある。なぜなら、この2つは本当は相容れないものではな
いからである。それでは、なぜこのような不幸な誤解が起
こるのであろうか？　それは「哲学的必然」という名称が内
容を適切に表していないからである。「哲学的必然」論の本
当の内容は「意思の自由」を排斥するものではないのだが、
「哲学的必然」という不適切な名称を冠せられているため
に、この名称を聞いた人は、この論の内容を誤解してしま
い、その「誤解された内容」が「意思の自由」と対立する
のである。ところで、以上のことはこの論文とは無関係で
ある。この論文のテーマは「意思の自由」ではなく、「市民
の自由」すなわち「社会における個人の自由」である。詳
しく言えば、社会が個人の上に合法的に行使できる力の性
質と限界である。

これは、これまで個々の事例について述べられたことはあっ (1-01-02)
たかもしれないが、一般的な形で述べられたことは稀であ
り、また一般的な形で論議されたことはほとんどない問題
である。しかし、この問題は、表に出なくても、根底に潜
在することによって、現代の実際的な問題の論争に深い影
響を与えており、おそらく近いうちに「将来活発に議論さ
れる重要な問題」であると認識されるようになるであろう。

これは決して新しい問題ではない。ある意味では、ほとん (1-01-03)
ど最古の時代から人類の意見を二分してきたものである。
しかし、人類の中で比較的文明の進んだ部類の人々が今日
到達している進歩の段階にあっては、これが問題になる環
境も新しくなり、したがって、これまでとは異なる、より
根本的な取り扱いを必要としているのである。

(1–02) 自由と権力ないし権威との闘争は、我々が、歴史に (1–02–01)
ついて、学校の授業で習って、最初に詳しく知る部分、特
にギリシャ、ローマ、イギリスの歴史において、多くの特
徴の中で、最も顕著な特徴である。

しかし、昔は、この闘争は、被支配者ないし被支配者の中 (1–02–02)
の一部の階級と政府との間で行われた。

自由とは政治的支配者の圧制から身を守ることを意味して (1–02–03)
いた。

支配者たちは (ギリシャの民衆政府の一部を除けば) 支配する (1–02–04)
民衆に対して必然的に敵対する立場に立つものと考えられ
ていた。

彼らは支配権をもつ一個人のこともあれば、支配権をもつ (1–02–05)
一種族ないし階級のこともあった。彼らの権力は世襲また
は征服によって得たものであり、他の何があろうとも、彼
らの権力の保持が被支配者の意思に基づくということだけ
は決してなかった。また、彼らが最高権力をもっているこ
とに対して民衆があえて異議を唱えたことはなかったし、
おそらく唱えたいとも思わなかったであろう。最高権力の
圧制的行使に対してどのような予防措置が取られようとも、
それと最高権力そのものに異議を唱えることとは別なので
ある。

彼らの権力は必要ではあるが、同時に非常に危険なもので (1–02–06)
あるとみなされていた。それは1つの武器であり、もし制
約を受けなければ、彼らはそれを外敵に対して使うのと同
じくらい国内の被支配者にも使おうとするであろうと考え
られたのである。

社会の弱者が無数の禿鷹の餌食になるのを防ぐためには、 (1–02–07)
禿鷹の中に、他の禿鷹を鎮圧する使命を帯びた、ひときわ
強い猛禽がいることが必要だった。

しかし、他の禿鷹たちは概ねどれも小鳥の群れを餌食にす (1–02–08)
ることに大体同じくらい熱中していたのだが、禿鷹の王も、
この点では似たり寄ったりで、他の禿鷹たちと同じくらい

に熱中したものだった。そのため、そのくちばしと爪に対して不断の防御体勢をとることが必要不可欠であった。

そこで、支配者が持つ、社会に対して行使することが許されるべき権力に制限を設けることが愛国者たちの目的となった。そして、この制限こそ、彼らが意味する自由なのであった。 (1-02-09)

これは2つの方法で試みられた。 (1-02-10)

第一は、政治的自由ないし政治的権利と呼ばれる、ある免除特権を認めさせるという方法だった。この特権を侵害することは支配者側の義務違反とみなされるべきであり、**実際に侵害された場合には、特定の集団が抵抗したり、あるいは一般民衆が反乱を起こすことが正当**と考えられた。 (1-02-11)

第二は、概して第一より時期的に後で取られるようになった方策であるが、憲法上の制約を設ける方法だった。この制約によって、支配者が統治権を行使する際、比較的重要な行為の一部については、社会の同意、ないしは**社会の利益を代表すると考えられる何らかの団体**の同意が必要条件とされた。 (1-02-12)

この制限方法の第一のものに対しては、ヨーロッパのほとんどの国々で、支配権力は、程度の差はあれ、従わざるをえなかった。 (1-02-13)

ところが、第二の方法についてはそうではなかった。そこで、**これを達成すること、またすでにある程度保持されている場合には、より完全に達成すること**が、あらゆるところで、自由を愛する人たちの主要な目的となった。 (1-02-14)

そして、人類が、敵の一方を利用することによって敵の他方と闘うという行き方で満足し、主人の圧制に対して多少なりとも有効な保障が得られるという条件付きで主人の支配を受けることに満足している限りは、彼らは自由への熱望をこの点以上に推し進めることはなかったのである。 (1-02-15)

(1-03) しかしながら、人間に関わる様々な事柄が進歩する (1-03-01)

につれて、統治者が利害の点で自分たちと対立する独立した権力であることは自然界の必然事なのだという考え方を人々がしなくなるときがきた。

国家のいろいろな行政官は、人々の権力の借用者あるいは代理者であって、人々の意のままに解任されうるとする方がはるかに良いように人々に思われた。 (1-03-02)

政府の権力が彼らの不利になるように濫用されることは決してないという完全な保証は、この方法によってのみ、得ることができると思われたのである。 (1-03-03)

次第に、選挙によって選ばれ、任期が限定されている統治者を求めるこの新たな要求は、かりにも民衆本位の政党が存在するところではどこでも、そのような政党の主要な努力目標となり、統治者の権力を制限しようとする従来の努力に、相当な程度までとって代わった。 (1-03-04)

被統治者が統治者を定期的に選ぶことから統治権が生じる体制を目指す闘争が進行するにつれて、一部の人々は、これまでは権力自体の制限があまりにも重視され過ぎていたと思い始めた。 (1-03-05)

彼らは次のように考えた。権力自体を制限することは、利害が庶民の利害と常習的に対立する統治者に対する方策である（今の人にもそう見えるかもしれないが、実はそうではないのだ）。 (1-03-06)

今求められていることは、統治者が人民と同一になるということである。即ち、国民の利益と意志が統治者の利益と意志になるということである。 (1-03-07)

国民は、自分自身の意志に対して保護される必要はない。 (1-03-08)

国民が国民自身に対して圧制を行なう恐れはない。 (1-03-09)

統治者が国民に対して有効に責任を負い、国民が迅速に統治者を解任できるなら、国民は、統治者に権力を委託し、権力行使のやり方を自ら指示できることになるであろう。 (1-03-10)

統治者の権力は、単に、国民自身の権力が集められ、行使に便利な形態をとったものに過ぎないのだ。 (1-03-11)

この考え方、あるいは、むしろ感じ方と言った方がよいか (1-03-12)
もしれないが、これは、我々の一つ前の世代のヨーロッパ
自由主義では普通のものであった。大陸の自由主義におい
ては、今もなお有力であるように見える。

存在すべきでないと彼らが考えている政府の場合は別であ (1-03-13)
るが、それ以外の場合は、政府がしてよいことに何らかの
制限を認める人々は、大陸の政治思想家の間においては、
輝かしい例外として異彩を放っている。

同様の感じ方は、一時これを助長していた諸事情が変わる (1-03-14)
ことなく継続していたとすれば、われわれ自身の国におい
ても、今もなお広まっていたかもしれない。

(1-04) しかし、個人の場合と同様に、政治理論、哲学理論 (1-04-01)
の場合も、失敗したら気がつかれなかったかもしれない欠
陥や脆弱性が、成功することによって露わになるものであ
る。

人民は自分自身に対する自らの権力を制限する必要はない (1-04-02)
という観念は、民主政治が単に夢想の対象であったり、あ
るいはどこか遠い過去の時代に存在していたものとして書
物の中で読まれるものにすぎなかったときには、**まるで公**
理のごとく自明であるように見えたかもしれない。

また、この観念は、フランス革命で起きたような一時的な (1-04-03)
常軌逸脱行動によって必ずしも揺らぐものでもなかった。
なぜなら、フランス革命の場合、このような常軌を逸した
行動の最悪のものは権力を奪取しようとする少数者の仕業
だったし、そもそも、このような逸脱行動は民主的諸制度
の通常の働きによって引き起こされたものではなく、君主
と貴族の専制に対する突然の発作的な暴発によって引き起
こされたものだったからである。

しかし、やがて、一つの民主的共和国が地球の表面の大き (1-04-04)
な部分を占めるようになり、国際社会の最も強力なメンバー
の一員として存在感を示すに至った。その結果、選挙によ

る責任政治という観念は、大きな事実が存在すれば必然的
に生じる観察と批判を受けることになった。

今や、「自治」とか「人民の人民自身に対する権力」という　(1-04-05)
ような言い回しは事の真相を現わさないことが感づかれて
来た。

権力を行使する「人民」は、必ずしも、権力を行使される　(1-04-06)
人民と同じではない。また、いわゆる「自治」なるものは、
各人が自分自身によって統治されることではなく、各人が
他のすべての人々によって統治されることである。

さらにまた、人々の意志は、実際上、**最も数が多い部分あ**　(1-04-07)
るいは最も活動的な部分の意志を意味するのであり、それ
は「自治」においては、過半数者、あるいは自己を過半数
者として認めさせることに成功する人々の意志なのである。
その結果、人民は人民の一部を抑圧したいと願う可能性が
ある。そして、この抑圧に対しては、他のいかなる権力の
濫用にも劣らず、予防策が必要なのである。

それゆえ、政府の個人に対する支配権力を制限することは、　(1-04-08)
権力の保持者が社会——つまりは社会における最強の集団
——に対して定期的に責任を負う場合でも、その重要性は
少しも減ずるものではないのである。

このようなものの見方は、思想家の知性にも、**現実の利害**　(1-04-09)
あるいは想定される利害が民主制と相反する、ヨーロッパ
社会の重要な諸階級の思考傾向にも、等しく訴えるもので
あったために、なんの困難もなく確立された。今や、政治
問題を考える際「多数者の圧制」は社会が警戒しなくては
ならない害悪の一つとして一般に挙げられるようになって
いる。

(1-05) 多数者の圧制は、他の諸々の圧制と同様に、主とし　(1-05-01)
て官憲の行為を通して行なわれるものとして最初は恐れら
れた。今でも一般にはそのように恐れられている。

しかし、思慮深い人々は、社会それ自体が圧制者であると　(1-05-02)

きは——ここで言う社会とは、一体となって機能し、構成員である個人の行動を左右する一つの統一体としての社会を指している——圧制の手段は行政官の手によってなしうる行為に限られない、ということに気がついた。

社会は命令を自ら執行することができ、また現に執行して (1-05-03) いるのである。そして、もしも社会が、正しい命令ではなく間違った命令を発したり、あるいは、社会が干渉すべきでない事柄について、正しいか正しくないかを問わず、どんな内容でも、なんらかの命令を発するならば、社会は圧制を行なうことになり、その圧制は多くの種類の政治的圧制より恐ろしいものになる。なぜなら、社会的圧制は、通常政治的圧制のように非常に厳しい刑罰によって支えられてはいないが、はるかに深く生活の細部に惨透し、魂そのものを奴隷化するので、これを免れる方法は政治的圧制を免れる方法より少ないからである。

それゆえ、官憲による圧制を防止するだけでは充分でない。 (1-05-04) 支配的な意見と支配的な感情による圧制を防止することも必要である。具体的に言えば、社会の思想と慣習を、反対者に対して、法的刑罰以外の方法によって、行動規範として強制する社会の傾向、また、社会の風潮と調和しない個性はどんな個性でも、その発達を妨害し、もし可能なら、そのような個性の形成そのものを阻止し、すべての人の性格が社会の認める性格を模範として形成されるように強制する社会の傾向、これらに対して対抗策を講じることが必要なのである。

集団の意見が個人の独立に合法的に干渉することには限界 (1-05-05) がある。そして、この限界を見つけ、維持して越えさせないことは、人間に関わる諸々の事柄を良好な状態に保つために、政治的専制を防ぐのと同じくらい不可欠なのである。

(1-06) しかし、**この命題自体に異議が唱えられることはな** (1-06-01) **いだろうが、限界をどこに置くべきか**——個人の独立と社

会による統制との間をどのようにして適切に調整するか
——という実地上の問題は、ほとんど何もかもが手つかず
になっている。

生活を価値あるものにする諸々の要素の中で、誰にとって
も共通なものは、他人の行為に制限を課さなければ維持で
きないものばかりである。 (1–06–02)

それゆえ、行動規範が、まずは法律によって、次いで法律 (1–06–03)
の施行に適さない多くの問題については世論によって、あ
る程度課せられるのはやむをえないことなのである。

これらの規範がどのようなものであるべきかということは、 (1–06–04)
人間に関わる諸々の事柄において主要な問題である。しか
し、**最も明白な事例の中の少数を除けば、これは解決に向**
けたプロセスが最も進展していない問題の一つである。

この問題は時代が違えば異なる解決がなされたし、国が違 (1–06–05)
えば、ほとんどの場合、解決も違っていた。そして、ある
時代、ある国の決定は、他の時代、他の国にとっては**驚き**
の的である。

しかし、**また一方で、**任意のどの時代、どの国の人も、こ (1–06–06)
の問題を解決するのに何か難しい点があるなどとは思いも
せず、まるで人類の意見がこれまで常に一致してきた問題
であるかのように考えているのである。

彼ら自身の間に行なわれている規範は、彼らにとっては、 (1–06–07)
正しいことが自明であり、規範自体が正しさを証明してい
るように見えるのである。

このほとんど普遍的な錯覚は習慣が及ぼす魔術的影響力の (1–06–08)
実例の一つである。これは、習慣が、諺に言うように第二
の天性であるのみならず、絶えず第一の天性と誤解されて
いるところからきている。

人類が互に課している行動規範は、他人に理屈を説明した (1–06–09)
り、自分で理屈を納得したりする必要があるとは一般に考
えられていない。それゆえ、そのような行動規範について
いかなる疑念も抱かせない上述した**習慣の影響力はより**

いっそう完全になるのである。

なぜそのように一般に考えられているかというと、人々は、(1-06-10)
この種の事案に関して、感情は、人間のなすべき行動を決
定する基準として、理屈に勝るものであり、感情がはっき
りしていれば理屈は不要なのだ、と信じるのに慣れており、
また、哲学者の地位にあこがれる一部の人々によって、こ
れを信じるようにこれまで奨励されてきたからである。

具体的に言うと、人間の行動規範について彼らに自分の意(1-06-11)
見を形成させる実際の原動力は「すべての人は、私および
私と意見を同じくする人たちが好むように行動すべきであ
り、社会はそれを求めるべきだ」という各人の心の中にあ
る感情なのである。

なるほど、どんな人も、自分の判断基準は好き嫌いだと他(1-06-12)
人に対して認めないだけでなく、自分に対しても認めない。
しかし、行動の問題に関する意見は、理屈に支えられてい
なければ、所詮一個人の好みでしかありえない。理屈が出
されたときでも、それが単に同様の好みを感じる人が他に
もいるということであるなら、それは一人の好みが多くの
人の好みになっただけで、依然として、単なる好みである
ことに変わりはない。

しかし、道徳や嗜好や作法について自分の宗教の信条に明(1-06-13)
記されていない部分について自分なりの見解を立てる際、
多くの人によって共有されている自分の好みは、普通の人
にとっては、自分のどんな見解に対しても完全に満足のゆ
く理屈となるだけでなく、通常その人がもつ唯一の理屈に
なる。また、宗教の信条に明記されている部分についても、
解釈が必要なときは、自分の好みが解釈の主要な指針とな
るのである。

したがって、何が賞賛される行動であり、何が非難される(1-06-14)
行動であるかについての人間の意見は、他人の行動に関す
る願望に影響する多種多様なすべての原因によって、左右
されているのである。そして、これらの原因は、他のどん

な対象についての願望を決定する原因と比べても、ひけを
とらないほど数多いのである。

それは理性のこともあれば、偏見や迷信のこともある。社 (1-06-15)
会的な感情のこともしばしばで、この場合は羨望や嫉妬、
傲慢や軽蔑といった否定的感情も珍しくない。しかし、最
も普通に見られるのは、自分の利益を求める願望あるいは
自分の利益を求めることから生じる恐怖である。これは正
当な私利心のこともあれば不当な私利心のこともある。
たとえば、優勢な階級が存在しているところはどこでも、 (1-06-16)
その国の道徳の大半はその階級の階級的利益と階級的優越
感から生じる。

スパルタ人と奴隷、農園主と黒人、君主と臣民、貴族と平 (1-06-17)
民、男と女、それぞれの関係を律する道徳は、大部分がこ
れらの階級的利益および階級的感情の産物であった。この
道徳によって生み出された感情が、今度は、優勢な階級の
内部において、成員間の関係について彼らが抱く道徳感情
に作用する。

他方、かつて優勢を誇った階級が力を失ったところ、ある (1-06-18)
いは、優勢ではあるが、優勢さに対する評判が悪くなって
いるところでは、**社会の支配的な道徳感情が優越性に対す
る強い嫌悪という特徴を帯びていて、優越性の表出に敏感
に反発することがしばしばである。**

なすべき行動、慎むべき行動の両面において、これまで法 (1-06-19)
や世論によって強制されてきた行動規範を決定するもう一
つの大きな原動力は、世俗の支配者や自分が信じる神が好
むと想定されるもの、あるいは嫌うと想定されるものに迎
合しようとする奴隷根性であった。

この隷属性は、本質的に利己的なものであるが、偽善では (1-06-20)
ない。それゆえ、これは完全に純粋な憎悪の感情を生み出
す。憎悪が完全に純粋なればこそ、かつてこの隷属性は人々
を駆り立てて魔術者と異端者を焚殺させたのである。

多くの低級な影響要因と並んで、もちろん、社会の一般的 (1-06-21)

で明白な利害も道徳感情の方向を規定することに影響、それも大きな影響を及ぼしてきた。しかし、それは、これらの利害を理性の問題として考察し、それが社会の一般的で明白な利害だからという理由で、そうなった、というよりはむしろ、これらの利害から生じる共感と反感の結果としてそうなったのである。そして、社会の利害とほとんど、あるいは全然、関係が無い共感と反感も、社会の利害から生じる共感や反感とまったく同じくらい大きな力で道徳の確立に影響を与えてきたのである。

あ と が き

　本書に収録した英文中にはミルがおそらくマグナ・カルタの条項を念頭に置いて書いたであろうと思われる個所があります。そこで、マグナ・カルタを調べていて次のことを知りました。

　マグナ・カルタ第34条をラテン語の原文と英語の直訳[注1]を並べると次のようになります。

> **34. Breve quod vocatur Praecipe de cetero non fiat alicui de aliquo tenemento unde liber homo amittere possit curiam suam.**

> **34. The writ which is called *praecipe* shall not for the future be issued to anyone, regarding any tenement whereby a freeman may lose his court.**

これを岩波文庫『人権宣言集』(1957) は次のように訳しています。

> 第三十四条　「プラエチペ」とよばれる令状は、今後ある封の保有について、自由人にその〔荘園〕裁判所〔で審理をうける権利〕を失わせるために、発給されることはない。

『マーグナ・カルタ──羅和対訳』(東京大学出版会　1973) は次のように訳しています。

> 第三十四条 Praecipe (プラエチペ) と称する令状は、今後は、そのために自由人が、その〔荘園〕裁判所〔で審理を受ける権利〕を失うことも起こりうるようには、いかなる封有不動産についても、何人にも発給されることなきものとす。

　禿氏好文京都女子大学教授は『マグナ・カルタ──イギリス封建制度の法と歴史』[注2] (ミネルヴァ書房　1993) の中で、この和訳を誤りであると指摘して、次のように述べています。

> 「審理を受ける権利」という言葉を補った理由は明らかではないが、

この誤りの原因は、語学力の問題でない以上、イギリスの封建制度を理解していなかったためとしか考えられない。多分、〈自由人が自分の裁判所を失う〉ということが何を意味するか理解に苦しまれたのであろう。しかし事実は、文字通り裁判所を失うかどうかが問題だったのであり、審理を受ける庶民の権利の問題ではなかったのである。マグナ・カルタで言う〈自由人〉とは、裁判所を私有するような封建的支配階級の人びとであった。

　禿氏教授の解説を参考にして、詳しく説明します。封建制度は土地を与える者（領主）と受ける者（受封者）からなる制度で、受封者の土地所有は完全絶対なものではなく、受封者が死亡したり重罪を犯したときは、土地所有権は領主に復帰します。最高の領主は王であり、その直接の受封者（王の家来）はバロンです。バロン自身も領主（中間領主）として自らの受封者を持っていて、バロンの受封者（バロンの家来）は、王から見ると「下位受封者」あるいは「陪臣」と呼ばれます。下位受封者もしばしば中間領主として、自らの受封者を持ちます。このように封建社会は階層的構造を持っていて、マグナ・カルタは王とバロンおよびバロンの直下の受封者（後の2者がマグナ・カルタが言う a freeman［自由人］です）という封建的支配階級の中で最上層に位置する人々の間で結ばれた契約なのです。

　ところで各領主は（最上位の領主である王も中間領主であるバロンも）それぞれの受封者間の揉め事を裁くための裁判所を持っていました。下位受封者（バロンの家来）が自分の土地を別の下位受封者に不当に奪われたときはバロンに訴えてバロンの裁判所で審理を受けるのが筋です。ところが、そこを飛び越えて王に訴え出ることがあったのです。王の裁判所は、訴えを正当と認めると、バロンに対して「貴下は領主として、不当に土地を奪った下位受封者（家来）に土地を返すように命令せよ」という令状を発します。これがプラエチペと呼ばれる令状です。この令状には「もし不当に土地を奪った下位受封者が土地を返さない場合は、王の裁判所が管轄権を行使する」という趣旨のことが付記されていました。これはバロンからすると自分の裁判権を王に奪われるということです。これ

が第 34 条の a freeman may lose his court〔自由人が自分の裁判所を失う〕の意味（＝事柄）です。第 34 条は「（バロンの裁判権を奪うことになる）プラエチペ」を今後は発しないことを、バロンが王に約束させる条項だったのです。

　a freeman〔自由人〕に、無意識のうちにでも、近代的市民階級のイメージを重ね合わせる誤りを冒すと、「自由人が自分の裁判所を失う」という事柄が理解できません。そこで、おそらく上記の翻訳は court を「裁判所で審理を受ける権利」にして事柄のつじつまを合わせたのです。本当は、この条項を正読するためには、court よりもむしろ、a freeman の事柄（＝a freeman とはどういう人なのか）を正しく把握する必要があったのです（なお、英訳文の構造について附言すると、whereby は by which と同じ意味の関係副詞で、先行詞は any tenement ではなくて The writ です。The writ whereby a freeman may lose his court は「それによって自由人が自分の裁判所を失うかもしれない、そういう令状」という意味です。私なら、わかりやすくするために whereby の前にコンマを置きます）。

　アメリカの Fordham University の Medieval Sourcebook に出ているマグナ・カルタ第 34 条の英訳文は次のようになっています。

34. The writ called *praecipe* shall not in future be issued to anyone in respect of any holding of land, if a free man could thereby be deprived of the right of trial in his own lord's court.

プラエチペと呼ばれる令状は、もしそれによって自由人が自分の領主の裁判所において審理を受ける権利を奪われるなら、今後何人のいかなる土地保有に関しても発給されないものとする。

his own lord's は his own lord に 's をつけて所有格にしたもので、his own lord's court は「彼自身の領主が所有している裁判所」という意味です。したがって if 節は「もしそれによって a free man が自分の領主が所有している裁判所における the right of trial を奪われるならば」という意味になります。すると the right of trial は「審理をする権利」ではな

く「審理を受ける権利」ということになりますから、この Fordham University の英訳文も、最初に紹介した 2 つの和訳文と同じ誤解をしています。

　いかがでしょう。このような例を見聞するにつけても、事柄を正確に把握することがいかに大切かを痛感します。岩波文庫『人権宣言集』の「はしがき」には次のように記されています。

　　この本では、この文庫本たるにふさわしく、正文の翻訳と解説とについて、特に厳密に学問的な正確を期したつもりである。

　私はあげつらっているのではありません。岩波文庫のマグナカルタの翻訳者は英米法の権威で、私も学生のとき講義を聴いて教えを受けた先生です。後に東大法学部長も務めた方です。私が言いたいのは「どのような権威ある翻訳にも、過ちはありえる。自分の頭で考えて、事柄が納得できないときは、疑ってみるべきだ」ということです。「はじめに」でも書きましたが、翻訳を読んでわからないときは自分が事柄を理解できなかったり、誤解したりしていることが多いのですが、実は翻訳自体が事柄を間違えていることもありえるのです。

　翻訳では「こなれている」とか「読みやすい」とか「簡潔だ」とか「原文に忠実だ」ということが高く評価されます。しかし、私は少なくともこのような歴史的文書や社会科学系の論文では、なによりも事柄と論理的つながりを正確に伝える翻訳こそ「良い翻訳」だと思います。そして、翻訳には「字面から大きく逸脱できない」という制約がある以上、翻訳文では伝えきれない事柄は上記の 2 つの翻訳のように〔　〕を使って補足するか、注の形で提示することが求められると思うのです。しかし、現状では、翻訳文中に事柄や論理的つながりを〔　〕で補足することはほとんど行われません（すらすら読めなくなるからだと思われます）。注は、原文が表す事柄ではなく、原文に付随する情報を提供する（たとえば固有名詞を説明したり、原文の記述に対する後世の評価を紹介したり）するものがほとんどです。

だとすれば、我々としては、翻訳文、原文を問わず、自分で事柄と論理的つながりをわかるだけの読解力を身につけるしかありません。そのための第一歩は「翻訳文の字面を読んだだけでは、あるいは、英文の字面を日本文に換えただけでは、まだ本当にはわかっていないのだ」という認識を持つことです。

最後に、本書の成り立ちについて一言します。私が初めて『自由論』に出会ったのは高校2年生のときです。学生社から出ていた『英文解釈1000題』という古い大学入試問題を集めた問題集で勉強していた私は、ときどき出典に John Stuart Mill: *On Liberty* と書いてある問題があるのに気がつきました(出題年度は昭和25年から35年の間です)。私は幸いなことに良師に恵まれて、英文の構造については高校生のときに完全に理解していました(もちろん学校文法のレベルでの話ですが)。ですから、『自由論』も構文はわかるのです。しかし、内容となると、解答の全訳を読んでもスッキリしません。そこで当時開文社出版の英文名著選集で出ていた *On Liberty* を買い、それに岩波文庫の『自由論』を突き合わせてみました。それでも、釈然としないところがたくさんあるのです。それ以来「『自由論』を一点の曇りもなく理解したい」というのが私の念願になりました。

10年ほど前、現役を引退した私はやっと『自由論』の解明に取り組む時間的余裕ができました。私はミルを講ずる立場の人間ではありませんから、わからないのに、わかったふりをしても何の意味もありません。わからない個所はわからないと認めて、わかる人に教えを乞うしかありません。そこで、わかる人を探したのですが、『自由論』を私が納得できるレベルで読めるイギリス人は見つかりませんでした。それが東日本大震災の年、ふとした偶然から David Chart 先生を知ることになったのです。Chart 先生は1971年のお生まれで、The Manchester Grammar School を経て Cambridge 大学 Trinity College で哲学を学び、同 College の大学院博士課程を修了して Ph.D. の学位をお取りになりました。博士論文は *A Theory of Understanding* です。そのまま大学に残って Trinity College で教鞭を取り、同時に London 大学の King's College でも教え

ていました。その後来日して、日本人の奥様と結婚し、現在日本神道の研究をしていらっしゃいます。

　ご自宅で初めて先生に会って『自由論』の疑問点を一つ尋ねたところ、ただちに疑問の趣旨を了解し、懇切丁寧に説明してくれました。それまで誰に尋ねても納得できなかった疑問がそれで初めて解消しました（そもそも疑問の趣旨すら理解できないイギリス人がたくさんいました）。疑問点はほとんどが事柄と論理的つながりに関するものです。私は学者ではないので、いついつまでにわからなければならないということはなく、ただ自分の疑問を晴らしたいという道楽みたいな動機ですから、説明にいささかでも納得できない点があれば一切妥協せず、問いただしもすれば、反論もして、完全に納得できるまで徹底的に議論しました。1語を解明するのに 10 時間かかったこともあります。普通のイギリス人であれば嫌気がさして、これ以上付き合いかねるとなるところですが、Chart 先生は嫌な顔一つせず、辛抱強く議論につきあってくれました。毎週 1 回 2 時間ずつ 7 年間、総計 700 時間を超える議論をして、全文を隅から隅まで 4 回繰り返し精読して、もう疑問点はすっかり解消したとなったのが 2018 年の暮れです。これで私は高校以来の宿願を半世紀近くたって果たしました。初めて Chart 先生にお会いしたとき「この調子で読んでいたら 3 年はかかるね」と笑いながら仰ったのですが、3 年どころかその倍以上の時間がかかってしまいました。

　こうしてすっかりわかってみると、これを私だけのものにしておくのがもったいなくなりました。『自由論』自体を正確に読みたいと思っている人は少ないかもしれませんが、このレベルの英文を正確に読みたい人はたくさんいるはずです。『自由論』を精読することによって「事柄・論理的つながりがわかっていないというのはどういう状態なのか」「事柄・論理的つながりがわかるとどうなるのか」「どうすれば事柄・論理的つながりがわかるようになるのか」といったことが実例を通して見えてきます。これは高い水準の英文を読む必要がある（あるいは、読みたいと思っている）人にとってはとても価値のあることです。私が得たものを本にすれば、いろいろな英文で、原文を読んでも、翻訳を読んでも、釈然とし

271

ない思いを懐いている方のお役にきっとたてます。

　『自由論』は戦前から原書講読のゼミのテキストとして使われてきました。英文精読のテキストとしては最適の書です。それで、『自由論』の最初からコツコツ英文解説を書き始めてみました。このレベルの英文に一種の憧れを懐いている初学者（かつての私のような）の方にも理解できるように cohesion（文と文の密着性）を極度に強くして（＝飛躍をできる限り排して）、要するに超クドイ書き方で書いたところ、Chapter 1 の半分を書いたところで、すでに本にすると 200 ページを超える分量になってしまいました。『自由論』の入り口を覗いただけですから、全編を精読したい方には不満が残るでしょうが、これでも、英文を正確に読むことの消息を知ることはできます。それで、思い切って研究社にお願いして本にしてもらうことにしました。

　事柄と論理的つながりを追求することは、枝葉末節にこだわって、どうでもよいことをマニアックに追求することとは違います。後者は「そんなことわからなくても英文は読める」という批判を免れないし、本人もそれは百も承知でやっているのです。とことん調べて、人の知らないことを知って嬉しいのですから、それはそれでいいのです。好事家が趣味でやることですから。しかし、これと、事柄と論理的つながりを追求することは別問題です。事柄と論理的つながりを追求することはまさに英文を正確に読むことそのものであり、英文を正読したいすべての人が避けては通れないプロセスなのです。

　『自由論』は今も世界中で読み継がれている古典中の古典です。我が国でも明治 5 年の『自由之理』以来多くの翻訳が試みられてきました。それだけに本書も屋上屋を重ねた感もなきにしも有らずですが、「翻訳」というよりはむしろ翻訳で伝えきれない「事柄」と「論理的つながり」を解説した本として、多少なりとも存在意義があるのではないかと自負しています。本書を読んで、あまりの説明のくどさに辟易とした方もおられるでしょうが、もし本書が読者諸賢の（英文、日本文を問わず）読解力向上に（浅学菲才を顧みず言わせていただけるなら、論理的思考力向上に）

少しでもお役に立つならば、著者の幸甚これに過ぎるものはありません。

注1 *MAGNA CARTA: A COMMENTARY ON THE GREAT CHARTER OF KING JOHN* (W.S. McKECHNIE 1914). 岩波文庫『人権宣言集』にはこの英文を原典にしたと記されています。

注2 この本は*MAGNA CARTA: A COMMENTARY ON THE GREAT CHARTER OF KING JOHN* (W.S. McKECHNIE 1914) を翻訳したものです。この禿氏教授の指摘は「訳者あとがき」に出ています。ちなみに禿氏教授は第34条を次のように訳しています。「〈プレシピ〉と呼ばれる令状は、自由人がそれによって自己の裁判所を失うかもしれない場合には、今後、何びとにも、いかなる保有地についても、発給せられないものとする。」

索　引

274

語　注

Epigraph
unfold　展開する
converge　集中する
diversity　多様性
sphere　領域
Dedication-1
beloved　最愛の
deplore　嘆き悲しむ
inspirer　（感情・考えなどを）喚起する
　人・もの
exalted　崇高な
incitement　刺激
approbation　賞賛
dedicate　捧げる
Dedication-2
insufficient　不十分な
inestimable　計り知れないほどの
revision　校閲
reserve　保留する
destine　運命づける
Dedication-3
interpret　説明する
bury　埋める
grave　墓
medium　媒体
unprompted　促されたのではない
unrivalled　比類のない
1–01–01
opposed　対立している
philosophical　哲学的な
necessity　必然
legitimately　合法的に
1–01–02
state　述べる
term　観点
profoundly　深く

practical　実際的な
controversy　論争
latent　潜在的な
presence　存在
1–01–03
portion　部分
species　種
present　提示する
1–02–01
struggle　闘争
conspicuous　顕著な
feature　特徴
1–02–02
subject　被支配者
1–02–03
tyranny　圧制、暴政
1–02–04
antagonistic　敵対的な
1–02–05
tribe　種族
caste　カースト、階級
inheritance　世襲
conquest　征服
supremacy　支配権、主権
venture　思い切ってする
contest　異議を唱える
precaution　予防措置
oppressive　圧制的な
1–02–06
external　外部の
1–02–07
prey　餌食にする
innumerable　無数の
vulture　禿鷹
prey　捕食の習性
commission　委託する

277

語　注

1−02−08
bent　熱中している
flock　(鳥などの) 群れ
harpy　ギリシャ神話に出てくる、顔と体が女で、鳥の翼と爪を持った飢えた怪物
indispensable　必要不可欠な
perpetual　永久的な
beak　くちばし
claw　鋭いかぎづめ
1−02−09
patriot　愛国者
suffer　許す
1−02−11
obtain　獲得する
immunity　免除特権
breach　不履行
infringe　侵害する
rebellion　反乱
justifiable　正当化されうる
1−02−12
expedient　方策
constitutional　憲法上の
consent　同意
1−02−13
submit　従う
1−02−14
attain　達成する
possess　保持する
principal　主要な
1−02−15
content　満足している
guarantee　保障する
efficaciously　有効に
aspiration　熱望
1−03−01
cease　止める
independent　独立した
opposed　対立している
1−03−02

magistrate　行政官
tenant　(不動産の) 借用者
delegate　代理者
revocable　取り消されうる
pleasure　意思、意向
1−03−03
abuse　濫用する
disadvantage　不利
1−03−04
by degrees　次第に
elective　選挙によって選ばれた
temporary　臨時雇いの
prominent　目立つ、重要な
exertion　努力
supersede　取って代わる
considerable　かなりの
1−03−05
proceed　進行する
emanate　生じる
periodical　定期的な
1−03−06
resource　手段、方策
habitually　常習的に
opposed　対立している
1−03−07
identify　同じものとして扱う
1−03−09
tyrannize　圧制を行う
1−03−10
promptly　迅速に
removable　解任させられうる
trust　委託する
dictate　指示する
1−03−11
concentrate　集中させる
convenient　便利な
1−03−12
predominate　優位を占める
1−03−14
similar　同様の

prevalent　広く行き渡った
encourage　助長する
unaltered　不変の
1−04−01
disclose　露わにする
infirmity　欠陥、弱点
conceal　隠す
1−04−02
axiomatic　公理の
1−04−03
aberration　常軌を逸すること
usurp　（地位・権力などを）暴力で奪う
convulsive　発作的な
outbreak　突然の発生
monarchical　君主制の
aristocratic　貴族政治の
despotism　専制政治
1−04−04
observation　観察
1−04−07
numerous　非常に多数の
majority　過半数
consequently　その結果として
oppress　抑圧する
precaution　予防策
abuse　濫用
1−04−08
accountable　責任がある
therein　そこで、そこに
1−04−09
recommend　推奨する
inclination　傾向
adverse　逆の、反対の
speculation　思索、考察
1−05−01
vulgarly　大衆の間で
in dread　怖れて
1−05−02
reflect　深く考える
collectively　集まって

functionary　官吏
1−05−03
execute　執行する
mandate　命令
issue　発布する
meddle　干渉する
formidable　恐ろしい
uphold　擁護する、維持する
penetrate　浸透する
enslave　奴隷化する
1−05−04
magistrate　行政官
dissent　意見を異にする
fetter　束縛する
fashion　形作る
1−05−05
legitimate　合法的な
collective　集団の
encroachment　侵害
1−06−01
proposition　命題
contest　異議を申し立てる
1−06−02
enforcement　実施、強制
1−06−07
obtain　行われている
1−06−08
custom　習慣
proverb　ことわざ
1−06−09
misgiving　疑惑
respecting　～に関して
1−06−10
aspire　あこがれる
render　～を…にする
1−06−11
principle　内にひそむ原動力、本源
regulation　規則
1−06−12
liking　好み

preference　好み

1-06-13

propriety　礼儀作法

expressly　はっきりと

creed　信条

1-06-14

accordingly　したがって

laudable　賞賛に値する

blameable　非難に値する

multifarious　様々な

1-06-15

prejudice　偏見

superstition　迷信

affection　感情

envy　羨望

jealousy　嫉妬

arrogance　傲慢

contemptuousness　軽蔑

illegitimate　不当な

self-interest　私利心

1-06-16

ascendant　優勢な、優越した

emanate　生じる

superiority　優越性

1-06-17

Spartan　スパルタ人

Helot　（古代スパルタの）奴隷

planter　農園主

negro　黒人

subject　臣民

noble　貴族

roturier　平民

generate　生み出す

1-06-18

ascendancy　優越性

bear　持つ

impress　刻印、特徴

impatient　性急な

1-06-19

principle　内にひそむ原動力、本源

forbearance　差し控えること

enforce　施行する、強制する

servility　隷属性

aversion　嫌悪

temporal　世俗の

1-06-20

selfish　利己的な

hypocrisy　偽善

genuine　純粋な

abhorrence　嫌悪

heretic　異端者

1-06-21

base　下劣な

share　分け前

account　理由

薬袋善郎（みない　よしろう）

東京大学法学部卒。駿台予備学校講師および日本教育
フォーラム講師として教壇に立った。英語を論理的に理
解するための方法論 Frame of Reference（英語構文の判断
枠組み）を提唱するとともに、精読の重要性を説き、中
学生から社会人まで幅広く支持を集めている。TIME や
Newsweek など一流の英語雑誌に対処するための本格的
なリーディング指導でも高く評価されている。『基本か
らわかる　英語リーディング教本』『英語リーディング
の真実』（いずれも研究社）など著書多数。

KENKYUSHA
〈検印省略〉

ミル『自由論』原書精読への序説

2020 年 3 月 31 日　初版発行

著　　　者	薬 袋 善 郎
発 行 者	吉 田 尚 志
発 行 所	株式会社　研 究 社

〒102–8152 東京都千代田区富士見 2–11–3
電話　03–3288–7777（営業）
　　　03–3288–7711（編集）
振替　00150–9–26710
http://www.kenkyusha.co.jp

印 刷 所　研究社印刷株式会社

ISBN 978–4–327–49025–6 C 1082　　　　Printed in Japan
装丁：清水良洋（Malpu Design）